KB139103

남북화해론

박정희와 김일성

남북화해론
박정희와 김일성

Inter-Korean Reconciliation:
Park Chung Hee and Kim Il Sung

우 승 지 지음
Seongji Woo

인간사랑

차례

이 저서는 2015년 정부(교육부)의 재원으로 한국연구재단의 지원을 받아 수행된 연구임 (NRF-2015S1A6A4A01015050).

This work was supported by the Ministry of Education of the Republic of Korea and the National Research Foundation of Korea (NRF-2015S1A6A4A01015050).

머리말

이 책의 기원이 언제였는지는 분명하지 않다. 어쩌면 20세기 말엽 블루밍턴에서 빌 톰슨의 대학원 수업시간에 숙적 문헌을 접하면서였을 가능성이 있다. 분단국가에서 온 유학생에게 숙적의 긴장과 화해의 변주 곡은 매력적인 주제였음이 분명하다. 필자는 당시 박사학위 논문주제로 숙적화해를 선택하지는 않았지만 이후 숙적의 갈등과 화해의 변주곡에 대한 관심의 끈을 놓지 않았다.

또 다른 동기는 학위를 받고 귀국한 직후 서울대학교 국제문제연구 소가 주관한 한국외교정책 프로젝트에 참여한 일이었다. 당시 연구 수행 을 위해 국회도서관과 미국 국립문서보관소에서 사료를 수집, 보관하고 있 었다. 시간이 흘러 서재 한 귀퉁이에서 먼지를 먹고 있는 사료 더미를 볼 때마다 다시 일독을 하고 정리를 해야겠다는 생각이 떠나지 않았다.

한 지인을 통해서 한국연구재단이 저술출판지원사업을 펼치고 있다는 사실을 알게 된 것이 단행본 출간의 또 다른 계기였다. 다년간의 풍부한 연구기간을 보장하고 영수증 처리 등 서류작업으로부터 비교적 자유로울 수 있다는 조건이 퍽이나 맘에 들었다. 이윽고 호기롭게 재단에 신청서를 냈지만 첫해는 실망스럽게도 낙방하였다. 너그러운 심사위원들을 만났는지 두 번째 도전에 다행히 통과가 되었다. 최근 저술출판지원이 중단되었는데 양질의 사회과학 단행본 출간을 위해 재단이 이 사업을 부활하길 기대해 본다.

집필과정은 순탄하지 않았다. 재단이 정한 기준과 기일에 맞추기 위해 악전고투를 벌였다. 하나의 주제로 서적 분량의 원고를 집필하는 작업이 쉽지는 않았다. 그간 여러 편의 논문을 써왔지만 단행본을 저술하는 것과는 차원이 다른 일임을 이제는 안다. 고치고, 다듬기를 거듭하여 마침내 원고가 완성되었다. 검독을 해보면 아쉽고, 미비한 부분이 여기저기 있지만 이제 원고는 필자의 손을 떠났다. 향후 남북관계를 다룰 다른 저술에서나 논지와 표현을 다듬고, 매만지게 될 노릇이다.

데탕트 시기 남북화해의 흥망성쇠를 설명하려는 본 저서의 발간으로 자연스럽게 다음 연구주제가 확정되었다. 필자는 곧 충격, 연합, 위협, 전략의 변수를 통해서 그동안 남북 사이에 발생한 여러 차례 화해의 출몰을 비교하는 논문 집필에 들어갈 예정이다. 본 저서에서 집중적으로 70년대 전반기 한반도의 평화 시도를 연구한 것이 커다란 디딤돌이 될 것이 분명하다.

연로하지만 건강하신 어머니와 장모님, 경기도 여성능력개발센터에서 컴퓨터 프로그램 언어를 배우는 아내 그리고 수지고등학교에 막 입학한 시원, 정원과 함께 이 책의 출간을 축하하고 싶다. 바이러스 사태의 '충격'으로 개학이 연기되고 온 나라가 어려움을 겪고 있지만, 이 난국 또한 지나갈 것이며 배움의 전당은 다시 문을 열 것이다. 경희대 국제학부에 재학 중인 민경익 조교는 사료 출전을 찾고 정리하는 데 많은 활약을 했다. 훌륭하게 편집을 마무리해 준 인간사랑 출판사에 감사드린다.

2020년 3월 5일 오후 탄천을 바라보며
저자

1장 서론

2017년 한반도의 운명은 백척간두 위에 매달려 있는 듯했다. 북한은 9월 수소탄이라고 자칭한 핵실험을 단행했고, 7월과 11월에는 화성14형과 화성15형 미사일을 발사하며 대륙간탄도탄의 성능을 실험했다. 남북관계뿐만 아니라 북미관계 또한 저점을 향하고 있었다. 북한과 미국은 험한 어투로 서로를 맹렬히 비난하며 긴장도를 높였다. 그런데 2018년에 들어서면서 상황이 급변하였다. 2018년 평창 동계올림픽에 북한 선수단과 대표단이 참가한 것을 시작으로 동년 4월, 5월, 9월 세 차례 문재인 대통령과 김정은 국무위원장 사이에 남북정상회담이 열렸다. 트럼프(Donald J. Trump) 대통령과 김정은 위원장은 2018년 6월 12일 싱가포르, 2019년 2월 27일 하노이에서 북미 정상회담을 가졌다. 2019년 6월 30일에는 판문점에서 남북미 정상이 함께 회동하는 장면도 연출되었다.[1]

    2018년 여름, 기승을 부렸던 폭염 못지않게 한반도의 평화를 바라는 모든 사람의 열망 또한 뜨거웠다. 남북 정상의 만남과 북미 정상의 회동으로 비핵평화에 대한 기대가 한껏 달아올랐던 시점이었다. 그러나 2020년 전반기 시점에서 남북화해와 북미대화의 물결은 잦아들었고, 북한은 완전한 비핵화보다는 핵군축과 새로운 노선 정립에 더 신경을 쓰는 모양새다. 자연의 이치에 따라 폭염은 오고 또 수그러진다. 나라와 나라 사이 상호작용에도 사이클이 존재하는가? 폭염이 오고 가듯이, 한반도에 긴장과 대결의 국면이 가고 평화와 협력의 시대가 슬그머니 찾아오는가? 과거 한반도의 긴장과 대화의 반복된 역사를 기억하는 자는 묻는다. 우리는 전혀 새로운 남북관계의 출발선에 서있는가? 아니면 반목과 대화의 반복의 굴레에 아직 포로가 되어 있는가?

    주지하다시피 남북 사이 대화와 협력 분위기의 고조가 2018년이 처음은 아니다. 우리의 역사는 데탕트 시기, 탈냉전 시기, 2000년대 초반 등 여러 번의 남북 긴장완화를 경험하였다. 이 책은 그 여러 화해의 시도 중 가장 첫 번째인 데탕트 시기 남북대화의 전개과정을 고찰하려는 목적을 갖고 있다. 한반도의 현대사는 바로 분단사다. 일본 제국주의 패망과 더불어 남과 북은 분단이 되었고, 그 분단은 현재까지 지속되고 있다. 통합과 통일의 여망은 여전하지만 분단이 어느 시기에, 어떤 방법으로 종지부를 찍을지 현재로서는 알기 어렵다. 분단의 역사는 갈등과 대결로 점철되었다. 한반도의 남쪽과 북쪽에는 각기 성격과 체제를 달리하는 정권이

---

1   홍현익, 『한반도 정세 대전환과 동북아 다자안보협력 구축방안』(성남: 세종연구소, 2019).

들어섰고 그들은 대결로 각인된 역사를 써 나아갔다.

분단 초기 남과 북은 3년 남짓 전쟁을 치렀다. 한국전쟁은 애초 내란으로 시작되었으나, 각기 남과 북을 지원하는 외부세력의 참전으로 국제전의 성격을 갖게 되었다. 휴전 이후 남한은 미국과 동맹을 맺어 안보를 담보한 후 수출지향 경제성장 정책으로 세계 10대 무역국으로 성장하게 된다. 군부를 배경으로 한 박정희는 경제발전을 주도하면서 점차 권위주의적 성향을 강화하더니 70년대 초반 유신체제를 만들었다. 경제발전은 중산층을 강화시켰고, 중산층은 신고의 세월을 거쳐 신군부에 맞서 평화로운 방법으로 민주로의 전이를 성취했다. 자본과 민주를 성취한 한국은 이후 경제의 파이를 키우는 동시에 민주를 성숙시키고, 북한을 변화시키는 삼중과제를 짊어져야 했다. 여느 민주주의 동학이 그러하듯이 한국의 여러 세력은 색다른 인식과 전략을 가지고 서로 반목, 갈등, 협력, 이합하며 복수의 난제를 풀고 있다.

휴전 이후 북한은 대중동원에 의존해서 빠르게 전후 재건을 이루는 한편 그에 못지않은 속도로 빨치산 이외 정치세력을 차례차례 무대에서 제거하였고, 대외적으로는 소련, 중국과 방위조약을 체결하여 안보불안 문제를 해소하려고 시도했다. 개인숭배, 공산독재, 빨치산의 독주는 외부와 고립이라는 토양 위에서 주체사상, 유일체제로 토착화하였다. 스탈린 체제를 넘어서는 전체주의 성향의 체제가 북한에 등장하여 김일성, 김정일, 김정은의 3대 세습을 거치며 일개 가문에 의한 지배가 지속되고 있다.

한때 북한이 군사, 경제 부문에서 대남 우위를 점했으나, 자립과 자조를 기반으로 한 북한경제는 곧 개방과 수출을 기반으로 한 남한경제에 추월당하게 된다. 1970년대 남북한 국력의 세력전이 이후 80, 90년대를 거치면서 남과 북의 국력 격차는 더욱 벌어졌다. 1980년대 후반 사회주의 체제가 몰락하면서 북한도 한때 체제 위기를 맞았으나, 평양은 핵과 미사일 개발로 서울을 위협하면서 재기의 기회를 노렸다. 북한은 전반적 국력의 열세를 비대칭 군사력에 대한 집중 투자로 만회하려 하고 있다.

숙적의 드라마가 포연과 암투로 얼룩지는 일이 다반사지만, 삭막한 숙적 사이에도 때로 화해와 용서의 막이 오르기도 한다. 갈등 속 화해의 실험은 때로 성공하여 숙적의 종료로 이어지기도 하고, 종종 실패하여 두 숙적은 다시 갈등의 역사를 반복하기도 한다. 문재인 정부 시기 평창, 판문점, 평양으로 이어지는 화해 릴레이 외에도, 한반도의 숙적사(史)는 세 차례의 화해를 추가로 기록하고 있다. 데탕트 시기의 화해, 탈냉전 공간에서의 화해, 햇볕 대 선군 시기의 화해가 그것이다. 모두 네 차례의 화해는 다른 시기, 다른 배경을 두고 벌어졌기 때문에 나름 다른 동학을 갖고 있기도 하다. 그러나 모두 숙적 간 화해의 범주에 속하기 때문에 그들을 모두 아우르는 하나의 이론틀로 접근할 수 있을 가능성이 대두된다. 모든 화해의 경험을 숙적 간 화해라는 범주 속에서 규명하는 한편 각자의 특징을 솎아내는 작업이 필요하다.

이 저서는 데탕트 시기 남북화해를 역사적으로 이해하고, 이론적으로 분석하는 것을 목적으로 한다. 1970년대 초기 남북화해의 기원, 전개, 쇠퇴의 과정을 추적하게 될 것이다. 어떤 조건에서 숙적 사이 화해가 발생하는가? 왜 어떤 화해는 실패로 돌아가는가? 성공적인 화해는 또 무엇이 다른가? 본 저서는 남북관계를 숙적으로 규정한 후 숙적 간 화해의 변수와 동학을 고찰하려 한다. 기존 숙적 간 화해의 문헌에 대한 검토를 거쳐 본고는 새로운 화해의 분석틀을 마련하고 그 기준에 따라 남북화해의 기원, 전개, 소멸의 과정을 검토하게 될 것이다.

〈표 1-1〉 데탕트 시기 남북화해 개요

화해 시작	- 1970년 8월 15일 박정희 광복절 경축사를 통해 남과 북의 선의의 경쟁 제안 - 1971년 4월 12일 허담 평화통일방안 8개항 발표 - 1971년 8월 6일 김일성 캄보디아 시아누크 국왕 환영 군중대회에서 남한의 모든 정파 및 인사들과 만날 용의 피력 - 1971년 8월 12일 대한적십자사 인도주의적 회담 제안 - 1971년 8월 14일 북한적십자사 적십자회담 수락
화해의 주요 형식과 내용	- 남북적십자 예비회담, 본회담 - 이후락, 박성철의 평양, 서울 비밀방문 - 7·4공동성명 발표 - 남북조절위원회 공동위원장 회의, 본회담
화해 종료	- 1973년 8월 28일 김영주 남북대화 중단 선언
화해 기간	- 3년 남짓 (1971년 8월부터 계산하면 2년 남짓)

위 표는 데탕트 시기 남북화해의 시작과 끝 그리고 화해의 기본형식을 요약하고 있다. 남과 북은 1970년 여름 박정희 대통령의 제안, 1971년 봄 허담 외상의 제안과 동년 여름 김일성 수상의 제안으로 화해의 가능성을 타진했고, 1971년 여름 양측 적십자사 간 구체적인 대화 제의를 교환하면서 대화의 막을 올렸다. 양 당국자들은 적십자회담, 남북조절위원회 회의의 형식으로 판문점, 서울, 평양을 오가며 대화를 나눴다. 남과 북의 실력자들이 비밀리에 서울과 평양을 방문, 상대 지도자와 회합을 갖

기도 하였다. 남북이 다룬 의제는 정치, 경제, 안보, 통일, 인도주의 등 다양했다.

학자들은 70년대 남북화해의 원인을 크게 외인론과 내인론으로 구분한다. 외인론은 남북대화의 기원을 환경의 변화로 설명하곤 한다. 배긍찬은 약소국 한국이 미중화해, 중일수교, 미소 데탕트 등 4대 강대국 공존체제가 마련되는 가운데 일련의 지역질서 변화에 적응하기 위해 남북대화를 시작했다고 본다. 그에 의하면 "1970년대 전반기에 이루어졌던 남북대화는 당시 한반도 주변 강대국들간의 데탕트구조에 적응하기 위한 것"이었다. 즉 대(大)데탕트에 편승한 소(小)데탕트의 추구였다는 것이다.[2] 사무엘 킴 또한 "닉슨의 중국방문 쇼크"라는 외적 요인을 강조한다.[3]

이에 반해 내인론은 국제상황 변화보다 국내정치 또는 내부 경제의 압력 측면을 강조하고 있다. 국내정치와 남북관계의 양 수준의 상관관계를 탐구하는 것이다. 내인론의 한 부류는 독재 권력을 강화하기 위해 남북대화 카드를 활용했다는 주장을 담고 있다. 당시 박정희 대통령과 이후락 중앙정보부장이 통일의 기반을 확실히 하기 위해서 유신이 필요하다는 주장을 펼쳤기 때문에 이러한 주장이 힘을 얻는다.[4] 이외에도 박정희 정권이 진보적인 통일논의 확산을 차단하기 위해 남북대화 카드를 선택했다거

---

2   배긍찬, "1970년대 전반기의 국제환경변화와 남북관계," 한국정신문화연구원 편, 『1970년대 전반기의 정치사회변동』(서울: 백산서당, 1999), pp. 11-66.

3   Samuel S. Kim, "The Rivalry Between the Two Koreas," Sumit Ganguly and William R. Thompson, eds., *Asian Rivalries: Conflict, Escalation, and Limitations on Two-Level Games* (Stanford: Stanford University Press, 2011), pp. 145-175.

4   이경재, "비상사태선언과 종신집권체제 완성," 『신동아』, 1985년 12월호(1985a), 190-219쪽.

나, 북한이 60년대 후반 높은 군사비 부담으로 경제성장에 제동이 걸리자 남북 사이 긴장을 완화시키는 선택을 했다는 주장들은 모두 내인론의 성격을 갖고 있다.

외인론과 내인론을 절충하여 구조와 단위에 모두 관심을 기울이는 시각도 존재한다. 몇몇 저자들은 자극은 외부로부터 왔지만 단순하게 외부의 힘에 밀린 것이 아니라 나름 약소국이 능동적으로 대응하고 나선 것이라는 주장을 펴고 있다. 돈 오버도퍼(Don Oberdorfer)는 강대국 게임에 희생당하지 않으려는 약소국의 자구책의 측면을 강조하면서, 미국 독립기념일을 남북공동성명 발표일로 삼은 것은 약소국의 자주 기상 선언이었다고 진단한다.[5] 김성진 또한 "세계적 데탕트의 흐름에 우리 나름대로 능동적으로 대처한 정책"이었다면서 환경과 주체를 동시에 강조하고 있다.[6] 박건영과 공동저자들은 미국의 적극적 역할과 박정희의 정치적 활용을 함께 강조하고 있다.[7] 김지형 또한 데탕트의 조류와 박정희, 김일성의 각기 다른 통일문제 인식을 대화의 흥망성쇠와 연결시키고 있다.[8] 우승지는 박정희 정권이 남북화해를 추진한 동인을 외적 위협과 내적 위협의 증가와 동맹관계를 강화하고, 국내정치를 강화하기 위한 전략적 계산에서 찾고 있다.[9]

---

5 Don Oberdorfer, *The Two Koreas* (New York: Basic Books, 2001), pp. 1–26.

6 김성진, 『박정희를 말하다: 그의 개혁 정치, 그리고 과잉충성』(서울: 삶과 꿈, 2006), 121–139쪽.

7 박건영·박선원·우승지, "제3공화국 시기 국제정치와 남북관계: 7·4공동성명과 미국의 역할을 중심으로," 『국가전략』, 9: 4, 2003, 61–91쪽.

8 김지형, 『데탕트와 남북관계』(서울: 선인, 2008).

9 우승지, "박정희 시기 남북화해 원인에 관한 연구," 정성화 편, 『박정희 시대와 한국

외인론, 내인론을 벗어나서 구체적 사안과 동기에 초점을 맞추는 일련의 연구들이 있다. 예를 들면 윤미량은 북한이 남북대화를 시작한 요인으로 미군철수 촉진, 남조선혁명 가능성, 경제적 압박의 해소를 들고, 남북대화 중단 요인으로 주한미군 철수 지연, 북미대화로의 방향 전환, 6·23선언, 유신체제의 공고화 등을 들고 있다.[10] 심연수도 국제정세의 변화에 적응하려는 박정희 정권의 노력과 주한미군 철수를 노린 김일성의 계산을 강조하고 있다.[11] 하영선은 북한이 주한미군 철수와 박정희 정부 고립을 노린 3대혁명역량 강화의 차원에서 남북대화를 시도했다고 주장한다.[12] 조동준은 남한이 북한의 3대혁명역량 강화에 맞서기 위해 국력배양, 국민통합, 다변외교와 공산권과 관계개선의 3중 생존전략을 추진하기 위한 시간을 벌기 위해 남북대화에 나섰다고 주장한다.[13] 홍석률은 남북한의 대화 동기를 한반도 문제에 대한 자기주도권 확보, 주한미군 문제와 군사동맹의 유지, 무력충돌과 전쟁방지로 열거하고 있다.[14]

본 연구는 남북화해의 시작과 끝이 내부 요인과 외부 요인으로부터 모두 기인할 수 있다는 점을 인정한 채 충격의 존재 여부, 지배연합의 동학

현대사』(서울: 선인, 2006), 263-290쪽.

10 윤미량, "북한의 남북대화 전략과 평가," 서보혁·이창희·차승주 엮음, 『오래된 미래? 1970년대 북한의 재조명』(서울: 선인, 2015), 85-108쪽.

11 심연수, "7·4 남북공동성명의 배경과 협상론적 의미," 『한국정치외교사논총』, 19: 1, 1998, 89-122쪽.

12 하영선, "북한 1972 진실 찾기: 7·4공동성명의 추진과 폐기," 『EAI 국가안보패널 보고서』, No. 67, 2014년 3월.

13 조동준, "데탕트 국면에서 박정희 행정부의 선택," 『EAI 국가안보패널 보고서』, No. 71, 2014년 7월.

14 홍석률, 『분단의 히스테리: 공개문서로 보는 미중관계와 한반도』(파주: 창비, 2012), 203-211쪽.

과 함께 위협인식의 변화와 전략계산의 변화에 관심을 집중하고 있다. 화해는 주요 정책결정가의 위협인식의 변화와 함께 구체적인 전략적 목표를 달성하기 위해 시도된다. 상대방의 위협이 상존하다는 판단 또는 화해 과정을 통해서 전략 목표를 달성하기 어렵다는 판단이 섰을 때 화해는 중단된다. 전략적 사고와 위협의 인식에 주요하게 영향을 미치는 환경은 내외 충격의 발생과 지배연합의 정치동학이다.

데탕트 시기 남북화해의 기승전결을 자세하게 살피기 위해 본 저서는 심층적인 사례연구를 한다. 데탕트 시기 남북대화 관련 외교 사료와 국내외 연구서적과 논문을 두루 활용하였다. 또한 당시 직간접으로 대화에 참여했던 인사들의 회고록과 인터뷰 자료를 이용하여 연구물이 가진 여백을 메우고 있다. 통일연구원의 남북대화 관련자 인터뷰 채록 등 국내외 복수 기관이 수집한 인터뷰 자료를 참조한다. 필자도 일부 인터뷰에 직접 참여한 바 있다. 국토통일원에서 펴낸 『남북대화사료집』은 김일성-이후락 대화, 박정희-박성철 대화를 포함 남북대화 1차 자료를 충실히 담고 있다. 남북조절위원회가 펴낸 『남북대화백서』 또한 적십자회담과 남북조절위원회 회담을 포함한 당시 남북대화의 과정을 자세하게 기록하고 있다.

본 연구를 위해서 대한민국 외교부의 외교사료관과 미국 국립문서보관소의 1차 사료를 활용하였다. 미 국립문서보관소 관련 자료는 국내 복수의 기관에서 자료를 수집, 보관하고 있다. 일례로 국회도서관 해외소재 한국관련자료 데이터베이스에서 동 국립문서보관소의 1960년대와 1970년대 한국 관련 사료를 열람할 수 있다. 미 국립문서보관소 자료의 일부는 국립중앙도서관 웹페이지를 통해서 원문 검색 및 열람이 가능하다.[15]

이 연구를 진행하는데 학술진흥재단이 지원한 2002년 한국외교정책 프로젝트 당시 필자가 개인적으로 수집한 자료들이 많은 도움이 되었다. 2003년 2월 15일부터 23일 사이 미국 국립문서보관소(National Archives at College Park) 출장 중 수집한 문건들은 크게 (1) 국무부 문건(State Department Materials: RG 59), (2) 닉슨 대통령 문서(Nixon Presidential Materials), (3) 크레스트(CREST: CIA REcords Search Tool)로 나누어 볼 수 있다. 닉슨 대통령 문서는 백악관 파일(White House Central Files), 국가안보회의 파일(NSC Files), 대통령 서한(Presidential Correspondence) 등으로 구성되어 있다. 문서보관소 3층에 소재한 3대의 터미널에는 냉전 시대 중앙정보부 정보 레코드들을 검색어로 탐색할 수 있는 데이터베이스가 자리하고 있다.

미국 수도 워싱턴(D.C.)에 소재한 우드로 윌슨 센터는 북한국제문서 프로젝트(North Korea International Documentation Project)를 통해서 북한과 친교를 맺었던 옛 동구권 국가들의 문서를 수집, 정리하고 있다. 국내에서는 경남대학교 극동문제연구소가 윌슨 센터와 협력하고 있으며, 이 프로젝트는 1960, 70년대 남북관계 및 북한사 연구에 긴요하다. 본 저서를 저술하는 동안 필자는 2016년 1월부터 3월까지 대만정치대학교와 대만중앙연구원을 방문하였고, 동년 4월부터 5월까지 상해사회과학원을 방문하여 해외학자들과 의견을 나누고, 도움자료를 수집하였다.

본 저서는 모두 10장으로 구성되어 있다. 1장 서론에서는 이 책의 주제와 문제의식을 소개하고 있고, 2장은 숙적화해의 출몰을 설명해 줄 이론틀을 정립하려는 노력이다. 3장에서는 남북화해 출현에 많은 영향을

---

15 국립중앙도서관(http://nl.go.kr). 국사편찬위원회 또한 전자사료관(http://archive.history.go.kr)을 운영하고 있다.

준 대외 사건인 미중화해를 추적하고 있다. 4장과 5장에서는 남북화해의 외연인 한미관계와 북중관계를 살피고 있다. 60년대, 70년대 기간 중 남과 북의 주요 동맹국이었던 미국과 중국이 어떻게 한반도의 파트너와 상대했는지 관찰하는 것이 주요 목적이다. 6장에서는 대화 기간 중 완성된 남의 유신체제와 북의 유일체제의 성립과정을 다룬다. 7장, 8장, 9장에서는 남북대화의 기승전결을 추적한다. 마지막 10장에서는 2장에서 제시된 이론변수를 중심으로 남북화해의 출현과 쇠퇴를 설명하는 것으로 본서는 끝을 맺는다.

2장 숙적화해론

숙적의 정치학

　국제무대의 주요 단위인 국가는 국제관계의 속성 상 외부의 침입과 압박으로부터 안보 위협을 느끼며 불안한 생존을 이어가야만 한다. 지구 상의 모든 국가들이 서로에게 잠재적 위협이 될 수 있지만, 실제로는 이해가 상반되는 몇몇 국가들만이 감내 수준 이상의 위협을 주고받는다. 서로 위협을 느끼는 두 국가를 숙적(rival)이라고 칭하고 그 둘의 관계를 숙적 또는 숙적관계(rivalry)라 할 수 있다.[1] 숙적은 통상 양자 사이 치열하고 빈번한 군사 분쟁을 겪게 된다. 지구에 존재하는 수많은 국가들 중에서 숙적관

1　맞수, 경쟁자, 적, (호)적수의 호칭도 가능하다.

계에 있는 특별한 국가군이 압도적으로 많은 분쟁의 원인을 제공하고 있다.[2]

국제관계사의 숲에서 숙적의 그루를 찾는 일은 그리 어려운 작업이 아니다. 세계사는 분쟁과 갈등으로 얼룩져 있으며 매캐한 화염의 언저리에는 종종 숙적이 도사리고 있다. 고대 그리스 아테네와 스파르타, 중국 항우의 초나라와 유방의 한나라, 냉전 시대 미국과 소련, 남아시아의 인도와 파키스탄, 제국주의 시대 영국과 프랑스, 영국과 러시아 등 세계사는 광범위한 범위 또는 지역적인 범위 안에서 벌어지는 숙적들의 경쟁 이야기로 점철되어 있다.

숙적은 자원, 영토를 둘러싸고 경쟁하거나, 정치적 영향력 행사, 종교적 지배를 목표로 하기도 한다. 국력배양의 주요 자양분인 자원을 놓고 이웃나라, 또는 제국들은 종종 충돌한다. 각 자원의 중요성은 시대별로, 테크놀로지 발달에 따라 변한다. 특정 지역을 둘러싼 국가 간의 투쟁은 가장 고전적인 분쟁의 원인 중 하나이다. 한 지역의 지배권을 둘러싸고 두 나라가 오랜 기간 뺏고, 빼앗기며 혈투를 벌이는 일이 왕왕 있다. 두 숙적 사이에 종교가 개입되면 그 경쟁은 더욱 치열해지고, 더 치명적이 된다. 숙적의 경쟁에 명분과 정의가 덧칠해지기 때문이다.[3]

한번 숙적관계에 놓이게 되면 그 상태로부터 자유로워지기는 쉽지

---

2 숙적은 분쟁의 토양이 되기도 하지만 또한 발전의 원동력이 되기도 한다. 역사의 수많은 국가들이 숙적과 경쟁에서 살아남기 위해 새로운 길과 혁신적 방법을 찾아 국력을 키웠다. 경쟁이 없는 제국은 종종 침체와 쇠퇴의 길을 걷기도 한다. 숙적은 분쟁과 발전 모두의 씨앗이다.

3 우승지, "진화기대이론과 데탕트 시기 남북화해의 이해," 『국제정치논총』, 48: 2, 2008, 107−126쪽.

않다. 과거 분쟁의 경험이 오늘의 정치를 규정하고, 오늘의 적대감이 내일의 관계를 구속하기 때문이다. 숙적 사이의 갈등은 경로 의존적이며, 선동가와 대중의 증오를 먹고 자란다. 숙적의 해소를 희망하는 지도자가 등장하더라도 대중의 적개심이 압도적이면 화해 정책을 펼치기가 어려워진다. 수많은 분쟁과 희생이 역사책, 교과서, 문학, 영상, 인터넷, 정치가의 언어를 매개로 기억되고, 그러한 추억 때문에 숙적의 확대재생산은 양 쪽 구성원의 응원 속에서 진행된다. 상대 숙적에 대한 정책의 향배가 종종 국내정치 양대 세력의 정치투쟁의 주요 재료가 된다. 숙적에 대한 서로 다른 정책을 내놓고 국내 두 정치세력이 경합하는 일이 흔히 목도된다. 숙적 사이의 정치는 숙적 내부의 정치를 규정하며, 숙적 내부의 정치가 숙적 사이 정치에 영향을 미친다.[4]

숙적의 정의

숙적이란 무엇인가? 숙적을 어떻게 정의할 수 있을까? 숙적의 존재와 관련 크게 경험주의적(empirical) 접근과 해석주의적(interpretive) 접근이 병합하고 있다. 폴 딜과 개리 거츠(Paul F. Diehl and Gary Goertz)는 숙적을 "두 국가가 모두 규칙적으로 군사 위협과 군사력을 사용하며, 군사적 관점에서 외교정책을 형성하는 양국 사이의 관계"라고 정의하고 있다.[5] 두 학

---

4   우승지, 2008, 107–126쪽.
5   Paul F. Diehl and Gary Goertz, *War and Peace in International Rivalry* (Ann Ar-

자는 숙적을 군사화된 관계(militarized relationship)로 규정하고, 그 특징을 안정성(stability)과 연속성(continuity)으로 본다.[6] 숙적의 구성요소는 공간의 일관성(spatial consistency), 시간의 지속성(time 또는 duration), 그리고 군사경쟁 또는 분쟁(militarized competitiveness 또는 conflict)의 셋이다. 딜과 거츠는 숙적 데이터를 만들기 위해 주어진 시간 내에 일정 정도 이상의 군사분쟁을 필요로 하는 분쟁-밀도(dispute-density) 접근법 또는 시간-밀도(time-density) 접근법을 취하고 있다.[7]

딜과 거츠의 행태주의적(behavioralist) 견해 또는 경험주의적 접근에 비해 해석주의적 접근을 하고 있는 빌 톰슨(William R. Thompson)의 연구는 정책결정가의 인식에 기반을 두고 숙적에 접근한다. 여느 국가의 쌍과 숙적의 쌍을 가르는 기준에 있어서 분쟁의 수와 위협인식의 해석이 서로 대치하고 있는 것이다. 톰슨은 양쪽 지도자들이 서로 상대방을 실제적, 잠정적 군사위협을 주는 경쟁자 내지 적으로 선택한 두 국가 사이의 관계를 '전략적 숙적(strategic rivalry)'으로 호칭한다. 그의 해석주의적 접근은 적으로 분류되는 위협적인 경쟁자에 대한 인식을 기반으로 하고 있다. 톰슨은 숙적의 쌍을 선정하기 위해 (1) 경쟁국, (2) 군사화의 가능성을 갖고 있는

---

bor: The University of Michigan Press, 2000), p. 4. 또한 다음 저작을 참고. James P. Klein, Gary Goertz and Paul F. Diehl, "The New Rivalry Dataset: Procedures and Patterns," *Journal of Peace Research*, 43: 3, 2006, pp. 331-348. 숙적 연구는 분석단위를 전쟁에서 군사화된 관계로 옮기는 작업이다.

6　Diehl and Goertz, 2000, Ch. 1.

7　Diehl and Goertz, 2000, Ch. 2. 공간의 일관성은 국가를 단위로 하는 양자관계를 의미한다. 양자의 지속적 갈등은 종종 이해관계의 중첩으로 인해 삼자관계 또는 다자관계로 발전하기도 한다. Barry Buzan, *People, States, and Fear* (Boulder: Lynne Rienner, 1983); Diehl and Goertz, 2000, Ch. 12.

실제 또는 잠재적 위협, (3) 적의 세 기준을 제시한다.[8] 전략적 숙적은 (1) 두 숙적이 서로 양립할 수 없는 구체적 목표를 추구하며, (2) 둘 사이 상호작용은 독립된 사건이 아니라 일련의 분쟁의 연속선 위에 위치하고, (3) 분쟁의 연속과 불신의 누적으로 갈등이 불필요하게 고조되는 경향이 있으며, (4) 경쟁의 강도가 시간 상 변화하여 갈등과 협력의 기간이 교차한다는 공통분모를 지니고 있다.[9]

이 외에 다른 기준으로 숙적을 식별하려는 노력들도 존재한다. 베네트(D. Scott Bennett)의 연구는 분쟁을 기초로 한 데이터와 역사적 정보를 결합, 행태와 이슈(issue)를 모두 중시하는 혼합된 입장을 갖고 있다.[10] 폴 헨젤(Paul R. Hensel)은 (1) 경쟁(competition), (2) 위협인식(threat perception), (3) 시간(time)을 축으로, 폴 후쓰(Paul Huth)와 그의 동료들은 외교사(diplomatic histories)를 중심으로 숙적을 식별하고 있다.[11] 경험주의와 해석주의를 결합시키려는 노력들이다. 해석주의를 택하려니 역사에 대한 개인의

8   William R. Thompson, "Identifying Rivals and Rivalries in World Politics," *International Studies Quarterly*, 45: 4, 2001a, pp. 557–586. 세 기준은 560쪽에 제시되어 있음.

9   Michael P. Colaresi, Karen Rasler and William R. Thompson, *Strategic Rivalries in World Politics: Position, Space and Conflict Escalation* (Cambridge: Cambridge University Press, 2007), p. 4.

10   D. Scott Bennett, "Security, Bargaining, and the End of Interstate Rivalry," *International Studies Quarterly*, 40: 2, 1996, pp. 157–184.

11   Paul R. Hensel, "Charting a Course to Conflict: Territorial Issues and Interstate Conflict, 1816–1992." *Conflict Management and Peace Science*, 15: 1, 1996, pp. 43–73; Paul Huth, D. Scott Bennett and Christopher Gelpi, "System Uncertainty, Risk Propensity, and International Conflict among the Great Powers," *Journal of Conflict Resolution*, 36: 3, 1992, pp. 478–517.

독해라는 주관성과 부딪치게 되고, 경험주의를 택하려니 자의적인 기준이 맘에 걸리게 된다. 본 연구는 분쟁의 빈도로 숙적을 판별하게 되면 결국 분쟁과 숙적의 구분이 어려워진다는 점을 고려 해석주의로 숙적을 정의하고, 판별하는 입장을 취한다.

숙적을 이루는 두 국가의 국력 크기를 기준으로 하여 우리는 강대국 숙적, 약소국 숙적을 양분해 볼 수 있다. 유라시아 대륙의 이웃나라 중국과 러시아의 숙적관계는 강대국 숙적의 범주에 속한다. 중국과 러시아의 앙금의 역사는 17세기 러시아가 시베리아 지역으로 진출하는 시점까지 거슬러 올라간다. 19세기 내내 러시아는 병든 청나라의 영토를 잠식해 나갔다. 1940년대 후반에서 1950년대 중화인민공화국 건국 초기 한때 중국과 소련은 유라시아 대륙에 걸치는 동맹을 결성하며 유대를 과시했다. 그러나 중소협력의 역사는 그리 길지 않았다. 스탈린(Joseph Stalin) 생전 잠재되어 있던 갈등의 불씨는 그의 사후 활활 점화되었다. 두 대국은 동서갈등을 둘러싼 마르크시즘 해석, 공산주의 세계 주도권을 놓고 사사건건 갈등을 겪었다. 중국은 소련으로부터 지원이 부족한 점을 아쉬워했으며, 소련의 명령을 따라야 하는 것에 불만을 품고 있었다. 1960년대 중소 갈등은 윤곽이 분명해졌으며, 1969년 국경 무력충돌로 정점을 찍었다. 70년대 들어 소련이 불가침조약을 제안하며 화해를 모색했으나 중국은 좀처럼 마음의 문을 열지 않았다. 이윽고 1989년 5월 덩샤오핑(鄧小平)과 고르바초프(Mikhail Gorbachev)의 회담을 계기로 양국은 관계를 회복하였다.[12]

---

12   William R. Thompson, "Expectancy Theory, Strategic Rivalry Deescalation, and the Evolution of the Sino‑Soviet Case," William R. Thompson, ed., *Evolutionary*

중국과 소련의 양자관계는 초강대국 미국의 존재로 종종 전략 트라이앵글(strategic triangle)로 확대되곤 했다. 냉전 초기 중국과 소련은 함께 미국에 대항했으나, 60년대 내내 중국은 소련으로부터 멀어졌다. 문화대혁명 기간 소련과 미국을 모두 주적으로 상대하던 중국은 점차 버거움을 느끼고 70년대 신중하게 미국에 접근했다. 80년대 중국은 미국과 소련으로부터 멀어졌다가 90년대 이후 중국과 러시아는 미국의 독주를 견제하기 위해 다시 서로에게 접근하고 있다. 중국은 미국을 주적으로 삼았다가, 소련을 주적의 자리에 올리고 미국과 화해했다. 그 이후 중국은 천천히 소련과 긴장완화를 모색했다.[13]

강대국 사이 대결 못지않게 약소국 간의 대결도 자못 치열하다. 서반구의 남쪽에 위치한 볼리비아와 파라과이의 숙적관계는 강대국 정치와 연계되지 않은 약소국 간의 숙적관계의 일례를 보여준다. 차코(Chaco) 지역에 대한 영토분쟁이 두 국가 갈등의 원인이 되었다. 19세기 초 스페인으로부터 독립한 두 나라는 영토 획정을 두고 19세기 말 대화를 시도했지만 합의에는 실패했다. 볼리비아가 칠레에게 태평양에 접하는 영토를 빼앗기고, 파라과이는 브라질과 아르헨티나에게 영토를 뺏기면서 차코에 대한 양국의 관심이 상대적으로 증대하는 가운데 차코에서 석유가 발견되면서 문제가 더욱 복잡해졌다. 1920년대부터 양국 사이 무력충돌이 시작되었고, 1932~35년 사이 차코전쟁을 치러 파라과이가 분쟁 지역 대부분을 점령하게 된다. 이후 볼리비아와 파라과이는 협상 끝에 1938년 파라과이가

Interpretations of World Politics (New York: Routledge, 2001b), pp. 218–239.

13   William R. Thompson, 2001b, pp. 218–239.

전쟁에서 차지한 대부분의 지역을 인정받게 되었다.[14]

　　강대국과 약소국 사이 숙적이 가능한가의 문제는 쉽게 결론이 나지 않을 성격의 문제이다. 미국-쿠바 또는 미국-북한의 경우를 숙적으로 볼 것이냐 아니면 숙적 이외 다른 범주에 넣을 것이냐는 분석 각도와 기준에 따라서 견해가 갈릴 수 있다. 강대국과 약소국 사이 숙적의 형성은 다소 어색할 수도 있고, 동력의 미비함으로 그 존재기간이 짧아질 수도 있다. 그러나 현실 국제정치에서 몇몇 국가들은 자신의 국력을 과신하여 자신보다 덩치가 훨씬 큰 강한 상대와 맞서기를 주저하지 않는 경우를 종종 연출하고 있다.

　　2001년 출간된 윌리엄 톰슨의 논문 〈표 1〉에 등장하는 톰슨의 '전략적 숙적'과 딜과 거츠의 '지속적 숙적(enduring rivalry)' 목록 중에서 한반도 안보복합체인 동북아시아와 그 인근 지역인 동남아시아를 아우르는 동아시아 지역에 존재했거나 존재하고 있는 숙적들을 비교해 볼 수 있다. 1816년부터 2000년 사이 기간에 걸쳐 총 17쌍의 전략적 숙적과 총 12쌍의 지속적 숙적이 수록되어 있다. 2000년을 기준으로 전략적 숙적관계 목록은 중국-대만, 중국-베트남, 남한-북한의 3쌍이, 지속적 숙적관계 목록은 남한-북한 1쌍의 숙적이 진행 중이었던 것으로 관찰되고 있다. 전략적 숙적 목록에는 등장하지만 지속적 숙적 목록에는 포함되지 않는 쌍에는 버마-태국, 캄보디아-베트남, 중국-대만, 중국-베트남 등이 있고, 후자에는 있지만 전자에는 없는 쌍에는 캄보디아-태국, 중국-남한, 일본-

---

14　Paul R. Hensel, "Evolution in Domestic Politics and the Development of Rivalry: The Bolivia-Paraguay Case," William R. Thompson, 2001b, pp. 176-217.

남한, 북한-미국이 있다.[15]

〈표 2-1〉 동아시아의 숙적들, 19세기에서 21세기까지

19세기에서 20세기 중반	20세기 중반에서 21세기
영국-중국 1839-1900	중국-일본II 1996-
영국-일본 1932-1945	중국-소련II 1958-1989
중국-프랑스 1856-1900	중국-대만 1949-
중국-독일 1897-1900	중국-미국I 1949-1972
중국-일본I 1873-1945	중국-미국II 1996-
중국-러시아I p1816-1949	북한-남한 1948-
일본-러시아 1874-1945	캄보디아-남베트남 1956-1975
일본-미국 1900-1945	캄보디아-베트남 1976-1983
버마-태국 p1816-1826	중국-베트남 1973-1991
프랑스-베트남 1858-1884	인도네시아-말레이시아 1962-1966
태국-베트남I p1816-1884	인도네시아-네덜란드 1951-1962
	말레이시아-싱가포르 1965-
	태국-베트남II 1954-1988
	북베트남-남베트남 1954-1975

* 출처: 아래 저서에서 동아시아의 숙적만 선별하였음. Sumit Ganguly and William R. Thompson, "Conflict Propensities in Asian Rivalries," Sumit Ganguly and William R. Thompson, eds., *Asian Rivalries: Conflict, Escalation, and Limitations on Two-Level Games* (Stanford: Stanford University Press, 2011), Table 1.2.
** p1816은 데이터 수집 시작년도인 1816년 이전부터 숙적이 존재했음을 의미한다.

위의 표는 19세기에서 21세기에 걸쳐 동아시아에 존재했거나 존재하고 있는 전략적 숙적 목록이다. 20세기 중반을 기점으로 오래된 숙적과 신생 숙적으로 구분되어 있다. 이러한 구분에는 2차 세계대전을 전후로

---

15 William R. Thompson, 2001a, Table 1.

하여 동아시아 지역질서에 커다란 변화가 있었다는 전제가 깔려있다. 19세기부터 20세기 중반까지 존재했던 동아시아 숙적에는 세 종류가 있었다. 유럽 제국의 침탈에 저항하는 과정에서 생성된 숙적과 지역 내 우월적 지위를 차지하기 위한 경쟁에서 파생된 숙적의 두 종류가 있었고, 마지막 유형인 일본과 미국의 숙적관계는 두 제국 사이 아시아와 태평양의 맹주를 결정하기 위한 다툼이었다. 20세기 중반 이후의 숙적쌍에는 두 국가가 지역의 패권을 다투는 경우, 인접 국가 사이 자원과 영토를 둘러싼 분쟁, 유럽에 저항하는 토착세력의 저항이 있다. 북베트남과 남베트남, 중국과 대만, 남한과 북한의 경우는 과거와 미래의 통일을 염두에 두고 두 정권이 하나의 정통성을 놓고 다투는 경우에 속한다. 마지막으로 미국과 중국의 다툼은 이전 시기 일본과 미국의 경쟁과 같은 반열의 성격을 지니고 있다.[16]

남북관계는 숙적관계이며 남과 북은 서로에게 안보 상 위협을 주고 있다. 남북관계는 숙적의 범주에 속하지만 또한 분단국가라는 성질을 갖고 있어 숙적의 한 부분집합에 속한다. 분단국가의 숙적의 정치학은 여타 숙적의 정치학과 다른 동학을 보여줄까? 통일을 지향하는 두 숙적 사이의 동학은 다소 특이한 성향을 갖고 있을까? 분단국 숙적의 쌍이 통일의 과제를 안고 있다는 점에서 동일민족의 숙적쌍과 이타민족 사이 숙적쌍의 동학에는 유사성과 아울러 차별성이 존재할 수 있다는 가능성을 열어놓을 필요가 있다. 예멘, 독일, 중국, 한국의 사례에 대한 비교연구가 필요

---

16   Sumit Ganguly and William R. Thompson, "Conflict Propensities in Asian Rivalries," Sumit Ganguly and William R. Thompson, 2011, pp. 6-8.

하다.

남북관계는 또한 독자적 동력에 의해 진행되는 성격을 가지고 있는 동시에 주변국과 영향을 주고받는 연계의 측면을 갖고 있다. 남북한이라는 약소국 관계가 주변 강대국 특히 미소, 미중, 미중소의 강대국 관계에 종속되어 진행되는 측면에 대해 많은 논객들이 주목하고 있다. 남북 숙적 쌍의 동학과 주변 강대국 정치가 맞물려 돌아가는 이중 톱니바퀴의 동학을 때로는 분리해서, 때로는 병합해서 살펴야 할 것이다.

숙적 연구는 통상 숙적의 탄생, 성장 또는 진화, 종료에 관심을 갖는다. 숙적의 속성 상 숙적과 분쟁의 상관관계가 가장 많은 주목을 받은 연구 주제이다. 본 연구는 숙적 사이 긴장완화에 관심을 두고 그 중에서 남북한이라는 숙적 사이 화해의 문제를 다루고자 한다. 주지하다시피 한반도의 두 숙적은 한 차례의 전쟁과 여러 차례의 화해를 경험한 바 있다. 복수의 남북화해를 동일한 이론 기반 위에서 비교, 검증하는 작업이 필요하지만, 본고는 우선 70년대 초기 남북화해에 대한 연구에 집중하려고 한다.

숙적화해론

국제정치 연구의 한 부류는 화해를 감정적, 인지적 차원에서 접근하고 있다. 이러한 연구는 기억의 정치, 역사적 정의, 과거사 청산을 주요 테마로 삼으며, 손상된 감정의 치유를 위한 반성 및 사과 그리고 용서 또는 처벌에 초점을 맞춘다. 또한 피해국가와 가해국가 사이 공유가 가능한 역사에 대한 재해석과 담론의 개발 여부에 관심을 갖는다. 화해의 추동 요

인으로 엘리트 차원의 협상뿐만 아니라 종종 민간 차원의 화합과 교류를 중시한다.[17]

본 연구는 이러한 감정, 정체성, 기억 차원의 화해 연구와는 다소 궤를 달리한다. 여기에서 화해는 국가 차원의 긴장완화를 의미한다. 숙적화해(rivalry reconciliation, rivalry rapprochement, rivalry de-escalation)는 숙적 사이 무력충돌의 긴장 국면에서 긴장완화 국면으로 전환을 가리킨다. 즉 숙적 간의 문제를 군사적 방법으로 해결하려는 자세에서 대화와 협상의 시동을 아우르는 정치적 방법으로 해결하려는 자세로의 전환을 의미한다. 화해 단계에서 두 숙적은 외교협상으로 현안에 대한 타결에 접근하며, 비정치 분야(문화, 스포츠, 학술 등)에서도 교류협력을 진전시킨다. 인적 교류의 증가와 경제협력의 증가 등도 주요한 화해 지표이다.

심각한 심리적 적대의식과 빈번한 무력충돌로 갈등을 빚고 있는 숙적 사이에 화해는 언제, 어떤 조건에서 생겨나는가? 모든 숙적 간 화해의 사례를 단일한 이론적 틀로 재단하는 것이 가능한가? 기존 숙적화해 담론에 대한 검토로부터 새로운 설명 후보를 찾기 위한 작업을 시작하고자 한다.

토니 암스트롱(Tony Armstrong)은 주로 협상이 성공할 수 있는 여건에 논의의 초점을 맞추고 있는데, 그의 주장에 의하면 아래 조건이 있을 때 적과의 관계개선이 성공할 가능성이 높아진다. (1) 일반적으로 전략적,

---

17 김학성, "증오와 화해의 국제정치: 한·일간 화해의 이론적 탐색," 『국제정치논총』, 51: 1, 2011, 7–31쪽; 천자현, "화해의 국제정치: 화해 이론의 발전과 중일관계에 대한 비판적 적용," 『국제정치논총』, 53: 2, 2013, 7–38쪽.

외교적 상황이 악화일로에 있고 적대의 지속이 정부의 문제해결 능력을 저해한다. (2) 적대 정권과의 공존불가능(nonviability)이 공존가능(viability)의 기대(expectation)로 바뀐다.[18] 암스트롱의 논지는 협상 성공을 염두에 둔 것이기 때문에 숙적화해에 그대로 적용하기에는 무리가 따른다. 그러나 그의 설명에 예상, 기대가 들어있는 점에 주목할 필요가 있다. 그의 첫 번째 조건은 적대 지속이 정부의 문제해결 능력에 어느 정도 부하를 주느냐에 초점을 맞춘다. 즉 그는 적대정책의 지속의 비용이 늘고, 그러한 정책의 이득이 주는 상황에 주목한다. 정책결정가의 생각의 변화는 화해 협상의 성공 가능성을 높여준다.

리차드 르보우(Richard Ned Lebow)는 1995년 글에서 지도자들이 (1) 내부 개혁에 몰두하여 적과 관계개선을 필요로 할 때, (2) 과거 대결이 비생산적이었다는 점을 인식할 때, (3) 회유적인 제안(conciliatory overtures)에 적이 긍정적으로 대응할 것이라고 기대할 때 두 적대 국가 사이의 '회유적인 적응 또는 조정(conciliatory accommodation)'의 가능성이 높아진다고 주장하고 있다. 여기에 저자는 제3국에 대한 공동의 공포와 경제적 인센티브 또한 일정한 역할을 할 수 있다고 추가한다. 2년 뒤 르보우는 회유적인 외교정책에 대한 지지를 동원할 수 있는 국내적 가능성의 조건을 새로 제시하고 있다.[19] 르보우의 변수들 또한 국내외 객관적 환경과 정책결정의 주

---

18   Tony Armstrong, *Breaking the Ice: Rapprochement between East and West Germany, the United States and China, and Israel and Egypt* (Washington, D.C.: U.S. Institute of Peace, 1993).

19   Richard Ned Lebow, "The Search for Accommodation: Gorbachev in Comparative Perspective," Richard Ned Lebow and Thomas Risse–Kappen, eds., *International Relations Theory and the End of the Cold War* (New York: Columbia Univer-

관적 평가로 구성되어 있다.

존 오르메(John Orme)는 비관주의(pessimism)가 불신(distrust)보다 더 크게 다가올 때 숙적 간의 긴장완화(rivalry de-escalation)가 가능하다고 보았다. 그는 새로운 외부위협이 나타나거나 군사력과 경제력의 악화로 숙적과 상대하기가 더욱 버거워졌다는 비관론이 팽배할 때 국내정치적으로 생존하기 위해서 숙적과 화해를 선택하게 된다고 주장한다.[20] 상기 저자들 설명의 중심에는 정책결정자의 사고의 전환이 있다. 정책결정자는 부단히 주위환경 변화를 모니터하며, 주어진 조건 속에서 최적의 성과를 내기 위해 정책의 조정과 혁신을 도모한다.

많은 학자들이 숙적화해 또는 숙적종료를 설명하기 위해 충격 변수를 거론하기를 주저하지 않는다. 딜과 거츠에 의하면 숙적관계의 안정과 연속을 해치는 것은 전쟁, 내란, 레짐 교체와 같은 정치적 충격(political shock)이다. 그들은 숙적관계의 시작과 종료 모두 충격과 깊은 관계가 있다고 보고 있다. 충격은 국제체제 상 또는 국가 행위자의 성격 상 극적인 변화를 의미한다.[21] 카렌 라슬러(Karen Rasler)는 정치적 충격이 긴장완화(de-escalation)의 시작(initiation)과 공고화(consolidation)의 필요조건이라고 단언한다.[22] 충격 없이 숙적 정치동학의 변화가 불가능하지는 않지만 역사적으

---

sity Press, 1995), pp. 167–186; Richard Ned Lebow, "Transitions and Transformations: Building International Cooperation," *Security Studies*, 6: 3, 1997, pp. 154–179.

20 John D. Orme, *The Paradox of Peace: Leaders, Decisions, and Conflict Resolution* (New York: Palgrave MacMillan, 2004).

21 Diehl and Goertz, 2000, Ch. 11.

22 Karen A. Rasler, "Political Shocks and the Deescalation of Protracted Conflicts:

로 숙적관계의 심각한 변화는 종종 충격 변수와 연관되어 있다.

숙적의 종료와 관련 스콧 베네트는 영토분쟁과 같은 현저한 이슈(high issue salience)가 있을 때 숙적의 지속기간이 길어지며, 현저한 이슈가 부재할수록(low issue salience) 숙적 지속기간이 짧아진다고 주장한다. 그에 의하면 영토분쟁이 연루되지 않은 숙적은 조기 종료된다.[23] 그는 또한 레짐의 변화(regime change, polity change)가 숙적종료를 촉진시키며, 어느 한쪽만이 민주국가일 때는 그렇지 않지만 양 쪽이 모두 민주주의인 숙적은 종료될 가능성이 높아진다고 주장한다.[24] 베네트는 이후 연구에서 여러 변수들을 종합적으로 고찰한 후 현저한 이슈의 부재, 레짐의 변화, 민주주의의 존재가 숙적종료에 긍정적으로 영향을 미친다고 결론을 내리고 있다.[25]

에릭 콕스(Eric Cox)는 숙적종료가 지배연합의 교체에 의해 결정된다고 보았다. 지배연합의 교체는 한편 정책의 실패에서 온다. 그에 의하면 정치연합에는 서로 다른 외교 지향성을 가진 매파(hawk), 비둘기파(dove), 중도파(moderate)가 존재한다. 매파는 숙적의 지속을, 비둘기파는 숙적의 종료를 바라고 중도파는 그 사이에 어중간하게 존재한다. 콕스는 심각한 정책 실패가 발생하여 양자에 지배연합의 주요 변화가 발생, 비둘기파가 득세하면 숙적종료를 기대할 수 있다고 본다.[26]

The Israeli-Palestinian Case," William R. Thompson, 2001b, pp. 240-260.

23 D. Scott Bennett, 1996.

24 D. Scott Bennett, "Democracy, Regime Change, and Rivalry Termination," *International Interactions*, 22: 4, 1997, pp. 369-397.

25 D. Scott Bennett, "Integrating and Testing Models of Rivalry Duration," *American Journal of Political Science*, 42: 4, October 1998, pp. 1200-1232.

26 Eric Cox, *Why Enduring Rivalries Do – or Don't – End* (Boulder, CO: Lynne Ri-

크리스티나 마니(Kristina Mani)는 국제주의 대전략(internationalist grand strategy)과 국가-민족주의 대전략(statist-nationalist grand strategy)을 구분한다. 양자의 차이는 경제개방(economic openness)과 안보협력(security cooperation)의 수준에 달려 있다. 이전 권위주의 지배에서 비롯된 정권의 비용이 높을수록(high regime costs) 정치 엘리트들은 협력적인 국제주의 대전략을 추진할 가능성이 높아진다. 그녀는 또한 거부권을 가진 행위자들(veto players)의 힘이 약할수록 숙적과 관계개선이 용이해진다고 덧붙인다.[27]

빌 톰슨의 숙적화해 또는 종료 연구는 다수 사례와 다수 연구를 종합하여 일반화를 위해 다소 복잡한 모델을 탄생시켰다. 그는 숙적의 화해 또는 종료를 설명하는 주요 변수로 충격, 기대의 수정, 정책 경영자, 상호성과 재충전을 들고, 제3자의 압력 또한 고려 가능하다고 진단하고 있다. 톰슨은 충격과 기대의 수정을 모델의 핵심으로 보고 있다. 그는 충격을 외적 위협의 변화, 레짐 성향과 전략의 변화, 경쟁 능력의 변화, 국내자원의 위기로 구분한다.[28] 본 연구는 톰슨의 연구에서 상호성과 재충전 등 과정을 중시하는 변수를 모델에서 제거한 후, 다른 연구에서도 반복되는 정책결정가의 변심(變心)과 정치연합의 동학에 초점을 맞춰 화해를 설명하려고 시

enner Publishers, 2010).

27 Kristina Mani, *Democratization and Military Transformation in Argentina and Chile: Rethinking Rivalry* (Boulder, CO: FirstForumPress, 2011).

28 William R. Thompson, 2001b, pp. 218-239; Karen Rasler, William R. Thompson and Sumit Ganguly, *How Rivalries End* (Philadelphia: University of Pennsylvania Press, 2013), Chs. 1-2. 진화기대이론을 데탕트 시기 남북화해에 적용한 연구로는 우승지, 2008, 107-126쪽을 참고.

도한다.

필자는 남북화해를 설명하기 위해 충격 발생, 정치연합의 동학, 위협 인식의 변화, 전략적 계산의 변화라는 네 가지 변수에 주목한다. 충격 또는 연합정치의 변화가 위협인식과 전략적 이해계산의 변화를 초래해 숙적 간 화해의 공간이 열린다고 보는 것이다. 결국 숙적은 최종적으로 위협과 전략에 좌우되는데, 이들은 쉽게 변하지 않기 때문에 내외 충격 또는 연합동학 변화의 도움닫기를 필요로 하는 것이다. 새롭게 등장한 지배연합이 숙적화해를 추구하거나, 기존 지배연합이 내외 충격으로 새로운 노선을 추구하게 되는데 여기에서 신노선을 결정하는 요인들은 위협인식과 전략적 계산의 변화이다.

숙적화해＝충격발생＋연합동학＋위협인식＋전략목표

충격은 전쟁, 혁명, 공황 등 내외의 급격한 변화를 의미한다. 딜과 거츠는 정치적 충격을 "국가 간의 상호작용을 추동하는 과정, 관계, 기대를 근본적으로 변화시키는 국제체제의 또는 그 하위체제의 극적인 변화"라고 정의한다.[29] 그들은 체계 수준의 충격(system shock)으로 세계대전, 영토주권의 극적인 변화, 세력분포의 빠른 이동을 들고, 국가 수준의 충격(state shock)으로 민주화, 정권교체(regime change), 독립, 내전 등을 거론한다.[30] 오랜 기간 적대적 행위를 주고받은 상대방에 대한 인식은 쉽게 변하지 않고

---

29   Diehl and Goertz, 2000, p. 221.
30   Diehl and Goertz, 2000, Ch. 11.

관성(inertia)의 지배를 받는다. 숙적의 적대감은 양국 엘리트와 대중의 사고에 깊숙이 각인되어 있기 때문에 내외 급격한 변화만이 그 관계의 지속성을 흔들 수 있다.

정치연합 동학 중 가장 중요한 변화는 역시 신구 엘리트의 교체이다. 나라마다 각 연합은 상이한 인식과 정책을 가지고 정권을 차지하기 위해 경합한다. 기존 연합은 쉽게 적에 대한 인식과 전략을 바꾸지 않는다. 새로운 연합의 등장은 새로운 사고와 정책의 변화를 동반한다. 역사 상 드라마틱한 숙적화해에는 종종 화해를 기획하고 꾸준하게 실천하는 주인공과 그의 세력이 존재한다. 고르바초프를 중심으로 하는 개혁연합이 미소화해와 중소화해를 가능하게 했으며, 빌리 브란트(Willy Brandt)와 그의 동료들은 동서독 화해를 낳았다. 보다 극적인 정권의 교체 없이도 기존 지배연합 내에서 대화파와 강경파의 분화 또는 온건파의 입지 강화로 화해의 공간이 열리기도 한다.

위협인식의 변화는 다양한 요인에 의해서 영향을 받는다. 화해는 충격에 의해 위협인식이 변화하는 경로와 지배연합의 변화가 위협인식의 변화를 수반하는 경로로 나누어 볼 수 있다. 충격, 위협인식의 변화, 지배연합의 변화는 전략의 변화를 동반한다. 숙적의 양쪽이 실천하고자 하는 전략과 전략이 만나 숙적관계의 성격과 내용이 결정될 것이다.

본 연구의 화해 담론은 인식(perception)과 전략(strategy)의 이중 구조로 이루어져 있다. 내외 환경, 행위자의 변화는 행위자의 인식, 기대, 믿음을 바꾸고, 새로운 인식 하에 행위자는 새로운 전략, 정책, 프로그램을 설계하게 된다. 환경과 행위자의 변화가 인식과 전략의 변화를 가져오며, 인식과 전략의 변화 없이 지속과 안정을 기반으로 하는 숙적관계는 변화하지 않는다. 양쪽 행위자의 연합정치의 결과와 한쪽 전략과 상대 전략의 만남이 어떤 조합으로 꾸며지는가가 숙적 정치학의 운명을 좌우하게 될 것이다. 숙적의 다양한 발현의 가능성 가운데 오직 특정한 위협인식의 변화와 전략의 셈법만이 숙적 간 화해를 가능하게 한다.

이 연구에서 의문으로 남는 부분은 왜 화해의 시도가 남북 숙적의 종식으로 이어지지 않았는가 하는 점이다. 숙적은 언제, 어떻게 소멸하는가? 숙적의 소멸은 숙적 간 긴장완화의 한 특수한 경우이며, 숙적화해는 숙적소멸의 예행연습과 같은 것이다. 숙적의 소멸 시 숙적화해에 관여하는 변수들이 역시 주요 역할을 맡게 되겠지만, 이 특별한 경우 각 변수값에 커다란 변화가 수반되어야 할 것이다.[31]

숙적쌍의 소멸은 충격 또는 연합정치의 변화에 의해 위협인식, 전략 계산에 커다란 변화가 초래됐을 때 발생한다. 전쟁, 내란, 정권붕괴, 국가부도와 같은 충격은 숙적소멸의 기회를 제공한다. 극단적인 경우 충격은 숙적의 회원인 국가 자체의 소멸을 가져오기도 한다. 경쟁의 대상, 위협의 대상이었던 한 국가 또는 두 국가 모두가 소멸하면 숙적쌍 또한 자연스럽게 사라진다. 숙적 사이 갈등의 원인을 제공했던 현안을 둘러싼 갈등이 해결된 경우 숙적은 소멸한다. 지배연합의 변화 또한 새로운 위협인식과 전략 목표 설정으로 숙적소멸의 기회를 제공한다.

충격과 연합은 위협, 전략을 통해서 숙적소멸로 귀결된다. 숙적쌍 중 하나 또는 둘 모두가 경쟁력을 상실하거나, 경쟁에 관심을 갖지 않을

---

31 숙적의 소멸(rivalry termination)에 대해서는 다음을 참조. Karen Rasler et al., 2013, Chs. 1-2.

때 숙적은 소멸한다. 숙적이 서로를 더 이상 위협적인 존재로 보지 않을 때 숙적은 쇠퇴한다. 경쟁과 위협의 변화는 새로운 전략의 수립으로 이어질 것이다. 신전략은 숙적 간 경쟁이 불필요하다는 전제 하에 숙적 경쟁에 소모되는 에너지와 자원을 다른 목표에 복속시키게 된다.

숙적화해, 숙적소멸을 넘어 복수의 국가들을 포함하는 안보공동체(security community)의 형성이나 소극적 평화(negative peace)가 아닌 적극적 평화(positive peace) 또는 안정된 평화(stable peace)를 얻기 위한 노력들에 대한 연구들도 있다.[32] 안보공동체에 속한 구성원들은 자신들의 갈등을 비폭력적 방법으로 해결할 수 있다는 믿음을 갖고 있다. 여기에서 평화는 단순히 무력분쟁의 부재가 아니라 그러한 분쟁의 위협 자체가 부재하는 보다 특별하고 안정된 상황을 가리킨다.[33]

스티븐 록(Stephen R. Rock)은 19세기 말, 20세기 초 영국과 프랑스, 영국과 미국, 영국과 독일, 미국과 독일의 역사적 사례연구를 통해서 전쟁상태(a state of war)에서 평화상태(a state of peace)로 전환을 탐구하고 있다. 록은 강대국 화해를 가능하게 하는 세 조건들로 이질적인 권력과 경제활동의 행사와 이데올로기 등 동질적인 사회속성(heterogeneous exercise of power and economic activities and homogeneous societal attributes)을 열거하고 있다. 한편 록은 적의 이미지가 인식의 관성 작용 때문에 쉽게 바뀌지 않으므로 화해의 시작을 위해 극심한 위기(an acute crisis)의 촉매가 필요하다는 점

---

32 평화연구에 대한 소개로는 다음을 참고. 전광호, "유럽 평화연구의 현황과 전망: JPI 국제화를 위한 제언," *JPI Working Paper*, 07-12호, 2007년 11월.

33 Stephen R. Rock, *Why Peace Breaks Out: Great Power Rapprochement in Historical Perspective* (Chapel Hill: University of North Carolina Press, 1989), p. 2.

을 인정하고 있다.[34]

찰스 쿱찬(Charles A. Kupchan)은 국제관계에서 과거의 적이 오늘의 친구가 되는 현상에 주목한다. 쿱찬은 4단계를 거쳐 안정된 평화가 구성된다고 주장한다. 화해는 일방적인 적응 또는 조정 행위(an act of unilateral accommodation)와 함께 시작된다. 복수의 위협에 처한 국가는 한 적에게 양보와 전략적 자제(strategic restraint)를 통해서 선의의 의도(benign intent)의 신호를 보내 불안의 근거를 제거한다. 2단계 상호 자제(reciprocal restraint) 실천을 거쳐 3단계에서 양국 사이 사회적 통합이 심화된다. 4단계 새로운 담론과 정체성의 형성으로 화해의 여정은 마무리된다.[35]

숙적화해는 성공으로 귀결되기도 하고 실패로 끝나기도 한다. 숙적화해의 실패는 숙적쌍이 다시 갈등과 분쟁의 역사로 뒷걸음치는 것을 의미한다. 화해의 쇠퇴 또한 화해의 발생과 같은 변수들의 작용 결과이다. 충격의 발생이나 지배연합의 변화가 화해를 멈출 수 있다. 충격, 연합이 수반되어, 또는 그것들이 수반되지 않은 채 위협 인식이나, 전략 계산의 변화가 오면 화해가 중단될 수 있다. 본 연구는 숙적화해 발생과 쇠퇴를 동시에 설명하려고 시도하고 있으며, 화해의 운명이 궁극적으로 전략적 계산과 위협인식의 변화라는 두 변수에 의해 좌우된다고 판단하고 있다. 본 연구는 위협의 변수에 전략의 변수를 더하여 화해의 흥망성쇠를 설명하려고 시도하였다.

---

34 Stephen R. Rock, 1989, pp. 12–18.
35 Charles A. Kupchan, *How Enemies Become Friends: The Sources of Sable Peace* (Princeton: Princeton University Press, 2010).

3장 미중화해

미국과 중국

　중국혁명의 과정과 중화인민공화국 건국 이후 내내 미국과 중국은 서로 대척점에 서있었다. 미국이 희망하는 것과 중국이 가고자하는 길은 아주 상이했다. 한국전쟁을 통해서 양국이 서로에게 무슨 존재인가가 보다 분명해졌다. 적대적인 양국관계를 녹이는데 철저한 반공주의자였던 리처드 닉슨(Richard M. Nixon)이 나섰다는 점이 자못 역설적이다. 닉슨은 대통령이 되기 전부터 아시아에 관심을 갖고 있었다. 그는 아시아, 특히 일본을 자주 방문했다.

　닉슨은 한 외교전문지에 기고한 글에서 미국의 아시아에 대한 관심이 너무나 과도하게 베트남전쟁에 집중되어 있다고 불평했다. 그는 20세기 후반 아시아의 중요성을 간파하고 있었고, 미국이 베트남을 넘어서서 더 넓은 시야를 가질 필요가 있음을 역설했다. 닉슨은 논문에서 "미국은 태평양국가"라고 선언했다. 미국의 세계경찰국가로서 역할이 지속될 수는 없으며, 아시아인들이 먼저 자신들의 안보를 공동으로 책임져야 한다고 토로했다. 닉슨은 '중공(Red China)'을 '분명하고 현재적인 위험(clear and present danger)'이라고 평가하면서도, 장기적으로 중국을 국가들의 공동체 (the family of nations) 밖에 영원히 남겨둘 수 없다고 보았다. 그는 중국이 변해야 세상이 안전해질 것이라고 진단했다. 닉슨은 세계 공동체 안에 중국을 초대해야 한다는 생각을 품고 있었다.[1]

닉슨이 대선에서 승리한 다음날 하버드 대학교 제롬 코헨(Jerome A. Cohen), 컬럼비아 대학교 도크 바네트(A Doak Barnett), 매사추세츠 공과대학교(MIT)의 루시안 파이(Lucian Pye) 등 8명의 학자가 당선자를 위한 비망록을 작성했다. 그들은 미국이 중국과 대화하여 화해를 모색해야 한다고 주장하면서 양국의 관계 정상화를 위해 비밀리에 특사를 보낼 것을 제안했다. 그들의 제안은 얼마 후에 현실이 된다.[2]

닉슨은 세상에서 제일 인구가 많은 나라와 제일 강한 나라가 대화하지 않는 것은 바람직하지 않다고 판단하고 있었으며, 대통령에 당선되고 나자 자신이 글로 표현한 것을 차근차근 행동으로 옮겼다. 닉슨은 스

---

1   Richard M. Nixon, "Asia After Viet Nam," *Foreign Affairs*, 46: 1, 1967, pp. 111–125. 마오쩌둥은 이 논문을 직접 읽고 저우언라이를 포함 중국 지도부에 일독을 권하였다고 한다.

2   Yafeng Xia, *Negotiating with the Enemy: U.S.–China Talks during the Cold War, 1949–1972* (Bloomington: Indiana University Press, 2006), p. 136.

스로 세계평화의 기초를 다지는 건축가가 되기를 희망했으며, 그의 중국 외교는 자신이 세우는 건축물의 주요한 주춧돌 역할을 맡아야 했다. 닉슨은 중국과 화해가 소련을 수세로 몰 것이며, 소련이 국방비 증액 부담을 안게 되고, 그러면 자연히 워싱턴에 더 협조적으로 나올 것이라고 예견했다. 미국은 중국이라는 가교를 통해서 베트남까지 통하는 평화의 길을 닦으려 했다. 닉슨에게 미군이 베트남에서 명예롭게 철수하는 일은 그 무엇보다도 중요했다. 물론 미중화해로 자신에게 평화의 사도라는 이미지가 덧칠해지면 재선 가도에도 도움이 될 터였고, 광대한 중국의 시장이 열리면 뉴욕 자본시장도 정부에 더 협조적으로 나올 것이 분명했다.[3]

닉슨 행정부가 출범할 즈음 세계질서는 급격히 변하고 있었다. 미국과 소련의 전략 균형이 형성되면서 미국은 새로운 안보 위협에 직면했다. 이제 이념의 잣대만으로 세계질서를 운영할 수는 없게 되었다. 미국경제의 상대적 쇠퇴로 미국이 홀로 유럽과 아시아에서 공산주의를 봉쇄하는 부담을 질 수 없게 되었다. 1969년부터 1972년까지 괌 독트린과 아시아 주둔 미군 감축, 오키나와 일본 반환, 베트남전쟁에서 미군의 단계적 철수, 중국과 관계개선, 달러의 금태환 정지와 일본산 수입 제한 조치, 소련과 탄도요격미사일제한조약(Anti-Ballistic Missile Treaty: ABM)과 전략무기제한협정((Strategic Arms Limitation Talks: SALT) 체결 등 주요 정책결정이 잇달

---

3 Yafeng Xia, 2006, p. 140. 닉슨과 그의 행정부를 포함하여 미국의 중국에 대한 인식의 변화에 대해서는 다음의 저작을 참조. Evelyn Goh, *Constructing the U.S. Rapprochement with China, 1961–1974: From "Red Menace" to "Tacit Ally"* (Cambridge: Cambridge University Press, 2005). 중소분쟁, 미중화해, 미소 데탕트의 국제정치적 의미에 대해서는 키신저 박사의 아래 분석이 유용하다. Henry Kissinger, *Diplomacy* (New York: Simon & Schuster, 1994), Ch. 28.

있다.[4]

닉슨은 대통령에 당선되고 얼마 되지 않은 1969년 7월 괌을 방문한 자리에서 기자들에게 자신의 아시아 구상을 밝혔다. 그의 연설은 다소 즉흥적이고 두서가 없었는데, 그 생각을 펼쳐서 정리해 보면 한동안 괌 독트린으로 불리다가 후에 닉슨 독트린으로 세상에 남게 된 유명한 항목을 만나게 된다.

그러나 나는 이제 우리가 모든 아시아 우방들과의 관계에 있어서 두 가지 측면을 강조할 때가 되었다고 생각합니다. 첫째, 우리는 우리의 공약을 지킬 것입니다. (예를 들면 태국과 SEATO의 공약) 그러나 둘째, 내부적 위험의 문제가 걸린 한, 그리고 군사적 방위의 문제가 걸린 한, 핵무기를 동반한 강대국들이 연루된 분쟁을 제외하고는, 미국은 그러한 문제들은 점점 더 아시아국들 자신의 힘에 의해서 처리되며 또한 그들의 책임이라는 점을 고무시키고, 기대할 권리가 있다는 점입니다.[5]

미국의 새 정책은 (1) 미국은 여전히 동맹국에 대한 안보 공약을 준수한

---

4   Michael Schaller, "Detente and the Strategic Triangle Or, 'Drinking your Mao Tai and Having Your Vodka, Too,'" Robert S. Ross and Jiang Changbin, eds., Re-examining the Cold War: U.S.–China Diplomacy, 1954–1973 (Cambridge: Harvard University Press, 2001), p. 363.

5   "American Policy in the Pacific, (Nixon Doctrine): Informal Remarks of President Nixon with Newsmen at Guam, July 25, 1969," Se-Jin Kim, ed., Documents on Korean–American Relations 1943–1976 (Seoul: Research Center for Peace and Unification, 1976), pp. 358-361.

다, (2) 적의 핵 위협 시 미국은 동맹국을 보호할 것이다, 그러나 (3) 재래식 공격 시 당사국이 방어의 일차적 책임을 져야 한다는 것으로 요약할 수 있다. 닉슨은 특히 베트남문제를 베트남인민들이 스스로 풀도록 유도할 요량이었다. 닉슨 독트린을 현실화시키기 위해서는 중국과 화해가 긴요했다.

1950년대 후반에서 1960년대 초반 사이 중소 갈등이 가시화되었다. 이념으로 뭉친 중소동맹은 현실의 벽 앞에서 취약했다. 흐루시초프(Nikita Khrushchev) 등장 이후 소련과 중국 사이 틈이 벌어지기 시작했고, 50년대 후반 소련이 중국에게 원자탄 제조 기술을 넘겨주기로 한 약속을 지키지 않으면서 양자관계는 더욱 멀어졌다. 60년대 소련이 점증적으로 중소국경에 무력배치를 증가시켰고, 이는 중국에게 커다란 안보 위협으로 다가왔다. 소련과의 전쟁이 벌어질지도 모른다는 공포가 중국 지도부를 엄습했다. 1960년대 후반 중소분쟁은 정점을 찍었다. 1968년 소련은 체코슬로바키아를 침공하고, 공산권 국가들의 정치적 안정을 위해 소련이 개입할 권리가 있다는 내용의 브레즈네프 독트린을 선언했다. 1969년 소련과 중국의 무력충돌이 잇달아 발생하고, 소련은 중국의 핵시설을 선제공격하겠다고 위협했다. 중국은 이제 '두 개의 적' 정책을 포기하지 않을 수 없었다. 제국주의 미국과 수정주의 소련 둘 중에서 중국에게는 국경을 마주하고 있는 소련이 더욱 큰 위협으로 다가왔다. 마오쩌둥(毛澤東)은 미국에게로 관심을 돌렸다. 핵실험에 성공한 중국은 이제 자신감을 가지고 초강대국 미국을 대할 수 있었다.[6]

---

6   Robert G. Sutter, *China-Watch: Toward Sino-American Reconciliation* (Baltimore:

문화혁명의 광풍이 도를 넘어서자 1968년부터 마오쩌둥과 중국 지도부는 내부 소란을 안정시키고 대외 고립을 벗어나기 위한 방책을 고민하기 시작했다. 68년 3월 중순 저우언라이(周恩來)는 한 모임에서 "우리는 이제 고립되었다. 아무도 우리의 친구가 되기를 원하지 않는다"고 토로했다. 같은 시기 마오쩌둥은 "베이징이 세계혁명의 중심"이라는 슬로건을 너무 자기중심적이라며 비판했다.[7] 중국이 변해야 할 시간이 다가오고 있었다.

1969년 2월 중순 마오쩌둥이 천이(陳毅) 원수에게 국제전략 상황에 대해 연구하도록 지시했고, 저우언라이는 예젠잉(葉劍英), 녜룽전(聶榮臻), 쉬샹첸(徐向前)을 연구에 합류시켰다. 저우언라이는 선전선동이 난무하는 상황을 우려하며, 중국의 외교적 고립을 극복할 방책을 원했다. 네 명의 군 장성들은 3월에서 10월 동안 여러 차례의 세미나를 갖고 네 건의 보고서를 중앙위원회에 제출했다. 그들의 보고서는 세 개의 결론을 내렸다. 첫째, 미 제국주의와 소련 수정주의에 대한 진정한 위협은 둘 사이에 존재한다. 양자의 투쟁은 빈번하고 격렬하기 때문에 둘이 각자 또는 함께 중국에 대해 대규모 침략전쟁을 벌일 가능성은 높지 않다. 둘째, 미국과 소련에게 아직 유럽이 전략적으로 우선한다. 그러나 미 제국주의는 중국을 잠재적

Johns Hopkins University Press, 1978); John R. Copper, *China Diplomacy: The Washington–Taipei–Beijing Triangle* (Boulder: Westview Press, 1992); Robert S. Ross, ed., *China, the United States, and the Soviet Union: Tripolarity and Policy Making in the Cold War* (New York: M. E. Sharpe, 1993).

7   Gong Li, "Chinese Decision Making and the Thawing of U.S.–China Relations," Ross and Changbin, 2001, p. 323. 문화혁명에 대해서는 산케이신문 특별취재반, 임홍빈 역, 『모택동비록 상·하』(서울: 문학사상사, 2001) 참조.

위협으로 간주하는 반면, 소련 수정주의는 중국을 주적으로 본다. 따라서 후자가 전자보다 중국의 안보에 더 위협적이다. 셋째, 삼각관계에서 미국은 중국과 소련 사이의 모순을 이용하려 한다. 소련은 중국과 미국 사이 모순을 이용하려 한다. 따라서 우리는 의도적으로 미국과 소련 사이 모순을 활용해야 한다. 토론회에서 예젠잉은 고대 위, 오, 촉의 세 나라가 경쟁하고 있을 때 촉의 제갈량이 북쪽의 위나라를 견제하기 위해 동쪽의 오나라와 연대한 것을 참고할 필요가 있다고 언급했다. 천이는 히틀러(Adolf Hitler)와 상호불가침조약을 체결한 스탈린으로부터 배울 필요가 있다고 말했다.[8]

미국과 중국 사이 막후 협상이 비밀리에 전개되는 시점 정치국은 논의를 갖고 미국과 협상에 임하는 8개 원칙을 마련했다. 저우언라이가 초안을 작성한 "중미 대화 관련 정치국 보고서(1971년 5월 29일)"의 원칙은 다음과 같다.

(1) 모든 미국의 군대와 군사설비가 정해진 시간에 대만과 대만해협에서 철수해야 한다. 이것이 양자관계의 정상화에서 주요한 문제이다. 사전에 원칙적으로 이 문제에 동의가 되지 않으면 닉슨 방문은 연기되어야 한다.

(2) 대만은 중국의 영토다. 대만 해방은 중국의 내부문제이며, 중국은 외부 간섭을 용인하지 않는다. 일본 군국주의가 대만에서 준동하는 것을 경계해야 한다.

---

8   Zhang Baijia, "The Changing International Scene and Chinese Policy toward the United States, 1954-1970," Ross and Changbin, 2001, pp. 69-71; Gong Li, 2001, pp. 333-335.

(3) 중국은 대만을 평화적 수단으로 해방시키는데 최선을 다한다.

(4) 중국은 '두 개의 중국' 또는 '하나의 중국, 하나의 대만'을 만들려는 시도를 강하게 반대한다. 미국이 중국과 수교를 원한다면, 미국은 중화인민 공화국을 중국을 대표하는 유일정통정부로 인정해야 한다.

(5) 상기 (1), (2), (4)항의 세 원칙이 실현되지 않는다면 중국은 이 시점에서 미국과 수교하는 것을 연기하고, 대신 양국 수도에 연락사무소를 설치할 수 있다.

(6) 중국은 유엔 가입 문제를 먼저 제기하지 않는다. 만약 미국이 이 문제를 제기한다면 중국은 두 개의 중국 또는 하나의 중국, 하나의 대만 공식을 분명히 반대한다.

(7) 중국은 중국-미국 무역 문제를 먼저 제기하지 않는다. 미국이 먼저 이 문제를 제기하면, 대만으로부터 미군 철수가 확인된 이후 이 문제를 협의할 수 있다.

(8) 중국 정부는 극동의 평화를 위해 인도차이나, 한국, 일본, 그리고 동남아시아에서 미군 철수를 주장한다.[9]

미국이 소련과 양강구도를 삼자외교로 바꾸어 대처하고, 중국을 활용해 베트남의 수렁으로부터 벗어나기를 희망한 만큼 중국 또한 문화대혁명의 난장판과 소련의 점증하는 위협에서 탈출구를 모색하기 시작했다. 정치국 논의를 살펴보면 당시 중국 지도부가 제일 중요하게 생각한 문제는 역시 대만이었다. 중국은 미국과 협상에서 양보할 수 없는 마지노선으로 중국

---

9   Zhang Baijia, 2001, p. 74.

과 대만은 하나라는 명제를 움켜쥐고 있었다.

미중 협상의 시작

파키스탄과 루마니아 채널 그리고 폴란드 바르샤바의 대사 간 회담을 통해서 미국과 중국의 화해협상이 진행되었다. 특히 파키스탄 대통령 칸(Yahya Khan)의 도움으로 키신저(Henry Kissinger)의 비밀외교가 성과를 낼 수 있었다.[10] 닉슨과 키신저의 공통점은 세력균형의 관점에서 세계질서를 바라본다는 것이었다. 둘은 미국이 홀로 평화유지의 부담을 지기보다는 동맹이나 협력자들과 함께 질서를 유지하기를 바랐다. 그들에게 미국, 소련, 유럽, 중국, 일본이 대마(大馬)로 보였을 것이다. 개인적으로 둘 다 심리적으로 불안정하고 의심이 많다는 공통점이 있었다. 키신저는 유대인으로 나치 독일의 박해를 피해 미국으로 왔다. 하버드 대학교 교수로 있으면서 여름 특강을 통해 세계의 젊은 지도자들을 초청해 네트워크를 넓혀 나갔다. 케임브리지에 상주하면서도 그는 항상 워싱턴과 뉴욕을 주시하고 있었다. 닉슨이 1969년 2월 키신저에게 중국과 관계개선 의사를 피력했을 때 키신저는 이를 비현실적이라고 보고 냉소적으로 반응했다. 그러나 그는 곧 미중화해라는 역사 드라마의 주연 역할을 차지하게 된다.[11]

---

10 F. S. Aijazuddin, *From a Head, Through a Head, To a Head: The Secret Channel between the US and China through Pakistan* (Oxford: Oxford University Press, 2000).

11 Margaret MacMillan, *Nixon and Mao: The Week That Changed the World* (New

1970년 미국은 제7함대를 대만해협에서 철수하는 결정을 내렸다. 이듬해 닉슨 행정부는 중국 여행 자유화와 무역제재 완화 조치를 단행하였다. 중국은 1969년 2월부터 1970년 2월에 걸쳐 32만 명의 중국 지원부대를 베트남에서 철수시켰다. 1970년 10월 1일 중국은 국경일 행사에 에드가 스노우(Edgar Snow) 부부를 초청했고, 이어 마오가 직접 12월 18일 스노우와 인터뷰하면서 닉슨의 베이징 방문을 환영한다는 의사를 공개적으로 표명했다. 1971년 4월 마오쩌둥은 애초 자신의 결정을 뒤집으며 미국 탁구선수단을 중국에 초청하도록 허락했다. 마오는 훗날 작은 탁구공이 커다란 지구를 움직이는데 사용될 수 있다고 회고했다. 저우언라이는 미국 선수단이 중국팀을 상대로 몇 경기를 이길 수 있도록 배려해 주고는 손님들을 인민대회당에서 성대히 영접했다.[12]

핑퐁외교 직후 미국과 중국은 고위급 회담을 성사시키기 위해 움직였다. 파키스탄 채널을 통해서 1971년 4월 27일 미국은 저우언라이의 서한을 받았다.

중국과 미국의 근본적 정상화를 위해 미국은 모든 군대를 중국의 대만과 대만해협 지역으로부터 철수해야 한다. 이 중요한 문제에 대한 해법은 오직 양국의 고위 당국자 간의 직접 대화로부터 도출될 수 있다. 그래서 중국 정부는 베이징에서 공개적으로 회담과 토론을 위해 미국 대통령의 특사(예를 들면 미스터 키신저), 미 국무장관, 또는 미국 대통령 자신을 영접할 의사를 재

York: Random House, 2007), Ch. 4.

12 이동률, "1972년 중국의 대미 데탕트 배경과 전략," 『EAI 국가안보패널 보고서』, 65호, 2014년 3월.

확인한다.[13]

키신저는 파키스탄 방문 중 비밀리에 베이징으로 향하는 비행기에 올랐다. 그의 목적은 저우언라이와 만나 역사적인 닉슨의 중국방문을 성사시키는 것이었다. 키신저와 저우언라이는 양국 정상과 편하게 소통할 수 있는 인사들이었고 또한 두 나라를 대표하는 외교 전문가였다.

키신저의 1차 방중은 1971년 7월 8일부터 11일까지 이어졌다. 저우언라이는 어린 시절 중국 고전과 신학문을 함께 수학했으며, 일본 유학 때 급진 서적을 읽고 마르크스주의자가 되었다. 프랑스에서는 공부와 노동을 병행하며 몰래 지하활동을 벌였다. 대장정에 참여하였으며, 건국 이후 총리와 외교부장으로서 마오쩌둥을 도와 국정을 이끌었다. 키신저는 자신의 저서에서 저우언라이의 인상을 아래와 같이 묘사하고 있다.

> 저우언라이는 4시 30분에 도착했다. 그의 수척하고도 의미심장한 얼굴과 꿰뚫어 보는 눈매는 여유와 긴장, 신중함과 자신감을 동시에 내뿜고 있었다. 그는 소박하면서도 고상하고, 흠결 하나 없이 재단된 회색 인민복을 입고 있었다. 마오쩌둥이나 드골처럼 육체적으로 실내를 압도하는 것이 아니라, 용수철처럼 통제된 긴장, 강철과 같은 절제, 자기통제의 분위기로 그는 우아하고 위엄스럽게 움직였다.[14]

---

13 Yafeng Xia, 2006, p. 154에서 재인용.
14 Henry Kissinger, *White House Years* (Boston: Little, Brown and Company, 1979), p. 743. 미중대화에 대한 서술은 특히 18, 19, 24장을 참조.

7월 9일 7시간 동안 지속된 양자 회담에서 키신저는 양국 체제 문제를 역사의 평가에 맡기자면서 상호존중과 평등의 기반 위에서 공통 관심사를 토론하자고 제안하였다. 그는 닉슨의 중국 방문, 대만문제, 인도차이나문제, 소련·일본 등 주요국과 관계, 남아시아문제, 양국 간 연락채널 확보, 군비통제, 기타 중국이 원하는 문제 등을 의제로 설정해 놓고 있었다. 저우언라이 또한 미국이 중국과 대등한 입장에서 대화할 것을 주문하며 상호공존을 이야기했다. 저우언라이는 이어 대만 문제의 중요성을 역설하고서, 양국이 외교관계를 체결하기 위해서는 미국이 대만은 중국의 일부이며 중화인민공화국이 중국의 유일합법정부임을 인정하고, 정해진 시간에 대만과 대만해협으로부터 미군과 군사시설을 철수하고, 미국—대만 상호방위조약을 무효화해야 한다고 주장했다.[15]

키신저는 대만이 중국에 속한다는 점을 인정하면서 대만독립운동을 지지하지 않으며, 대만문제의 평화적 해결을 희망하고 있다고 의사를 피력했다. 그는 중국을 적으로 삼지 않고, 중국을 고립시키지 않을 것이고, 유엔에서 중국의 지위 회복을 지지한다는 점을 재차 확인했다. 키신저는 또한 장제스(蔣介石) 정부의 유엔 지위 박탈을 지지하지 않는다면서, 미국이 중화인민공화국을 중국의 유일한 합법정부로 승인하는 것은 닉슨 2기 때 해결하자는 신중한 입장을 보였다. 그는 미국이 인도차이나전쟁 종결 후 단시일 내에 대만 주둔 미군의 2/3 병력을 철수할 수 있으며, 중미 관계 개선에 따라 잔여 주둔 미군의 점진적 감축을 준비 중이라고 전했다. 그는 미국이 베트남에서 명예롭게 철군할 수 있도록 중국 협조를 요청

---

15   Yafeng Xia, 2006, pp. 167-168.

했다.[16]

회동에서 한국문제를 제기한 것은 저우언라이였다. 일본 재무장 논의 과정에서 주한미군 철수가 거론되었다. 키신저는 미중관계가 예상대로 진전되고, 인도차이나 전쟁이 끝나고 나면 닉슨의 두 번째 임기 중 대부분의 미군이 한국에서 철수하는 문제를 생각해 볼 수 있다고 답변하였다. 그는 또한 미군 아닌 일본군이 한국에 주둔하면 중국으로서는 더 곤혹스러운 일이 아니겠는가고 반문하기도 했다. 저우언라이는 10일, 11일 회동에서도 주한미군 철수 문제를 언급했고, 특히 11일에는 주한미군을 대신해서 일본 자위대가 한반도에 들어와서는 안 된다는 점을 강조했다.[17]

1971년 10월 25일 유엔 총회에서 중화인민공화국이 유엔에 가입하고, 중화민국은 유엔에서 탈퇴하였다. 10월 20일부터 26일까지 키신저는 두 번째 베이징 방문에 나섰다. 닉슨의 중국 방문 시 발표할 공동성명서 초안을 마련하는 것이 그의 주요 임무였다. 3일 동안 총 5차례 협상이 있었고, 미국과 중국은 각각 3개의 다른 초안을 제시했다. 미국의 초안은 모호한 외교적 수사로 양국의 의견 차이를 덮고 미국 대통령의 방중 업적을 과시하는 모양새였다. 저우언라이로부터 미국 측의 초안을 전달받은 마오쩌둥은 아래와 같이 입장을 정리했다.

지금 국제정세는 혼란 상태에 빠져 있어요. 각국이 자신의 의견을 내세우는 것은 좋은 생각입니다. 그들은 평화, 안보, 반(反)패권을 이야기하고 있지 않

---

16 이동률, 2014, 11-12쪽.
17 마상윤, "적에서 암묵적 동맹으로: 데탕트 초기 미국의 중국 접근," 『한국정치연구』, 23: 2, 2014, 325-329쪽.

습니까? 좋아요. 우리는 혁명, 전 세계의 피착취 민족과 민중의 해방에 대해

이야기합시다. 강대국이 약소국을 괴롭혀서는 안 된다는 점을 이야기합시다.

우리가 이런 점을 강조하지 않는다면, 코뮤니케를 작성할 이유가 없죠.[18]

중국의 입장은 대만은 중국영토의 일부분이며, 하나의 중국만이 존재한다는 점이었다. 또한 미군의 대만 철수가 필요하다면서 구체적이고 명확한 철군일정을 제시할 것을 요구했다. 미국의 입장은 중국인은 평화적 방법으로 대만문제를 해결해야 한다는 것과 아시아 정세 변화에 따라서 점진적으로 대만에 주둔하고 있는 미군을 축소한다는 것이었다. 공동성명의 대만 구절과 관련 미국은 중국인은 자신의 목표를 평화 협상을 통해서 달성해야 한다는 구절을 넣기 희망했다.[19]

10월 22일 오후 회담에서는 한반도 문제도 집중 거론되었다. 한반도 통일문제와 관련 키신저는 평화적 통일을 강조했고, 저우언라이는 한국인이 주체가 되는 통일이 되어야 한다고 응수했다. 저우언라이는 남한에 미군 대신 일본군이 진주할 가능성에 대해 거듭 질문했다. 키신저는 주한미군 관련 비밀 유지를 당부하며, 명년에 '상당한 비율(substantial percentage)'의 감축 계획이 있다는 점을 시사했다. 저우언라이가 북한을 국가로 인정할 수 있는지 묻자 키신저는 당장 그렇게 할 수는 없다고 답했다. 키신저는 중국과 소련이 남한의 실체를 인정해야, 미국 또한 북한 실체를 인정

---

18 Gong Li, 2001, pp. 350-351.
19 이동률, 2014, 12-14쪽.

할 수 있다는 '상호인정론'을 펼쳤다.[20]

닉슨의 중국방문

닉슨은 중국방문을 달나라에 가는 것에 비유했다. 그만큼 낯설고 역사적인 발걸음이었을 것이다. 출국에 즈음하여 그는 기자들에게 인류의 평화를 위해 장도에 오른다고 장엄하게 말했다. 1972년 2월 21일 닉슨 일행이 베이징 공항에 도착했을 때 하늘은 잿빛이었고 날씨는 차가웠다. 저우언라이를 포함하여 25명 정도의 비교적 간소한 일행이 영접했고, 의장대 사열이 약 15분 간 진행되었다. 공항에도, 가도에도 환영인파는 없었다. 대통령 차량 행렬은 스산한 거리를 가로질러 숙소인 댜오위타이로 들어섰다. 그날 저녁 중국 공영방송은 여성 노동자들의 활약상에 대한 소식을 머리기사로 내보냈고, 뉴스가 거의 끝나갈 무렵 미국 대통령의 방문을 알렸다.[21]

리처드 닉슨 대통령은 마오쩌둥과 회동 관련 중국의 확답을 듣지 못한 채 장정에 올랐지만, 닉슨 일행이 베이징에 도착하자 마오쩌둥은 급히 닉슨을 만나기를 청했다. 저우언라이는 댜오위타이로 가서 미국인 일행을 중난하이로 안내했다. 중국 리무진에는 닉슨, 키신저, 로드(Winston Lord) 그리고 헌 명의 비밀경호원이 저우언라이와 함께 동승했다. 닉슨—

---

20   홍석률, 2012, 135, 158-164쪽.
21   Margaret MacMillan, 2007, Chs. 1-2.

마오쩌둥 회동은 원래 15분으로 계획되었으나 실제로 65분간 진행되었다. 마오쩌둥의 주치의가 그들을 마오쩌둥의 서재로 안내하고 밖에서 초조하게 대기했다. 닉슨과의 만남을 앞둔 마오쩌둥은 와병 중이었다. 심장, 폐, 혈압이 모두 좋지 않았다. 열렬한 반공주의자 닉슨과 제국주의를 혐오하는 혁명가 마오쩌둥은 오래 손을 잡고 있었다. 닉슨의 등 뒤에는 역사의 그림자가, 마오의 등 뒤에는 병마의 그림자가 아롱거리고 있었다. 닉슨이 국제관계 일반과 타이완, 베트남, 한반도 등 구체적인 문제를 언급하려 하자 마오는 거부의 몸짓으로 크게 손을 내저으며 자신은 철학적인 문제를 논할 뿐 그런 것들은 총리와 이야기하는 것이 좋을 것이라고 언급했다.[22]

닉슨: 나는 총리와 나중에 총서기와 대만, 베트남, 한반도 같은 문제를 이야기하기 희망합니다. 나는 또한, 이것은 매우 예민하지만, 일본의 미래, 남아시아의 미래와 인도의 역할에 대해서, 그리고 더 범위를 넓혀서 미소관계의 미래에 대해서 이야기하기를 희망합니다. 세계 전체의 모습을 보고 세계를 움직이는 거대한 힘을 봤을 때 항상 우리의 비전을 완전히 지배하는 급박한 문제들에 대해서 올바른 결정을 만들 수 있게 될 것입니다.

마오: 그 모든 성가신 문제들에 관여하고 싶지 않군요. 나는 당신의 주제가 더 좋습니다 — 철학적 문제들.

닉슨: 흥미롭게도 대부분의 나라들이 우리의 회동을 지지하지만, 소련은 반대하고, 일본은 회의감을 표시하고 있고, 인도는 반대합니다. 우리는 그 이유를 조사해야 하고, 세계와 대응하기 위해 우리의 정책을 어떻게 만들지 결정

---

22   Margaret MacMillan, 2007, Ch. 5.

해야 합니다. 그리고 또한 한반도, 베트남, 대만과 같은 즉각적인 문제들 또한 다루어야 합니다.

마오: 동의합니다.

닉슨: 우리는 왜 소련이 서유럽보다 중국과 국경에 더 많은 군대를 주둔하고 있는지 물어야 합니다. 일본의 미래는 무엇일까? 우리가 이 문제에 대해 동의하지는 않지만, 일본이 중립이 되는 것이 좋은가, 완전히 무방비 상태가 되는 것이 좋은가, 아니면 한동안 미국과 어떤 관계를 갖고 있는 것이 좋은가? 철학적으로 이야기하건대 요점은 국제관계에서 좋은 선택이란 없다는 것이죠. 분명한 것은 공백 상태를 남겨놓을 수 없으며, 공백은 채워지기 마련이라는 점입니다. 총리가 지적하기를 미국도 손을 내밀고, 소련도 손을 내민다고 합니다. 문제는 중국이 당면하고 있는 위험이 미국의 침략인가, 소련의 침략인가인 점입니다. 이것들은 어려운 문제들이지만 우리는 이것들을 다루어야 합니다.

마오: 현재 미국의 침략이나 중국의 침략의 문제는 상대적으로 작습니다. 즉 이 문제는 주요한 문제가 아니라고 할 수 있습니다. 왜냐하면 현재 우리 두 나라 사이에 전쟁의 상태(state of war)가 존재하지 않기 때문입니다. 미국은 해외주둔군 일부를 철수하려 합니다. 우리는 해외에 군대를 주둔하지 않고 있습니다. 지금의 상황은 기묘합니다. 지난 22년 동안 우리 두 나라는 회담에서 서로의 아이디어를 교환하지 않았습니다. 두 나라가 핑퐁 경기를 가진 지 10개월도 지나지 않았고, 바르샤바에서 한 미국의 제안부터 계산하면 채 2년이 되지 않았습니다. 우리 측도 문제를 다루는데 자못 관료적입니다. 예를 들면 당신은 인적 교류와 교역을 원했습니다. 그러나 우리는 큰 문제를 해결하지 않고 작은 문제를 다루어봐야 효과가 없다는 입장을 고수했습니다.

나도 그런 입장이었습니다. 그러나 나중에 나는 당신이 옳았다는 것을 알게 되었고, 우리는 핑퐁 경기를 했습니다. 총리가 이 모든 것이 당신이 대통령이 되고나서의 일이라고 말했습니다.[23]

다음날 아침 《인민일보》의 첫 면에는 마오쩌둥이 닉슨을 영접하는 장면이 커다랗게 실렸다. 베이징에서 장칭(江靑)이 닉슨을 영접하는 역할을 맡았는데 둘은 서로를 좋아하지 않았던 것 같다. 닉슨은 장칭이 거슬리는 행동을 하고 지나치게 공세적이라고 느꼈고, 장칭은 닉슨이 오만하고 견디기 힘들다고 느꼈다. 좋든 싫든 닉슨과 장칭은 나란히 앉아 혁명 오페라를 관람해야만 했다. 장칭은 닉슨 방문으로 저우언라이의 위상이 올라가고 자신의 입지가 줄어드는 것을 경계하며 반격의 기회를 노리고 있었다. 린뱌오(林彪) 또한 미국과 관계개선을 미국 제국주의에 고개를 숙이는 것이라며 반기지 않았다. 린뱌오는 미국과 관계개선으로 중국에 가서는 저우언라이가 정치적 타격을 입을 것이라고 생각하고 있었다. 린뱌오와 장칭은 미국과 관계개선이 마오쩌둥의 생각이라는 것을 알고 있었기 때문에 감히 공개적으로 이 정책을 반대할 수는 없었다.[24]

---

23 "Memorandum of Conversation: Chairman Mao Zedong and President Nixon, Feb. 21, 1972, Mao's Residence, Beijing," William Burr, ed., *The Kissinger Transcripts: The Top Secret Talks with Beijing and Moscow* (New York: The New Press, 1999), pp. 62–63.

24 Philip Short, *Mao: A Life* (New York: A John Macrae Book, 1999), Ch. 16; Rebecca E. Karl, *Mao Zedong and China in the Twentieth-century World: A Concise History* (Durham: Duke University Press, 2010), Ch. 9; Margaret MacMillan, 2007, Ch. 11; Gong Li, 2001, p. 327.

마오와 닉슨의 만남 이후 저우언라이와 닉슨/키신저는 베이징에서 네 번, 상하이에서 한 번 거의 18시간 동안 회동하며 양국관계와 세계정세를 논의했다. 2월 23일 회동에서 저우언라이는 닉슨으로부터 주한미군의 궁극적 철수와 일본군의 한반도 진입 반대에 대해 확답을 들으려고 시도했다. 닉슨은 동맹국들을 자제시키는 것이 중요하다고 에둘러 대답했다. 24일 회동에서도 저우는 일본군의 한반도 주둔 가능성에 대해 다시 문의했다. 닉슨은 일본이 한반도에 개입하는 것은 미국, 중국 모두의 국익에 배치된다면서, 미국이 일본의 개입을 막기 위해 영향력을 행사할 것이라고 답해 주었다.[25]

닉슨은 자신의 생각을 미제 노란 메모장에 즐겨 적어놓았다. 몇 차례의 비밀해제로 유명해진 메모에는 베트남 문제 해결에 중국의 도움을 얻기 위해 대만 문제에서 일정 정도 양보하려는 닉슨의 용의가 담겨 있다. 그의 사고는 대만과 베트남을 등가물로 상정한 후 미국과 중국이 하나씩 나눠가지는 모양새를 상정하고 있다.

대만=베트남=교환(trade off)

1. 중국은 대만에 대한 행동을 기대한다.

2. 우리는 베트남에 대한 행동을 기대한다.

어느 쪽도 즉각 실천에 옮길 수는 없다. 그러나 둘 다 언젠가는 행동에 옮겨

야 한다. 서로 상대방을 곤란하게 만들지 말자.[26]

---

25 홍석률, 2012, 178-183쪽.
26 Yafeng Xia, 2006, p. 198에서 재인용.

그러나 저우언라이가 베트남과 대만을 연계시키는 것에 결연하게 반대했기 때문에 양측 대화는 닉슨의 소원대로 진행되지는 않았다. 2월 22일 오후 회동에서 닉슨이 저우언라이에게 다섯 개의 원칙을 제시했다.

(1) 중국은 하나이며, 대만은 중국의 일부다.

(2) 미국은 대만의 독립운동을 지원하지 않는다.

(3) 미국의 대만 영향력이 낮아짐에 따라 일본의 대만 영향력이 높아지거나 일본이 대만의 독립운동을 지원하는 것을 미국은 지지하지 않는다.

(4) 미국은 대만 문제의 평화적 해결을 지지한다. 대만 정부가 대륙으로 되돌아가기 위해서 군사적 시도를 하는 것을 지지하지 않는다.

(5) 우리는 중국 정부와 관계개선을 희망한다. 대만 문제가 완전한 관계 정상화에 장애물이지만 내가 제시한 틀 안에서 우리는 관계 정상화를 추구한다. 그 목표를 달성하기 위해 노력한다.[27]

닉슨은 국내정치 상 바로 대만을 버릴 수는 없었다. 또한 미국이 물러나고 난 뒤 공백을 일본이 메울 수도 있다는 중국의 우려를 불식시키려 노력했다. 그는 자신의 두 번째 임기 시점에서 미국과 중국이 관계 정상화를 달성하기를 희망했다.

2월 28일 미국과 중국은 상하이에서 공동성명을 발표한다. 양국이 합의를 할 수 없었던 부분은 각국이 자기 입장을 표명하는 형식을 갖췄다. 중국은 크고 작은 모든 나라들이 평등해야 하며, 강대국이 약소국을

---

27 Yafeng Xia, 2006, pp. 199–200에서 재인용.

괴롭혀서는 안 된다는 점과 어떤 종류의 패권(hegemony)과 권력정치(power politics)도 배격한다는 점을 명시했다. 또한 중국은 베트남, 라오스, 캄보디아 인민들에 대한 지지와 북한의 1971년 4월 12일 평화통일 8개항과 유엔 한국통일부흥위원단(United Nations Commission for the Unification and Rehabilitation of Korea) 해체 주장 지지를 피력했다. 미국은 인도차이나 인민들이 자신의 운명을 외부 간섭 없이 스스로 결정해야 한다는 점을 밝히고, 협상을 통해 베트남 문제를 해결하고 미군을 궁극적으로 이 지역에서 철수할 것임을 선언했다. 미국은 한국 정부의 긴장완화 노력과 대화 노력을 지지한다는 점도 밝혔다.[28]

대만과 관련해서도 중국과 미국은 각기 입장을 밝혔다. 중국은 대만문제가 양국의 관계정상화를 막는 주요 문제라면서, 중화인민공화국이 중국의 유일합법정부이며, 대만은 중국의 일부라는 점을 분명히 했다. 중국은 미국의 모든 군사시설과 군대를 대만에서 철수할 것을 요구했다. 미국은 대만해협 양편의 모든 중국인이 하나의 중국만이 존재하며, 대만은 중국의 일부라는 점을 주장한다는 점을 인정하였다. 아울러 중국인들이 대만문제를 평화적으로 해결하는 것이 미국의 이익과 부합한다는 점을 밝혔다. 모든 미군과 군사시설을 대만으로부터 철수하는 것이 미국의 궁극적 목표이며, 미국은 이 지역의 긴장완화에 맞추어 점진적으로 미군과 군사시설을 축소할 계획을 갖고 있다는 입장을 밝혔다. 중국과 미국은 양

28　"Joint Communique of the United States of America and the People's Republic of China, February 28, 1972," Taiwan Documents Project, http://www.taiwandocuments.org/communique01.htm (검색일: 2019년 12월 28일).

국 사이 관계 정상화를 위해 노력한다는 점과 아시아 태평양 지역에서 헤게모니를 추구하지 않으며 패권을 추구하는 나라의 노력을 반대한다고 선언했다.[29]

상하이 공동성명 이후

상하이 공동성명 발표 이후에도 미국과 중국은 관계정상화를 위한 대화를 이어갔다. 저우언라이-키신저 라인이 주요 창구 역할을 했다. 양국 협상가들은 미중관계 외에도 동아시아질서 전반에 대해 의견을 교환했는데 한반도 문제 또한 그들의 의제 중 하나였다. 중국은 북한의 요청을 받아 유엔한국위원단과 유엔군사령부 해체, 평화협정 체결, 주한미군 철수 문제를 미국에 제기했다. 단 북한이 주한미군의 즉각적인 철수를 강하게 주문한 반면 중국은 일본군의 역할확대를 우려 이 문제에 보다 유연한 자세를 취했다. 중국과 미국은 주한미군의 점진적이고 단계적인 철수에 이해를 같이했다. 미국은 유엔한국위원단은 해체하는 쪽으로 가닥을 잡고 있었지만, 유엔군사령부 해체는 휴전협정, 한국군 작전지휘권 문제와 연결되어 있어 신중하게 처리한다는 입장이었다. 미국은 한반도의 긴장완화와 현상유지를 선호하고 있었다.[30]

---

29 "Joint Communique of the United States of America and the People's Republic of China, February 28, 1972," Taiwan Documents Project, http://www.taiwandocuments.org/communique01.htm (검색일: 2019년 12월 28일).

30 한반도 문제를 둘러싼 미국과 중국 사이 비밀협상 관련해서는 다음을 참조. 홍석

1972년 6월 21일 키신저는 네 번째 베이징을 방문하였다. 키신저와 저우언라이는 남북대화의 진전을 긍정적으로 바라보고 있었다. 저우언라이는 연내 유엔한국위원단 폐지를 희망하였지만, 키신저는 11월 이후 대화하자며 회피했다.[31] 약 8개월 후, 1973년 2월 키신저는 다시 베이징을 찾아 5일 동안 머물며 저우언라이와 회담을 이어갔다. 양자 회동에서 월남평화국제회의(파리), 인도차이나와 한반도의 긴장완화 문제, 미중관계 정상화가 논의되었다. 회담의 성과는 동년 5월 베이징과 워싱턴에 연락사무소 개설로 나타난다. 저우언라이는 키신저에게 중국이 점진적인 주한미군 철수를 북한이 인내심을 갖고 수용할 것을 설득 중이라고 소개했다.[32]

오히라 마사요시(大平正芳) 일본 외상은 2월 23일 기자회견을 갖고 미중 연락사무소 개설 등 미중관계의 진전을 환영하면서, 일본은 미국과 강한 우호관계를 유지하면서 일중관계의 기초를 굳혀나간다는 입장임을 밝혔다. 그는 미중관계의 진전이 아시아 긴장완화에 유익하다면서, 미국과 중국이 급속히 관계를 증진시키는 것이 아니라 신중하게 개선의 속도를 조절하고 있다는 평가를 내렸다.[33] 소련 정부는 키신저의 중국방문 결과에

　　　　　륨, "1970년대 전반 동북아 데탕트와 한국 통일문제: 미·중간의 한국문제에 대한 비밀협상을 중심으로," 『역사와 현실』, 42호, 2001년 12월, 207-240쪽.

31　홍석륨, 2012, 186-188쪽.

32　인도 언론은 키신저-저우언라이 회담에서 대만 주둔 미군 감축과 한국 주둔 미군 문제가 토의되었을 것이며, 한국이 키신저가 서울을 경유하지 않은 것에 실망하고 있다고 전하고 있다. 외무부 전문, 발신 주 뉴델리 총영사, 수신 장관, 1973년 2월 19일, 분류번호 722.12US/CP, 등록번호 5802, 외교사료관; 홍석륨, 2012, 351-353쪽. 키신저는 1973년 11월 16일 중국, 일본을 거쳐 한국에 와서 박정희 대통령과 회담을 가졌다.

33　외무부 전문, 수신 장관, 발신 주일대사, 1973년 2월 24일, 722.12US/CP, 5802, 외교사료관.

대하여 내심 당황하고 있었다. 중국의 대미 접근을 소련을 견제하기 위한 것으로 파악하고 있던 소련은 미국과 중국이 가까워지자 이를 견제해야 할 필요성을 느끼게 되었다. 그 일환으로 소련 당국은 공산당 서기장 브레즈네프(Leonid Brezhnev)의 미국방문을 가을에서 여름으로 앞당기는 방안을 모색하게 되었다.[34] 닉슨 대통령은 중국방문 후인 1972년 5월 모스크바를 방문하여 미소 간에 전략무기제한협정을 체결한 바 있었다. 1973년 6월 브레즈네프 서기장이 미국을 방문하여 두 강대국 사이 평화공존 노선을 지속했다.[35]

키신저는 1973년 9월 11일 오전 상원 외교위원회 청문회에 참석하여 미군 아시아 주둔에 대해 전향적인 입장을 밝혔다. 그는 프랭크 처치(Frank Church) 의원의 질문을 받아 미국이 아시아 주둔 관련 '재검토' 예정이며, 월남에서 평화가 유지되고 남북대화가 진전된다면 '상당한 감축'이 가능할 것이라고 답하고 있다.[36] 이어 키신저는 한반도 평화구조를 강화하는 방안도 모색하고 있었다. 키신저의 방중 때 저우언라이 총리와 현 휴전정협정을 대체하는 방안을 모색할 것이라는 전망이 나왔다. 한국 언론은 헨리 키신저 국무장관이 11월 베이징 방문에서 한반도의 평화구조를 더욱 강화하기 위한 탐색을 할 것이라고 워싱턴 외교 전문가들의 주장을 인용하고 있다. 이 보도에 의하면 중동전쟁, 워터게이트 사건으로 한반도

---

34 외무부 전문, 수신 장관, 발신 주불대사, 1973년 2월 27일, 722.12US/CP, 5802, 외교사료관.

35 김지형, 2008, 37쪽.

36 외무부 전문, 수신 장관, 발신 주미대사, 1973년 9월 11일, 721.4US, 5750, 외교사료관.

평화구조 정착이 동력을 잃은 상태에서 미국은 여러 대안 중 현 휴전협정을 남북한 간 평화조약으로 대체하는 것이 한반도 현상 안정에 도움이 될 것으로 판단하고 있었다. 이 문제와 관련 미국과 중국이 한반도에 보다 항구적인 평화구조를 모색할 공동의 토대가 있는지 의견 교환을 할 것이라고 기사는 전망하고 있다.[37]

1973년 11월 키신저의 6차 베이징 방문에서 저우언라이는 평화협정의 필요성을 거론하면서 문제가 해결될 때까지 긴 시간이 필요하다는 점을 지적했다. 흥미롭게도 저우는 대화에서 휴전협정의 네 당사자라는 표현을 사용하고 있다. 키신저와 저우언라이는 유엔한국위원단 해체에 합의를 보았다.[38] 키신저는 11월 12일 밤 마오쩌둥과 회담을 가졌다. 양자는 미중관계, 한반도를 비롯한 아시아와 태평양 지역의 긴장완화 문제, 중동 문제, 대소관계 등을 논의했을 것으로 관측된다. 키신저 장관은 마오쩌둥에게 상하이 공동성명의 정신에 따라 미중관계 정상화를 위해 계속 적극적으로 노력하겠다는 닉슨 대통령의 메시지를 전달했다. 키신저와 저우언라이 회동에서는 한국과 동남아 지역의 미군 삭감 등 긴장완화에 관한 광범하고 솔직한 대화가 진행된 것으로 관측되고 있다.[39] 1975년 10월 8차 베이징 회담에는 키신저와 덩샤오핑이 대면했다. 덩샤오핑은 뉴욕 유엔본부에서 북한과 미국이 대화를 가질 것을 권유하였다.[40]

---

37 《경향신문》, 1973년 11월 7일.
38 1973년 11월 21일 유엔총회에서 유엔한국위원단 해체를 결의하는 의장성명이 발표되었다. 홍석률, 2012, 136–137, 356쪽.
39 외무부 전문, 수신 장관, 발신 주일대사, 1973년 11월 13일, 722.12US/CP, 5802, 외교사료관.
40 홍석률, 2012, 363–371쪽.

미국과 중국의 협상에서 가장 큰 장애는 역시 대만문제였다. 제2차 세계대전 이후 미국은 한동안 중국내전에서 거리를 두었으나 한국전쟁 발발 이후 대만을 포기하는 입장에서 방위하는 입장으로 급선회했다. 미국과 대만은 한국전쟁이 끝난 후인 1954년 12월 2일 상호방위조약을 체결했다. 양국의 밀월은 그러나 미국의 아시아 정책이 선회하면서 커다란 시련을 겪게 된다. 1974년 닉슨의 두 번째 임기가 워터게이트 사건으로 중단되면서 미국의 대중정책 또한 영향을 받게 되었다. 1978년 12월 카터 대통령 시기에 가서야 미국은 대만과 단교하고, 중국과 수교하는 용단을 내렸다. 미국과 중국은 1979년 1월 1일부로 정식으로 국교를 정상화하였다. 대만과 미국 사이 방위조약 또한 폐기되었으며, 대만관계법(The Taiwan Relations Act of March 28-29, 1979)이 이후 대만과 미국의 관계를 규정하는 기준이 되었다.[41]

미중화해와 남북화해

데탕트 시기 남북화해에 영향을 미친 대외 사건들 중 미중화해의 비중이 자못 컸다. 미국과 중국은 왜 화해의 새로운 길을 택했을까? 남한과 북한 사이 화해의 발생과 마찬가지로 미국과 중국의 화해 또한 위협인

41　John C. Kuan, *A Review of U.S.–R.O.C. Relations 1949–1978* (Taipei: Democracy Foundation, 1992); James C. H. Shen, *The U.S. & Free China: How the U.S. Sold Out Its Ally* (Washington, D.C.: Acropolis Books, 1983). 저자 제임스 션은 1971년부터 78년까지 주미 중화민국 대사였다.

식의 변화와 전략적 셈법의 변화가 기본 추동력이 되었다. 중국은 미국, 소련의 두 개의 적을 동시에 상대하기 버거워 가까운 적을 견제하기 위해 멀리 있는 적과 화해하는 대책을 내놓았다. 미국은 베트남전쟁의 수렁에서 벗어나기 위해, 또 미국과 여타 국가들의 상대 국력의 격차가 줄어드는 현실에서 미국 홀로 세계질서 유지의 무거운 짐을 짊어지기보다 세력균형에 의한 강대국정치를 부활시키기 위해 중국을 국제무대에 편입시켰다. 그러나 미국과 중국의 수교는 속도전으로 펼쳐지지 않았고, 70년대에 걸쳐 느린 동작으로 전개되었다. 미국이 단교에도 불구하고 대만에 대한 보호 임무를 포기하지 않았고, 대만-중국 문제는 21세기 초엽까지 통일과 독립 사이에서 여전히 표류하고 있는 형국이다.

　　미국과 중국의 접근으로 미소 양강 구도가 미중소의 삼각구도로 바뀌었다. 미국, 소련, 중국은 자신의 국익을 넓히기 위해 한동안 삼각외교를 펼쳤다. 21세기에도 소련을 대신한 러시아를 포함한 미국, 러시아, 중국의 삼파전은 계속되고 있다. 미중화해는, 또는 미중화해와 미소 데탕트는, 남북화해를 낳았다. 큰 화해가 작은 화해를 낳은 셈인데 화해의 긍정적인 에너지가 전파 또는 전염된 것과는 거리가 멀었다. 아시아 차원에서 미국과 중국 사이 화해가 발생하자, 한반도의 남한과 북한은 강대국 정치의 희생양이 되지 않을까 조바심하게 된다. 강대국끼리 흥정의 대상이 되는 것을 거부한 남과 북은 스스로 운명을 개척한다는 차원에서 모험 반, 호기심 반으로 남북대화의 문을 열었다. 화해가 화해를 낳은 것이 아니라 화해가 불안을 낳고, 그 불안이 화해를 낳은 것이다. 외적 충격이 동인이 된 화해는 다른 요인이 어떻게 수반되고, 작용하는가에 따라서 그 기간과 심도가 결정될 것이다.

4장 한미관계

한미동맹과 베트남 파병

　　해방 3년 만에 출범한 신생 대한민국은 채 나라의 기틀을 마련하기 전에 북한의 전면공세로 시작된 한국전쟁을 겪게 된다. 미군이 주도한 유엔군과 중국 인민지원군의 참전으로 국제전으로 화한 한국전쟁은 스탈린 사후 휴전협정 체결로 일단 막을 내렸다. 종전 2개월쯤 후인 1953년 10월 1일 워싱턴에서 변영태 외무장관과 존 포스터 덜레스(John Foster Dulles) 국무장관이 만나 한미상호방위조약을 체결하였다. 동 조약은 1954년 11월 18일 정식으로 발효되었다. 상호방위조약 제2조는 "당사국 중 어느 일방의 정치적 독립 또는 안정이 외부로부터의 무력침공에 의하여 위협을 받고 있다고 어느 당사국이든지 인정할 때에는 언제든지 당사국은 서로 협의"하기로 규정하고 있고, 이어 제3조에서는 "타 당사국에 대한 태평양지역에 있어서의 무력공격을 자국의 평화와 안전을 위태롭게 하는 것이라고 인정하고 공통한 위험에 대처하기 위하여 각자의 헌법상의 수속에 따라 행동할 것을 선언"한다고 명기하고 있다.[1]

이승만 정권의 몰락과 제2공화국의 혼미를 틈타 박정희가 주도한 신흥군부 세력이 군사쿠데타를 일으켜 정권을 쟁취했다. 박정희 정권은 반공(反共)을 매개로 한미관계를 공고하게 다졌다. 박정희 대통령 시절 한미동맹은 태평양 너머 두 나라를 이어주는 주요 고리였다. 한국과 미국은 안보를 매개로 협력하면서도 한미동맹과 주한미군의 성격과 역할을 놓고 줄다리기를 벌였다. 주한미군 주둔과 지위와 관련 한국과 미국은 이승만 정부, 장면 정부 이래로 협상을 계속했다. 박정희 정부 들어 양국은 1962년 9월부터 1966년 7월까지 협상을 벌인 결과 전문 31조, 3개의 부속문서로 이루어진 한미주둔군지위협정(Status of Forces Agreement: SOFA) 또는 한미행정협정을 체결할 수 있었다.[2]

미국 린든 존슨(Lyndon B. Johnson) 대통령은 1964년 3월 베트남문제 해결에 동맹국의 참여를 유도하여 다국적군을 구성하는 방향으로 정책을 선회하였다. 동년 8월 통킹만 사건 이후 미국은 북폭을 단행하고, 이듬해 3월 2개 해병대대를 다낭(Da Nang)에 상륙시켜 본격적으로 베트남전쟁에 참전하였다. 미국은 베트남 지원을 요청하는 서한을 오스트레일리

---

1 〈한미상호방위조약, 1953년 10월 1일〉, 국방부 정책기획국, 『한미 안보협의회의(SCM) 공동성명: 1968-2002』(서울: 국방부, 2003), 189-190쪽.

2 김일영, "인계철선으로서의 주한미군," 김일영·조성렬, 『주한미군: 역사, 쟁점, 전망』(서울: 한울, 2003), 84-85쪽.

아, 서독, 일본, 영국, 벨기에, 네덜란드, 이태리, 캐나다, 노르웨이, 덴마크, 뉴질랜드, 필리핀, 태국, 한국, 대만, 파키스탄, 그리스, 터키, 브라질, 베네수엘라, 콜롬비아, 아르헨티나, 이스라엘, 스웨덴 등 25개국에 보냈다.[3]

한국은 이미 이승만 대통령 시기부터 베트남에 대한 군사지원을 약속하는 등 인도차이나의 분쟁에 관심을 갖고 있었다.[4] 박정희는 권력을 잡은 직후부터 미국에 여러 경로를 통해 베트남 파병 의사를 피력했다. 1961년 6월 30일 정일권 대사가 케네디(John F. Kennedy) 대통령으로부터 신임장을 받는 자리에서, 그리고 7월 26일 박정희가 케네디에게 보낸 서신에서 한국은 미국에게 공산주의에 대항해서 함께 싸울 의사가 있음을 전했다.[5] 동년 11월 14일 박정희는 케네디 대통령과 만난 자리에서 "단호한 반공세력으로서 한국은 극동의 안보를 위해 최선을 다할 것이며… 한국은 잘 훈련된 백만명의 군사가 있으니 미국의 승인과 지원만 있으면 베트남에 군사를 파견할 수 있다"고 먼저 제안하기도 하였다.[6]

한국은 1964년 11월 3일 합참의장을 통해 미 대사관 측에 전투부대 파병의사를 전달하였고, 존슨 행정부는 전투부대보다는 공병, 수송병,

---

3   최용호, "한국군 베트남파병과 박정희," 정성화 편, 『박정희시대 연구의 쟁점과 과제』(서울: 선인, 2005), 355–405쪽.

4   이승만 대통령은 라오스에 한국군 1개 사단 파병 제의, 베트남에 한국군 3개 사단 파병 제의, 인도네시아 수마투라 군 반란 시 한국군 파병 제안 등 여러 차례 해외 파병을 시도하였다. 이대통령의 끈질긴 시도는 한국군의 전력을 증강하고 안보, 경제상 미국의 전폭적인 지원을 얻기 위해서였다. 최용호, 『한권으로 읽는 베트남전쟁과 한국군』 (서울: 군사편찬연구소, 2004), 135–137쪽.

5   최용호, 2004, 137–200쪽.

6   전재성, "1965년 한일국교정상화와 베트남 파병을 둘러싼 미국의 대한(對韓)외교정책," 『한국정치외교사논총』, 26: 1, 2004, 80쪽.

의료단이 더 시급하다는 견해를 보내왔다. 이에 박정희 대통령은 다시 2개 사단의 파병 용의를 피력하였다. 미국의 소극적 태도는 1965년 들어서면서 바뀌기 시작한다. 미국은 우선 주한미군 감축을 포함한 다양한 대안을 모색하다가 한국의 전투부대 파병을 적극적으로 고려하는 방향으로 선회한다. 1965년 3월 19일자 "남베트남에서 기초안보임무를 띠고 파병되는 한국전투사단에 대한 공산권의 가능한 대응들"이라는 명칭의 보고서에서 미국은 한국군 파병의 영향을 다각적으로 분석하고 있다. 동 보고서는 북한이 한국에 대한 선전공세를 강화할 것으로 예상하고, 군사분계선 등에서 도발행위를 할 가능성 또한 배제하지 않고 있다. 그러나 보고서는 북한이 북베트남에 전투부대를 파견하기보다는 다른 형태의 지원을 시도할 것이라고 분석하고 있다.[7]

박정희 정부는 1964년, 1965년, 1966년 연이어 베트남 파병을 단행했다. 이후에도 미국의 추가 파병 요구는 지속되었으나, 박정희 대통령은 60년대 후반 북한의 대남 공세가 격화되자 이를 거절하였다. 박정희 대통령은 "우리나라가 더 이상 병력을 월남에 파견한다면 우리 자신의 국토방위에 지장이 생길 염려가 있으며 북한이 무장간첩을 계속 침투시키는 등의 정세에 비추어 보아도 우리의 방위력을 더 강화해야 할 마당에 우리의 병력을 더 이상 월남에 파견하기는 어렵다"는 견해를 갖고 있었다.[8]

박정희의 베트남 파병은 한미 동맹관계를 재확인해 주는 통과의례 같은 사건이었다. 한국은 파병으로 경제와 안보 면에서 이득을 얻고 존슨

---

7   전재성, 2004, 79–84쪽.
8   김영주, 『한 외교관의 고별사: 외교의 경험과 단상』 (인사동문화, 2004), 137–161쪽.

대통령의 미국과 유대를 강화시켰다. 한국의 참전으로 한미관계는 그 어느 때보다도 긴밀해졌다. 이 시기 '파병' 카드는 미국과의 협상에서 일정한 영향력을 발휘하는 지렛대 역할을 했고, 주한미군의 감축을 막는 안전판 역할을 했다. 박정희 대통령과 존슨 대통령은 공산주의의 위협에 공동으로 대처한다는 협력의 기반을 구축하게 되었고, 그 기반 위에서 한미 양국의 협력을 강화해 나갔다.[9] 구체적으로는 국군현대화계획에 대한 미국의 협조를 얻는 동시에 미국의 한반도 방위공약의 공고화를 이룰 수 있었다.[10]

1960년대 박정희 정권과 존슨 정권은 베트남 파병을 매개로 밀월관계를 유지했다. 그러나 60년대 후반 북한의 군사 도발이 빈번해지고 한국과 미국이 이에 대한 대응을 놓고 엇박자를 내면서 양자 관계에 틈새가 생기기 시작했다. 미국은 미군과 미 함정이 나포된 푸에블로(Pueblo) 사건 해결에만 집중하고, 청와대를 습격한 1·21사태에 대해서는 한국이 만족할만한 반응을 보이지 않았다. 박정희 대통령은 윌리엄 포터(William J. Porter) 대사를 초치하여 북으로부터 군사 도발에 대한 사과와 재발 방지 약속을 받아야 한다고 다그쳤다. 박정희 정부는 푸에블로 문제를 해결하기 위한 북한과 미국 사이의 비밀회담에 불만을 품고 있었다. 1968년 2월 6일 정일권 총리, 윌리엄 포터 주한대사, 찰스 본스틸(Charles H. Bonesteel III)

9   우승지, "남북화해와 한미동맹관계의 이해, 1969-1973," 『한국정치외교사논총』, 26: 1, 2004a, 91-96쪽; 조성렬, "한미 상호방위조약과 한미동맹 50년의 평가," 심지연·김일영 편, 『한미동맹 50년: 법적 쟁점과 미래의 전망』(서울: 백산서당, 2004), 46-47쪽.
10   김영주, 2004, 158-159쪽.

유엔군 사령관이 참가한 회담이 열렸다. 정 총리는 북미 비밀회담에 대해 항의하면서 청와대 습격사건에 대해 비중 있게 다루어달라고 당부하였고, 비밀회담에 한국 측 참석, 추가군사지원, 강경 대북 조치 등을 요구했다.[11]

한미관계에 동요가 일자 존슨 대통령은 사이러스 밴스(Cyrus R. Vance) 특사를 한국에 파견했다. 1968년 2월 12일 5시간 30분 동안 박정희-밴스 회담이 이어졌다. 박 대통령은 북한이 다시 도발하면 보복 공격을 할 것임을 경고하고, 다시 군사적 도발을 할 경우 즉각 보복해야 한다고 주장했다. 이에 밴스는 한국의 자제를 당부하면서 보복공격을 않겠다는 박 대통령의 확언을 요구했다. 미국은 6개 팬텀기(F4D) 비행대와 예비군 무기 지원 등 1억 달러 상단의 군사지원으로 한국의 흥분을 가라앉히고, 북미 비밀회담 묵인, 한국의 독자적 대북 보복조치 자제의 대가를 얻었다.[12]

한국 정부는 안보불안에 대비 미국으로부터 유사시 자동개입의 약속을 받아내려고 노력했다. 한국 정부가 한미방위조약에 한국 사태에 대한 미국의 자동개입 조항을 삽입하자고 요구했지만 미국 정부는 자신들의 입장을 굽히지 않고 헌법 절차에 따라 개입하는 기존 조약의 내용을 고수한다는 태도를 견지했다. 미국 측은 방위조약 개정안이 미 의회를 통과하는 것은 불가능한 일이라며, 지상군 2개 사단의 주둔으로 전쟁이 나면 자

---

11 홍석률, "1968년 푸에블로 사건과 남한·북한·미국의 삼각관계," 하영선·김영호·김명섭 공편, 『한국외교사와 국제정치학』(서울: 성신여자대학교 출판부, 2005), 304-317쪽.

12 홍석률, 2005, 304-317쪽.

연스레 미국이 한반도 사태에 개입하게 될 것이라며 한국을 달랬다. 1968년 4월 18일 호놀룰루 한미 정상회담에서도 한국 측은 미군의 자동개입 문제를 공동성명에 포함시키자고 미국 측에 요구하고 나섰다. 미국은 자동개입 요구를 지속하면 공동성명 자체를 철회하겠다고 엄포를 놓았다. 존슨 대통령이 월남전에 한국군의 추가 파병을 요구했으나, 박정희 대통령은 이를 거절하였다. 구정공세(Tet Offensive) 이후 미국의 베트남 정책 선회로 한국의 추가파병은 이루어지지 않게 된다. 서울과 워싱턴은 양국 국방장관이 참여하는 연례국방각료회의 개최에 합의하였다.[13]

닉슨 독트린

베트남 파병을 계기로 단단해졌던 한미관계는 60년대 후반 북한의 도발에 대한 대응을 놓고 시련을 겪더니 닉슨 행정부가 등장하면서 새로운 도전을 맞이하게 된다. 미국은 중국과 관계개선을 필두로 적극적으로 데탕트 정책을 추진하였고, 데탕트 추진의 연장선에서 한반도의 현상유지를 도모하였다. 한반도의 안정이 자신들의 데탕트 정책에 일조를 할 것이라는 기대 속에 미국은 한국 정부에 은근히 북한과 대화를 권유하였다. 미국 측은 북한의 평화공세에 주목하면서 북한의 침략 의도가 줄고 있다고 판단하고 있었다. 중국의 견제로 평양의 대남 공격능력 또한 줄었다는 분석이었다. 이에 비해서 한국 측은 북한의 위협이 날로 증가하고 있다는

---

13 김동조, 『냉전시대의 우리 외교』(서울: 문화일보, 2000), 229-238쪽.

입장이었기 때문에 북한의 위협을 둘러싸고 워싱턴과 서울 사이에는 평가와 인식의 간극이 존재하고 있었다고 볼 수 있다.

1969년 4월말 박정희 대통령은 닉슨 대통령에게 미 해군 정찰기 격추 사건에 대해 대한민국 정부와 국민을 대신해서 깊은 애도의 뜻을 담은 서한을 보냈다. 박 대통령은 청와대 습격, 푸에블로 나포, 정찰기(EC-121) 격추 사건을 열거하면서 북한 공산주의자들의 도발을 규탄하고 있다. 그는 또한 미래 북한의 추가 도발을 막기 위해서라도 북한의 행위에 상응하는 대응조치가 뒤따라야 한다는 점을 닉슨에게 역설하고 있다.

> 나는 이번 예비조치에 이어 곧 적절한 2단계 조치가 뒤따를 것을 의심치 않습니다. 그러나 만일 이번에도 우리의 조치가 단순한 시위에 그치거나, 북한 공산주의자들의 예기치 못할 도발행위 앞에서 우리가 선제적으로 영구적 대응조치들을 준비함이 없이 임시 조처에 그친다면, 또는 푸에블로 사건 때와 같이 저자세 인내만을 보여준다면 우리는 미래 북한 공산주의자들의 도발을 예방하지 못하게 될 것이라고 믿습니다. 북한 공산주의자들의 오도된 신념과 계산착오가 빚어낸 점증하는 도발 행위로 인해서 한반도를 포함한 극동 지역의 긴장은 고조하게 될 것입니다.[14]

박정희는 북한이 전쟁준비를 이미 마쳤으며, 오직 최적의 기회만을 노리

---

14 "Letter from Park Chung Hee to Richard M. Nixon," April 26, 1969, Pol Kor S-US, Confidential U.S. State Department Central Files: Korea, 1967-1969 [Central Files], RG 59, U.S. National Archives [USNA].

고 있다는 경고를 닉슨에게 보내고 있다. 그는 이 서한에서처럼 미국이 북한에게 단호한 행동을 보이지 않는 것에 실망하고 있었다. 박정희는 한국과 미국의 대응이 무를수록 북한은 더욱 과감하고, 도발적으로 행동하리라고 보고 있었다.

1969년 7월 괌에서 닉슨 대통령은 기자들에 둘러싸여 자신의 신외교노선의 일단을 소개하였다. 닉슨은 아시아 국가들이 정치, 경제 발전과 함께 점차 자주적인 노선을 걷고 있다면서 미국 또한 불필요하게 이 지역 분쟁에 휘말려드는 일을 삼가야 한다고 지적했다.[15] 60년대 후반 냉전구조, 그리고 미국과 미국에 의존하는 나라들의 힘의 불균형 때문에 닉슨 대통령의 선언은 아시아 국가들에게 커다란 충격으로 다가왔다. 미국에게 안보 상 버림을 받을 수도 있다는 불안감이 이 지역에 물결처럼 번져갔고, 이 파고는 지역 국가들의 정치질서와 후원국-피후원국 관계에도 많은 영향을 끼쳤다.

박정희 대통령은 1969년 8월 20일부터 25일까지 미국을 방문 닉슨 대통령과 정상회담을 가졌다. 괌 독트린 발표 한 달이 채 안 되고, 3선개헌을 두 달 앞둔 시점이었다. 미국은 이미 미군철수 가능성을 놓고 정책을 검토하는 중이었다. 닉슨은 정상회담 전에 윌리엄 포터 주한 미국대사와 주한미군 철수 가능성을 상의했는데 포터 대사는 단계적으로 실시하면 철군이 가능하다는 입장을 개진한 것으로 알려지고 있다. 미국은 박정희 대통령이 품고 있는 미국의 아시아 안보 공약에 대한 우려를 씻어줄 필요를 느끼고 있었다. 한국과 미국의 정상들은 한국전쟁과 월남전쟁에서 다

---

15   Henry Kissinger, 1994, Ch. 28.

져진 양국 간 우의를 확인하고 한미 상호방위조약에 의거 한국에 대한 무력공격에 양국이 공동으로 대처한다는 굳은 결의를 표명하였다.[16]

한미 정상 제1차 단독회담은 8월 21일 샌프란시스코 세인트 후란시스 호텔 6층에서 오후 4시 10분부터 6시 10분까지 약 2시간 정도 진행되었다. 닉슨 대통령은 미국이 아시아 지역에서 조약이나 공약을 충실히 이행할 것이며, 특히 한국에 대한 공약을 충실히 이행할 것을 다짐했다. 그는 정찰기 사건 당시 여러 가지를 고려, 의식적으로 자제했으며 미국이 소련 대사를 통해서 북한에게 '경고'를 보내도록 훈령을 내렸음을 밝혔다. 닉슨은 향후 북한이 중대한 도발행위를 감해했을 때 미국이 "(1) 대응 조치를 취하게 될 것이며, (2) 즉각적인 대응 조치를 취할 수 있는 준비와 계획이 되어 있으며, (3) 그 대응조치는 도발 행위에 비하여 훨씬 강할 것"이라고 확언했다.[17]

당시 박 대통령은 북한의 무력도발 가능성을 높게 보고 있었다. 박정희는 북한이 도발할 준비가 다 되어 있으며, 주한미군이 철수하게 되면 곧 도발할 것이라고 분석하고 있다.

> 김일성은 지난 10년 이상에 걸쳐 소위 그가 주장하는 무력 적화 통일을 위하여 군비를 갖추고 있으며 김일성이가 할 수 있는 역량 내에서는 모든 준비가 다 되어 있다고 봅니다. 따라서 기회만 있으면 그는 그러한 것을 감행할 것이라고 생각합니다. 그런데 그리하고 있지 않은 이유로서 한국 내에 미국

---

16 김용식, 『희망과 도전』(서울: 동아일보사, 1987), 182-187쪽; "Visit of Park Chung Hee, August 21-23, 1969," NSC Files, Nixon Presidential Materials, USNA.
17 〈한·미 정상 간 제1차 단독회담 요록(1969.8.21.)〉, 724.11 US, 3017, 외교사료관.

군이 주둔하고 있다는 것입니다. 만일 미군이 내일이라도 철수한다든가 철수할 계획이라는 것을 알게 되면 곧 감행하리라고 봅니다. 이 시점에서 김일성이가 노리고 있는 것은 무엇인가는 잘 알 수 있는 것입니다. 즉, 미군이 월남에서도 철수하고 있으니 무엇 때문에 한국에 주둔해야 하며 철수하도록 하기 위하여 미국 내에 여론을 환기시키고자 하는데 있는 것입니다. 이를 위해서 한·미간에 이간책을 도모하려는 것입니다. 이것이 그가 노리고 있는 유일한 목적이라고 봅니다.[18]

북한의 도발 의지를 강조한 박 대통령은 곧 이어서 자주국방에 대한 의지를 닉슨 대통령에게 피력하고 있다. 박정희는 북한의 도발을 막으려면 한국의 방위능력 강화가 급선무임을 지적하고 있다. 그는 소련이나 중국이 개입하지 않고 북한이 단독으로 남침할 경우 한국군이 독자적으로 방위할 수 있는 능력을 강화할 필요성이 있음을 강조하고 있다.

　두 정상의 대화는 닉슨 독트린으로 옮아갔다. 박 대통령은 아시아 일부에서 닉슨 독트린에 대한 오해가 있는 것이 사실이라며, 닉슨 대통령이 강조하듯이 아시아 문제는 아시아 사람들이 해결하도록 하는 것이 당연한 일이라고 동조하고 있다. 그러나 박정희는 아시아에서 미국이 철수하는 것이 아닌가 하는 불안과 기우가 있다는 점을 지적하는 것을 잊지 않았다. 닉슨 대통령은 박 대통령의 염려를 덜어주려는 듯 주한미군 철수 문제와 관련 직접적으로 한국에서 미군을 철수하는 것을 고려하고 있지 않다고 확언하고 있다.

18　〈한·미 정상 간 제1차 단독회담 요록(1969.8.21.)〉, 724.11 US, 3017, 외교사료관.

김일성이가 도발 행위를 자행하고 있는 이때 한국에 있는 미군을 철수할 생각은 전혀 없습니다. 미국 내에서 여론이 어떻든 간에 한국으로부터의 미군의 철수는 예외로 취급할 생각입니다. 이점에 대해서는 앞으로 공식적으로 기회 있을 때마다 강조하려 합니다. "본스틸" 장군과 북괴의 도발 행위에 대한 대비책을 논의하였습니다만 한국이 적의 해상침투를 막기 위하여 소형의 쾌속정을 필요로 하고 있다는 것을 잘 알고 있습니다. "레어드" 국방차관의 보고에 의하면 이에 대하여 빠른 속도로 진행 중에 있다고 합니다. 금년에는 우리 예산 형편은 상당히 제약을 받게 될 것 같습니다. 그러나 한국에 대해서는 각별히 배려하여 예산 삭감을 보류하도록 하고 있습니다. 여하간에 우리는 김일성의 사기를 올려주는 어떠한 일도 하지 않을 것입니다.[19]

한국과 미국의 각료들은 8월 21일 한국군의 증강목표 계획, 대간첩 작전용 장비 도입, 소화기(M-16) 공장 설치 문제 및 미국의 군사지원, 북한의 남침 실태, 월남 문제, 아시아·태평양 지역안보, 오키나와 반환 문제, 유엔에서 한국 문제, 한국의 대미 수출, 대외원조차관, 미국 민간 자본의 직접투자 및 합작투자 등의 안건을 놓고 토론을 벌였다.[20]

---

19 〈한·미 정상 간 제1차 단독회담 요록(1969.8.21.)〉, 724.11 US, 3017, 외교사료관.
20 〈대통령 각하 공식 방미에 있어서의 한·미 각료회담 회의록〉, 724.11 US, 3017, 외교사료관.

닉슨과 주한미군 철수

1970년대 초반 주한미군 감축안은 닉슨 대통령의 괌 독트린 취지의 연장선에 있었다. 미국은 주한미국대사를 통해서 박정희 대통령에게 71년 중반까지 1사단 또는 2,000여 명의 주한미군을 감축하겠다는 복안을 알렸다. 박 대통령은 69년도 샌프란시스코 한미 정상회담에서 닉슨 대통령이 미군 철수가 없을 것이라고 확언해 놓고 갑자기 입장을 바꾼 것에 대해 당황하며 강하게 반발했다. 미국은 한국군 장비 강화와 현대화를 위한 지원, 5천만 달러 상당의 경제원조를 미끼로 박 대통령의 동의를 구했다. 박 대통령은 북한이 전쟁준비를 완료해 놓고 결정적 시기만을 기다리고 있다면서 70년대 중반까지는 주한미군 감축에 동의할 수 없다는 입장을 피력했다. 박 대통령은 한국군 현대화 논의에는 참여하되 주한미군 감축 회의 개최에는 협조하지 않는 자세로 미국을 압박했다. 박정희는 주한미군 감축은 1970년대 중반에나 가능하며, 미국의 한국군 현대화계획 지원이 확정된 후에나 감군 논의를 시작할 수 있다고 버티었다.

1969년 내내 주한미군 철수 가능성을 놓고 설들이 난무하여 한미 조야가 시끄러웠다.[21] 미국 상원 군사위원회 소속인 오하이오 출신 스티븐 영(Stephen Young) 민주당 상원의원이 1969년 5월 13일 상원 연설에서 주월 한국군이 귀환하는 시점 또는 그 이전에 수천 명의 고문단을 제외한

---

21 《조선일보》, 1969년 7월 22일;《동아일보》, 1969년 8월 9일;《한국일보》, 1969년 9월 24일;《신아일보》, 1969년 9월 27일 등 참조. 미군철수 반대여론 조성을 위해 당시 중앙정보부가 비밀 캠페인을 벌이고 있었다고 한다. 강인덕 인터뷰, 2008년 1월 31일.

주한미군 56,000명을 철수해야 한다고 주장해 파문이 일었다.[22] 외무부는 즉시 "동 의원의 주장은 북괴의 의도와 극동의 긴장상태를 인식하지 못하거나 과소평가한 것이므로 동 의원과 면접하여 한국 및 극동 사정과 한국과 북괴의 군사력에 관하여 설명하고 동 의원의 주장이 현실에 부합하지 않는 것임을 설득시키도록 노력"하라는 훈령을 주미 대사관에 보냈다.[23]

멜빈 레어드(Melvin R. Laird) 국방장관이 6월에 있은 하원 세출분과위원회 비밀증언에서 미국이 '한국방위의 한국화'를 추진하고 있으며, 조속한 시일 내에 주한미군을 철수 또는 감축하기를 희망한다는 취지의 발언을 했다는 사실이 10월 초순 알려졌다.[24] 1969년 10월 28일 오전 10시 최규하 외무장관과 주한 미국대사 포터가 50분 간 면담을 가졌다. 양인은 감군문제, 섬유제품 수입제한 문제, 월남문제를 토론했고, 이 자리에서 포터 대사는 다음과 같이 미군 감축 또는 철수 계획이 없다고 확언했다.

> 최근 일부 신문에 주한 미군의 감군 문제가 보도되고 있는바 미국 정부로서는 이러한 계획이 없다. 물론 미군도 외국군대임으로 영원히 한국에 주둔할 수 없겠지만 오늘날의 전쟁은 고도의 과학과 기술이 요구된다는 사실에 비추어 어떠한 힘의 균형 및 뒷받침(counter-balancing)이 없이 미국군대를 한국으로부터 감축하는 일은 없다고 본다.[25]

22 *Korea Times*, May 15, 1969.
23 외무부 발신전보, 수신 주미대사, 1969년 5월 15일, 729.23, 3104, 외교사료관.
24 《한국일보》, 1969년 10월 9일; 《조선일보》, 1969년 10월 9일.
25 외무부 보고사항, "주한 미국 포타대사와의 면담," 1969년 10월 28일, 729.23, 3104,

잇단 풍문에도 불구하고 미국의 실무자들은 외양적으로 당분간 주한미군 감군을 계획하고 있지 않다는 획일적인 자세를 견지했다. 1970년 3월 백악관에서 공식결정이 나면서 이러한 태도에 변화가 생긴다.

재정수지 적자, 무역수지 적자, 높은 실업률, 베트남의 높은 전쟁비용과 미국 내 반전 여론으로 미국은 안보정책의 수정이 필요했다. 미국은 2와 1/2 재래식 전쟁 시나리오를 1과 1/2 전략으로 전환하는 한편 아시아 주둔 미군의 대폭 감축을 구상하고 있었다. 이 지역 주둔군 규모를 1969년 초 727,300명에서 1971년 말 284,000명으로 감축하고, 한국은 63,000명에서 43,000명으로 감축하는 내용의 국가안보결정비망록 48호(National Security Decision Memorandum 48)에 닉슨 대통령이 1970년 3월 20일 서명하였다. 한국에서 2만 명 규모의 보병 1개 사단을 감축하는 내용이었다.[26]

미 국무부는 1970년 3월 23일 주한 미국대사에게 전문을 보내 주한미군 20,000명의 감축을 한국에 통보하고, 박정희 대통령과 철군의 시기와 조건에 대해 상의하도록 지시했다. 미국은 주한미군 감축이 박대통령의 제안에 의해 이루어지는 모양새를 취하기를 희망하였다. 국무부는 미 대사관에 "남아있는 미군병력만으로도 전투능력이나 억지력 면에서 미국의 존재는 충분하며 한국군의 현대화 작업이 물론 한국의 힘을 크게 신장시킬 것"임을 한국에 주지시켜야 한다고 당부하고 있다. 미국은 연 2억 달러 상당 군사원조계획(Military Assistance Program: MAP)과 연 5천만

외교사료관.

26 김일영, "미국의 안보정책 및 주한미군 정책 변화와 한국의 대응: 주한미군에 관한 '냉전적 합의'의 형성과 이탈 그리고 '새로운 합의'의 모색," 하영선·김영호·김명섭, 2005, 383-429쪽.

달러의 경제원조(PL-480)를 약속했다.[27]

3월 27일 주한 미국대사 포터가 한국 대통령에게 1970년 중반에서 1971년 중반 사이 미군 1개 사단 철수를 공식 통보했다. 박 대통령은 한국 정부가 동의한다면 공군보다 더 많은 지상군을 철수하겠는가 물었다. 이어 그는 한국군 현대화가 어느 수준에서 이루어질지 궁금해 했다.[28] 포터 대사와 한국 정부 요인 사이 몇 차례의 탐색 대화가 이어지고 이윽고 4월 21일 오후 2시 박 대통령은 포터 대사와 다시 만났다. 주한미군사령관과 국무총리, 외무장관, 국방장관, 대통령 안보보좌관도 배석했다. 박 대통령은 이 자리에서 닉슨 대통령에게 보내는 서신을 전달하면서, 3월 27일 통보된 미국의 제안을 유감스럽게도 받아들일 수 없다고 선언했다. 박정희는 특히 1975년까지는 어떠한 주한미군 감축도 거부한다는 입장을 내놓았다. 그는 비무장지대에서 북한에 의해 미군이 피해를 받은 것에 대해 유감을 표하면서, 필요하다면 미 사단이 남쪽으로 물러서고 대신 한국군이 비무장지대 방어를 전담할 수 있다고 제안했다.[29]

박 대통령의 1970년 4월 20일자 서한은 미국의 주한미군 감축안에 대한 반대 의사를 담고 있었다. 박정희는 미국 1971 회계연도 중 주한미군

---

27 Telegram for Ambassador Seoul, "Reduction of U.S. Forces in Korea," March 23, 1970, DEF 6 US, Central Files, RG 59, USNA; Telegram to Embassy Seoul, "US Troop Reductions," March 25, 1970, Def 6 US, Central Files, RG 59, USNA. 'PL-480 원조'는 미국 공법(Public Law) 제480호 '농업수출진흥 및 원조법'에 입각한 경제원조를 의미한다.

28 Telegram from Embassy Seoul to Secretary of State, March 28, 1970, Def 6 US, Central Files, RG 59, USNA.

29 Telegram from Embassy Seoul to Secretary of State, "U.S. Troop Reductions in Korea," April 21, 1970, Def 6 US, Central Files, RG 59, USNA.

1개 사단 철수 계획을 통고받고 놀라움을 금할 수 없었다면서, 북한이 적화통일 준비를 마친 시점에 오직 한국군의 방위능력 향상과 한미 상호방위 체제의 강화만이 북한 침략에 대해 효과적인 억제력을 발휘할 것이라고 주장했다. 그는 서한에서 대한민국 정부와 국민을 대표하여 주한미군 일부 감축에 반대한다고 결연히 선언하고 있다.[30]

1개월이 좀 지나 박 대통령의 4월 20일자 서한에 대한 5월 26일자 닉슨 답신이 도착했다. 이 서한에서 닉슨 대통령은 미국의 안보 공약이 굳건함을 박정희에게 상기시키면서 아울러 71-75년 기간 동안 훨씬 증액된 군사원조와 다소 증액된 경제원조를 다시금 약속했다. 닉슨은 박 대통령이 감군계획에 동의해 주기를 재차 간곡하게 청하고 있다.[31] 5월 29일 박 대통령과 포터 대사의 회동이 이루어졌다. 박정희는 한국군 현대화 프로그램의 성격과 범위를 알기 전에는 미군 철수에 동의할 수 없다고 말했다. 박 대통령이 미군 철수 전에 한국의 동의나 합의가 있어야 하는 것이 아니냐고 묻자, 포터 대사는 (담담한 어조로) 미국이 한국의 허락을 요청하는 것이 아니라 단지 사전에 상의할 뿐이라고 답했다. 해외 주둔 미군의 이동과 관련된 결정은 미국 대통령의 고유 권한에 속한다는 점을 미국 대사가

---

30 Telegram from Embassy Seoul to Secretary of State, "Letter from President Park to President Nixon, April 20, 1970," April 21, 1970, DEF 6 US, Central Files, RG 59, USNA.

31 *Foreign Relations of the United States*, 1969-1976, Volume XIX, Part 1, Korea, 1969-1972, eds. Daniel J. Lawler and Erin R. Mahan (Washington: Government Printing Office, 2010), Document 58: Letter from President Nixon to President Chung Hee Park, May 26, 1970.

주재국 지도자에게 피력한 것이었다.[32]

박정희가 닉슨에게 보내는 6월 15일자 서한은 더욱 강경해진 한국 정부의 자세를 담고 있다. 박정희는 한국이 막중한 국방 부담을 짊어진 채 경제발전에 성과를 낸 점을 상기시키면서, 주한미군 감축이 북한의 오판과 전면적 공격으로 이어질 우려 때문에 대한민국 정부와 국민은 감축에 반대할 수밖에 없다는 입장을 내놓고 있다. 서한에서 박 대통령은 한반도에서 효과적인 억제력으로 작용하고 있는 주한미군을 감축하기 전에 한국군을 강화하는 조치가 선행되어야 한다는 점을 역설했다. 그는 상당히 구체적으로 (1) 한국군 현대화와 한국 방위산업 발전을 위한 방법과 수단, (2) 한국군 병력규모 증가, (3) 정기적인 대한 군사원조, (4) 주한미군 감축 규모와 시기, (5) 주한미군 조직의 유지와 한반도 안팎의 미 공군과 해군을 강화하는 방안, (6) 유엔군 역할 유지, (7) 한국국민을 안심시키고 중국과 북한 공산주의자들의 오판을 막기 위한 외교적 보장, (8) 분쟁 시 미군 파병 재확인 방안 등에 관한 협의를 시작하자고 제안했다.[33] 닉슨의 7월 7일자 답신은 한미 양국의 대표들이 미국의 지원 프로그램과 한국군 현대화 안을 놓고 토의를 시작할 시기가 되었다고 평가하고 있다. 미 대통

---

32 *Foreign Relations of the United States*, 1969-1976, Volume XIX, Part 1, Korea, 1969–1972, eds. Daniel J. Lawler and Erin R. Mahan (Washington: Government Printing Office, 2010), Document 59: Telegram from Embassy Seoul to Secretary of State, May 29, 1970.

33 *Foreign Relations of the United States*, 1969-1976, Volume XIX, Part 1, Korea, 1969–1972, eds. Daniel J. Lawler and Erin R. Mahan (Washington: Government Printing Office, 2010), Document 61: Telegram from Embassy Seoul to Secretary of State, June 15, 1970.

령은 박 대통령이 주한미군 감축과 관련 선제적으로 대응해 줄 것을 희망하고 있었다.[34]

1970년 8월 3일 청와대에서 박 대통령과 포터 대사, 마이켈리스(John H. Michaelis) 장군이 다시 만나 2시간가량 논의를 가졌다. 포터는 한국군 현대화를 위한 실무자회의가 잘 진행되고 있다면서, 주한미군 감축협의가 동시에 진행되어야 하는데 아직 한국이 협의에 응하지 않고 있다며 아쉬움을 토로했다. 미국은 한국군 현대화를 논의하는 회담과 주한미군 감축을 계획하는 회담이 함께 굴러갈 수 있도록 박정희를 설득하려고 애썼다. 박정희는 다소 격앙된 어조로 한국군 현대화 논의의 장에서 구체적인 성과가 나올 때까지 합동감축계획회의(Joint Troop Reduction Planning Talks)에 참여하지 않겠다고 선언했다. 포터는 주한미군 감축 이후 남겨질 무기(수백 대의 탱크 포함)를 어떻게 할지 한국과 '계획(planning)'을 세우고 싶다며 박정희에게 당근을 던졌다. 박정희는 안보 상 중요한 몇 년 간만 감축을 유예해 달라고 했는데 미국이 한국의 간청을 외면하고 있다면서 감축에 동의하기 위해서는 침략을 억제할 수 있을 만큼의 한국군의 강화와 미국의 안보 '보장(assurances)'이 전제되어야 한다고 말했다. 박정희는 "주한미군의 감축은 현대화를 위한 협의에서 결론이 나온 후에 하자고 하였는데 그대로이다"라면서 선(先) 안보보장, 후(後) 감축협상에서 한 발짝

34　*Foreign Relations of the United States*, 19691976, Volume XIX, Part 1, Korea, 1969 – 1972, eds. Daniel J. Lawler and Erin R. Mahan (Washington: Government Printing Office, 2010), Document 64: Letter From President Nixon to Korean President Park, July 7, 1970.

도 물러서지 않았다.[35]

한국의 주한미군 반대 여론을 무마하기 위해 닉슨 대통령의 특사 자격으로 스피로 애그뉴(Spiro Agnew) 부통령이 방한하여 박정희 대통령 과 1970년 8월 25일과 26일 2차례 회담을 가졌다. 미국 부통령의 방한 준 비를 위한 브리핑 문건에 의하면 미국은 박정희가 주한미군 감축을 71년 대선 이후 또는 5년 이후로 미루려고 하고, 유사시 미군의 자동개입을 원 하고 있다고 분석하고 있었다. 미국은 박정희 대통령이 공개적으로 2만 명 의 주한미군 감축을 받아들이기를 희망하고 있었다. 부통령의 목표는 (1) 한국에 대한 미국의 방위공약은 철저하며, (2) 북한에 대한 억지력 확보 를 위해 충분한 주한미군 병력을 유지할 것이고, (3) 의회 지지를 바탕으 로 한국군 현대화 프로그램을 가능한 빨리 발전시키려는 미국의 의도를 한국에 확인시키는 것이었다.[36]

박 대통령은 회동에서 주한미군 감축설로 한국인들의 사기가 떨어 져 있음을 지적하면서 철군 이전에 미국이 한국 안보를 보장하기 위한 외 교적, 군사적 조치를 취할 것을 요구했다. 여기에서 군사적 조치란 한국군 현대화를 위한 지원액 증액, 2만 명 철군 이외 추가 철수는 없다는 미국의 확약을 의미하며, 외교적 조치란 북한의 공격 시 미국이 자동으로 개입한

35   *Foreign Relations of the United States*, 1969–1976, Volume XIX, Part 1, Korea, 1969–
     1972, eds. Daniel J. Lawler and Erin R. Mahan (Washington: Government Print-
     ing Office, 2010), Document 68: Telegram from Embassy Seoul to Secretary of
     State, August 4, 1970; 〈박대통령의 포타 주한 미국대사 면접요지〉, 1970년 8월 3
     일, 729.11, 4308, 외교사료관.
36   "Vice President's Briefing Book, August 70 – Republic of Korea," Box 406, NSC
     Files, Nixon Presidential Materials, USNA.

다는 공동성명의 채택을 가리키는 것이었다. 애그뉴 부통령은 한미방위조약에 입각한 한국 방위와 추가 군사원조 약속으로 대응하면서, 한미 양국 정부가 공동으로 주한미군 감축계획안을 마련하기 위해 토의를 갖자고 제안했다. 결국 한국과 미국은 한국의 안전보장 문제와 미군감축 문제를 동시에 논의해 가기로 합의하였다. 1971년 2월 6일 한미 양국은 7사단 완전철수, 2사단 후방 재배치(비무장지대 방어 임무를 한국군에 넘기고 서울 북방으로 이동하는 것을 의미) 그리고 한국군 현대화를 위한 군사원조(향후 5년 간 15억 달러 규모)와 한미 안보협의회의(Security Consultative Meeting: SCM) 연례개최 합의를 공식발표하였다. 미 7사단은 1971년 3월말 한국을 떠났다.[37]

미중화해, 남북대화와 한미관계

70년대 초기 남북대화는 미중화해에 많은 영향을 받았고, 미국과 중국의 관심과 격려 속에 진행되었다. 미국은 남과 북이 대화노선을 걷는 것이 동아시아 안정에 기여할 것이라는 기대를 갖고 있었다.[38] 닉슨 대통령과 사토 에이사쿠(佐藤英作) 총리가 미일 공동성명을 발표한 후인 1969

---

37 김정렴, 『한국경제정책30년사』(서울: 중앙일보사, 1990), 314-319쪽; 신욱회, 『순응과 저항을 넘어서: 이승만과 박정희의 대미정책』(서울: 서울대학교출판문화원, 2010), 71-104쪽; 〈박대통령의 Agnew 미부통령 면담요록〉, 1970년 8월 24-26일, 724.12, 3541, 외교사료관.
38 남북화해와 한미관계의 주제와 관련 다음 저작을 참조. 우승지, 2004a, 91-126쪽.

년 12월 29일 포터 주한 미국대사와 김형욱 전 중앙정보부장이 회동하였다. 이 자리에서 포터는 한국이 왜 북한의 평화선전공세에 적극적으로 대응하지 않는지 묻고 있다. 김형욱 전 부장은 독일이나 베트남의 상황과 한국의 상황은 매우 다르다는 점을 역설하며, 한국의 경우 대북정책의 급격한 변화는 혼란을 불러올 수 있음을 강변하고 있다. 그는 "1973년 이후에는 한국이 북한과 직접대화에 나설 수 있을지 모르지만 그 전에는 불가능"하다면서 대화의 시기가 무르익지 않았음을 암시하고 있다.[39]

70년 2월 열린 미 상원 외교위원회 한국문제 청문회에 출석한 포터 대사는 남북대화 가능성을 탐색하기 위해 한국 수뇌부와 조용한 토의를 계속해 왔다고 증언하고 있다.

> 현 정권은 통일문제에 관해 자신의 시간표와 방법으로 어떠한 접근법을 만들어 갈 것이다. 한국 정부의 시간계산과 방법이 과연 우리가 좋아할 만한 것인지 아닌지는 두고 볼 수 있을 것이다. 이미 나는 이 문제를 한국관리들과 논의할 수 있는 권한을 부여받았다. 처음부터 우리의 관점을 한국 정부가 고려할 수 있도록 하기 위해 조용한 설득보다는 좀 더 적극적인 방식이 자주 필요하며, 직접접촉을 통한 긴장완화의 사고방식이 전달될 수 있게 하기 위해 아마도 좀 더 강력한 수단도 요구될 것이다.[40]

---

39 Airgram from Embassy Seoul to Department of State, "Conversation with General Kim Hyung Wook," January 2, 1970, Pol Kor S US, Central Files, RG 59, USNA.

40 Telegram from Embassy Seoul to Secretary of State, "Proposal for Increased Display of U.S. Interest in Dialogue between ROK and North Korea," February 18, 1971, Pol Kor S US, Central Files, RG 59, USNA.

포터 대사는 또 "통일에 관한 단상"이라는 제목의 전문에서 미국이 남북 대화를 설득하려는 노력을 기울이고 있음에도 아쉽게도 한국이 소극적 태도를 보이고 있다고 비판적으로 지적하고 있다. 그는 미국의 대한반도 정책을 현상태의 유지와 긴장완화라고 정의하고, 미국이 (이산)가족 방문, 서신 교환 등의 제안을 남한이 고려하도록 설득 중이지만 한국 정부가 북한과 직접 협상을 거부하고 있다고 낙담하고 있다. 포터 대사는 두 독일처럼 남북한 당국자들이 직접 만나 대화하기를 희망하고 있다면서, 박 대통령이 "직접협상까지는 제안하지 않더라도 한국의 평화적 의도와 점진적인 통일에 대한 열망을 강조하는 적극적인 선언"을 생각해 볼 수 있지 않을까라는 희망 섞인 관측으로 전문을 마무리하고 있다.[41]

포터가 기대하던 바와 같이 1970년 광복절 기념사에서 박정희 대통령은 조심스럽게 통일에 대한 입장을 변화시켰다. 대사는 박정희가 평화적인 남북경쟁을 제안한 것은 북한과 경제성장 경주에서 앞서게 된 한국 정부의 자신감을 반영하는 것이라고 평하고 있다.[42] 71년 2월 전문에서 포터 대사는 미군이 진주하고 있는 마당에 한반도의 긴장을 줄이는 방안을 찾는 것이 미국의 직접적 이해와 맞닿아 있다면서 한국정부가 이산가족, 문화, 교역의 측면에서 북한과 직접 대화에 나서도록 설득해야 한다고 주장하고 있다. 대사는 한국정부에 자극을 주기 위해서라도 미국과 북한이 사적 대화에 나설 수 있음을 박정희 정부에 통보해야 한다는 견해

41 Telegram from Embassy Seoul to Secretary of State, "Some Thoughts on Reunification," June 9 1970, Pol 32-4 Kor S, Central Files, RG 59, USNA.
42 Telegram from Embassy Seoul to Secretary of State, "Reunification – President Park's Speech," August 18, 1970, Pol 15-1 Kor S, Central Files, RG 59, USNA.

를 피력하고 있다.[43]

1971년 6월초에 열린 미국 하원 외교위원회 한미관계 청문회에서 윌리엄 포터 대사는 "최근 한국에서 실시된 대선과 총선은 통일문제에 대한 현 정부의 접근방법이 국민들의 보편적인 공감을 얻고 있지 못하다는 것을 입증해" 주었다고 혹평하면서, 야당 대통령 후보가 박정희 정부의 통일정책을 놓고 "지나치게 융통성이 없는 것이라고 선언"한 사실을 소개하고 있다.[44] 71년 대선과 총선을 치른 후부터 한국 정부 또한 북한과 적극적으로 접촉에 나서게 된다.

1971년 7월 15일 닉슨 대통령은 익년 5월 이전에 중국을 방문할 계획이라고 밝혀 세계를 놀라게 했다. 발표 2시간 전 주한 미국대사가 한국 대통령에게 닉슨 대통령의 특별 메시지를 전달하기 위해 박 대통령 면담을 요청해 왔다.[45] 닉슨 대통령의 중국방문 계획이 발표된 지 두 달쯤 지나 박 대통령은 닉슨 대통령에게 서한을 보냈다. 9월 16일자 서한에서 박 대통령은 닉슨 대통령의 북경방문이 "아세아의 긴장완화와 나아가서는 국제평화 건설에 기여할 수 있을 것이라는 희망에서 이를 환영"한다고 밝히면서도 미국과 중국 사이 한국의 국익을 저해할 모종의 합의가 이루어질 가능성에 대해 간접적으로 우려를 표명하고 있다.

---

43 Telegram from Embassy Seoul to Secretary of State, "Proposal for Increased Diplay of U.S. Interest in Dialogue between ROK and North Korea," February 18, 1971, Pol Kor N‑Kor S, Central Files, RG 59, USNA.

44 편집자, "미국이 본 오늘의 한국: 미하원 외교위 한미관계 청문회 보고서 전문," 『신동아』, 1971년 7월호, 142쪽.

45 김정렴, 『아, 박정희』(서울: 중앙M$B, 1997), 144쪽.

한미 양국 간의 전통적인 우호관계에 비추어, 각하의 중공방문 시 우리 정부
와의 충분한 사전협의 없이 한국에 대한 어떤 결정이 이루어지리라는 것을
염려할 아무런 이유도 없다고 생각합니다.[46]

피후견국의 지도자는 자신의 후견국과 상대방 후견국 사이 대화의 시작
에 긴장의 끈을 놓지 않았다. 박 대통령은 한반도 전쟁 재발을 방지하기
위해 한미 방위체제를 더욱 공고하게 만들어야 한다고 역설하면서, 닉슨
의 북경방문 전에 한미 양국 정부가 "충분한 의견교환을 가지는 것이 유
익"할 것이라고 제안하고 있다.[47]

　박정희의 친서에 대해 11월 29일자 닉슨의 답신이 전달되었다. 닉슨
은 앞으로 있을 중국방문이 아시아의 평화에 이바지하고 미국과 중국이
서로를 이해하는데 도움이 될 것이라고 낙관적으로 전망하고 있다. 그는
미중화해가 점차 아시아의 긴장완화로 이어질 것이라며 기대감을 표시하
고 있다. 닉슨은 남북적십자회의의 의의와 의미에 대해서도 희망적으로
보고 있었다.

평화로운 아시아를 건설하는 장도에서 미국은 동맹국들과 우방의 이익을 간
과하지 않을 것이며, 그들의 희생 위에 타협하지도 않을 것이라는 점을 각하

46　"Letter from President Park to President Nixon," September 16, 1971, Pol Kor S–
US, Central Files, RG 59, USNA.
47　"Letter from President Park to President Nixon," September 16, 1971, Pol Kor S–
US, Central Files, RG 59, USNA.

는 믿어도 좋습니다. 베이징에서 가질 대화에서 근본적으로 제3국에 관한 문제는 다루지 않을 것이며, 오히려 미국과 중국의 양자문제에 초점을 맞출 것입니다. 만일 중국이 한국에 영향을 미칠 문제를 거론하면, 본인은 물론 한국과의 강한 결속을 확인할 것입니다. 그리고 우리가 김 외무장관에게 확신시킨 바와 같이, 미국은 한반도의 안보에 영향을 끼칠 문제들에 관해서 각하의 정부와 긴밀하게 계속 상의해 갈 것입니다.[48]

박정희 정부는 닉슨의 방중 전에 한미 정상의 만남을 성사시키기 위해 외교력을 집중했다. 11월 30일 김동조 주미대사는 국무부를 상대로, 12월 1일에는 김용식 외무장관이 주한 미국대사관을 상대로 닉슨 방중 전 박-닉슨 회담을 요구했다. 미 국무부는 주한 대사관에 전문을 보내 중국방문 이전 한국과 미국이 정상회담을 개최하는 것은 가능하지 않다는 입장을 전했다. 동 전문은 미중회담에서 양자 간의 문제만 거론될 것이며, 한국을 비롯한 제3국 문제는 거론되지 않을 것임을 한국에 주지시키라고 지시했다.[49]

　　1971년 12월초 이후락 중앙정보부장과 필립 하비브(Philip Habib) 미국대사가 만났다. 이후락 부장은 박 대통령이 곧 국가비상사태를 선포할 계획이라면서 이것이 북한의 계속되는 위협에 대해 국민의 경각심을 높이

48　"Letter from President Nixon to President Park," November 29, 1971, Pol 15-1 Kor S, Central Files, RG 59, USNA.

49　Telegram from Embassy Seoul to Secretary of State, December 1, 1971, Pol Kor S-US, Central Files, RG 59, USNA; Telegram for Ambassador Habib, December 6, 1971, Pol 15-1 Kor S, Central Files, RG 59, USNA.

기 위한 조치라고 설명했다. 두 사람의 대화 말미에 이후락은 최고 기밀을 전제로 남북한 간에 판문점에서 비밀접촉이 행해지고 있고, 이러한 접촉이 훗날 고위급 접촉으로 쉽게 발전할 수 있을 것이라고 귀띔하고 있다. 이부장은 하비브 대사에게 "상호간에 불가침 의사를 밝히고, 양쪽 주민 사이에 통신이 열리고 군사력 감축에 합의하고, 통일로 가는 중간적 단계로서 서로의 실체를 인정하고, 강대국들의 보장을 받아들인다면, 미국이 그러한 협정에 찬동"할지 묻고 있다. 하비브는 가설적 질문에 대답하기 곤란하다면서도, 남북 간의 발전을 미국은 일반적으로 환영할 것이라고 답했다. 이후락이 북한과 '화해의 기초(basis of accommodation)'를 닦는 것이 미국의 이해에 반하는 것이 아닌지 확인하고 싶다고 물어오자, 하비브는 오히려 반대로 미국은 남북이 그런 노력을 하는 것을 선호하고 있다고 힘주어 답했다.[50]

1971년 12월 13일 오후 하비브 대사가 닉슨 대통령의 서한을 전달하기 위해 박정희 대통령을 방문하여 70분 동안 면담을 가졌다. 박 대통령은 한국 정부가 취한 비상조치에 대해 미국의 이해를 구하면서, 미중화해 관련 한국에 미칠 부정적 영향을 거론하며 다분히 신중한 입장을 토로했다. 강대국들이 긴장완화를 추구할 때 약소국들이 피해를 입을 수도 있다는 우려를 전했다. 박정희는 미중화해 와중에서 피해를 입은 대만의

---

50 Telegram from Embassy Seoul to Secretary of State, December 2, 1971, Pol 15‒1 Kor S, Central Files, RG 59, USNA. 남북대화 진행 중에 한국과 미국은 긴밀한 연락의 끈을 놓지 않았다. 박정희 대통령은 남북대화 진행과정을 소상하게 동맹국에 알리도록 지시를 내렸다. 이후락 부장은 수시로 하비브 대사와 회동해 대화 진행 사항을 브리핑하고 또 그의 의견을 묻기도 했다.

실례를 들어가며 설명을 이어갔다. 박정희는 한국이 독자적으로 자신을 방위할 준비가 되어 있어야 한다면서 국민의 안보의식을 계도할 필요성에 대해 언급했다. 하비브 대사가 북한의 침략이 임박했다는 정보가 없다고 언급하자, 박정희는 김일성과 공산주의자들은 언제든지 침략할 태세가 되어 있다고 힐난조로 반박했다. 하비브 대사는 닉슨 대통령이 중국방문 관련 박정희와 정상회담을 가질 수 없는 것에 대해 유감스럽게 생각하고 있다고 전언하면서, 미 대통령이 개인서한에서 베이징에서 한국문제에 대한 합의는 없을 것이라는 점을 확실히 한 것을 상기시켰다.[51]

김용식 외무장관은 12월 13일 오후 다시 하비브 대사를 만나 베이징 방문 전에 한미 정상이 만나기 어렵다면 미 대통령의 베이징 방문과 모스크바 방문 사이에 한미 정상회담을 가질 수 있겠는가 문의했다.[52] 한국 정부는 닉슨 대통령의 5월 방소를 전후해서도 닉슨 또는 키신저의 방한 또는 미국에서 짧은 회담을 추진했으나 미국은 한국의 간청을 모두 외면하였다.[53]

박정희 대통령은 닉슨 대통령의 중국방문과 소련방문 사이 다시 닉슨에게 서한을 보냈다. 72년 3월 하순의 동 서한에서 박 대통령은 닉슨의 중국방문 성과를 칭송하면서 마샬 그린(Marshall Green) 국무부 차관보를

51 Telegram from Embassy Seoul to Secretary of State, December 13, 1971, Pol 15-1 Kor S, Central Files, RG 59, USNA.

52 Telegram from Embassy Seoul to Secretary of State, December 13, 1971, Pol 15-1 Kor S, Central Files, RG 59, USNA. 미국에서는 김동조 주미대사가 국무부를 상대로 정상회담을 요청했으나 답변은 역시 부정적이었다. Telegram for Ambassador Seoul, December 13, 1971, Pol 15-1 Kor S, Central Files, RG 59, USNA.

53 홍석률, 2012, 184쪽.

보내 미중회담 결과를 설명해 준데 대해 사의를 표명하고 있다. 그는 북한이 소련과 중공을 업고, 미중 화해 기운에 편승하여 '위장평화' 공세를 전개하고 있음을 닉슨에게 상기시키고 있다. 박정희는 북한의 군사적 위협을 논하면서 한국군 현대화를 완수하기 위한 미국의 도움을 요청하고 있다.[54]

닉슨은 5월 19일자 답신에서 다가오는 모스크바 회담에서, 베이징 회담과 마찬가지로, 미국과 소련은 순전히 양국 간의 문제만을 다룰 것이며, 우방의 이해에 반하는 어떠한 조치도 없을 것임을 확약하고 있다. 미국 대통령은 박정희의 북한 위협 논의와 관련 한미가 대비태세를 완화해서는 안 된다면서도, 가까운 미래에 북한이 도발할 계획을 갖고 있다는 어떠한 정보도 갖고 있지 않다는 점 또한 지적하고 있다. 동 서한에서 닉슨은 1973 회계연도 말까지 주한미군 감축이 없으며, 향후 감축 시 한국 정부와 사전협의하고, 한국군 현대화 5개년 계획을 물심양면 지원하겠다는 다짐을 하고 있다.[55]

1972년 6월 10일 박정희 대통령은 하비브 대사와 마주앉아 남북대화에 관한 소회를 밝혔다. 박정희는 한국이 적십자회담, 상호방문, 서신교환 등에서 진전을 희망하고 있다고 밝히고, 그러나 북한은 이를 받아들이지 않을 것이라고 진단하고 있다. 그는 북한이 박정희-김일성 조기 정상회담을 선호하지만 자신은 쉬운 문제부터 차근차근 풀어가는 접근법을

---

54 "Letter from President Park to President Nixon," March 23, 1972, Pol 15-1 Kor S, Central Files, RG 59, USNA.

55 "Letter from President Nixon to President Park," May 19, 1972, Pol Kor S-US, Central Files, RG 59, USNA.

선호하고 있음을 분명히 했다. 박정희와 1시간 회동 후에 하비브는 따로 김정렴을 만났다. 김 비서실장은 박성철 방문 시 북측이 남북조절위원회 설치, 박정희-김일성 정상회담, 평양과 서울 비밀 교차방문 공개 등을 제안했다고 귀띔해 주었다. 실장은 대통령이 조절위 설치에는 동의했지만 교차방문 공개와 정상회담에는 반대했다고 언급했다.[56]

1972년 6월말 이후락 부장이 다가올 남북공동성명 공표 소식을 전하기 위해 하비브 대사에게 급히 만남을 청했다. 이 부장은 박 대통령과 장시간 토론을 거쳐 남북 간 비밀회담을 공개하기로 방침을 정했으며, 애초 자신이 공동성명 문안 확정과 공식 서명을 위해 7월초 평양을 방문하려 했으나, 6월 28일 박 대통령이 평양 재방문 불가 방침을 내려 서울과 평양에서 정해진 시각에 동시 발표하는 방향으로 선회했다고 저간의 과정을 설명했다. 이후락은 남측이 7월 4일 오전 10시를 발표시점으로 선택해 북측의 동의를 기다리는 중이라고 전했다. 이 자리에서 이후락은 한글로 작성된 공동성명 최종안과 '조악하게' 번역된 영어본을 함께 대사에게 전달했다. 미 대사는 이 부장에게 영역본 작성에 도움을 주겠다고 자청하고 나서는 한편 미 정부가 공동성명을 공식적으로 환영하게 될 것이라고 언질을 주었다.[57]

남북 사이 판문점 비밀접촉은 고위급의 비밀방문에 이어 7·4공동성명 발표로 이어졌다. 당시 한 언론사 주미 특파원이었던 조세형의 회고

---

56 Telegram from Embassy Seoul to Secretary of State, "Meeting with President Park Chung Hee," June 10, 1972, Pol Kor N-US, Central Files, RG 59, USNA.

57 Telegram from Embassy Seoul to Secretary of State, "South-North Korea Contacts," June 29, 1972, Pol Kor N-Kor S, Central Files, RG 59, USNA.

에 의하면 미국의 수도 워싱턴에 소재한 한국대사관은 7·4공동성명에 대해 전혀 모르고 있었다. 주미대사 김동조, 정치 담당 참사관 이상옥은 미국시간으로 7월 3일 오후 4시경 본국에서 날아온 긴급전문을 받고 영문을 모른 채 초조하게 전원 대기하고 있었다. 서울에서 공동성명 전문발표가 끝났을 무렵인 미국시간 밤 8시 28분경 미 국무부에서 쏜살같이 지지성명이 나왔다.

> 우리는 남북한 간의 대표자들 사이에 이루어진 회담에 관한 공동성명과 앞으로의 접촉에 관한 원칙의 합의를 환영한다. 한국 지도자들에 의한 이와 같은 이니셔티브는 대단히 고무적이며 한반도의 평화와 안전을 위한 전망에 유익한 영향을 미칠 수 있을 것이다.
> 미국은 한반도의 긴장 완화를 위한 한국 지도자들의 건설적인 노력을 오랫동안 지지해 왔다. 한국과 미국의 굳은 우의는 한국의 안전에 대한 우리의 공약으로 잘 알려져 있다. 우리는 한국의 지도자들이 현재 수행하고 있는 작업이 성공하기를 간절히 빌고 있다.[58]

7월 5일 오후 미 국무부 대변인은 기자들과 질의응답을 가지면서 한국이 공동성명을 준비하는 과정에 지속적으로 미국에 통보해 왔다고 밝혔다. 미국은 남북대화의 진전을 반기면서 남과 북이 독자적으로 화해를 모색하고 있는 면모를 강조하려 애썼다. 기자는 성명 가운데 외세의 간섭 없이

---

[58] 조세형, "박대통령 단독결정이었는가: 72년 남북대화를 보는 미국의 시각," 『월간조선』, 1986년 1월호. 404쪽.

통일이 이루어져야 한다는 항목을 놓고 주한미군을 간접적으로 가리킨 것이 아닌지 날카롭게 묻고 있다. 대변인은 "그 성명을 기초했고 또 서명한 사람들의 의도는 그런 것이 아니다"며 부인하고 있다.[59]

미국은 한반도 평화가 동아시아 안정과 평화에 기여할 것이라는 점에서 남북대화를 지지했다. 한국이 주도하고, 미국이 뒤에서 응원하는 그림을 원했다. 박정희 정권은 북한과 힘의 우위의 입장에서 대화하기 위해 미국의 협조가 필요하며, 대북 협상이 진행되는 동안 주한미군이 철수하게 되면 한국의 대북 협상력이 저해할 것이라는 논리를 전개했다. 미국은 한반도 긴장완화가 미국 의회의 대한 원조 삭감의 빌미를 주고, 주한미군 철수 논리를 제공할 수 있기 때문에 박 정권이 지나친 관계개선을 바라지 않는다고 보았다.[60]

공동성명 발표 이틀 후인 7월 6일 이후락 부장은 서울로 날아온 마샬 그린 차관보와 마주앉았다. 이후락은 그린에게 정부 내에 남북대화 공개 반대의견이 있었지만 저간의 남북대화를 기록으로 남기고, 남북이 상호 무력을 사용하지 않을 것이라는 약속을 했다는 점을 대화 초기에 공개할 필요성이 있었다고 전했다. 북한이 줄곧 발표를 조르고 있었다는 점과 미국의 은근한 권유도 영향을 끼친 것으로 보인다. 이후락은 다음 단계에서 실천할 수 있는 사업으로 인적, 물적, 통신의 교류를 꼽고, 그런 교류를 통해 상호 이해와 신뢰를 쌓아가기를 기대한다고 말했다. 그는 학자, 언

---

59 조세형, 1986, 407-408쪽.
60 미국의 한국정세 분석보고서 참조. "The Impact of the Korean Talks," July 7, 1972, United States Government Memorandum, Pol Kor S-US, Central Files, RG 59, USNA.

론인, 운동선수 간 교류를 마음에 두고 있었지만 다른 한편으론 폐쇄사회인 북한이 실제 교류에는 응하지 않을 것이라고 전망하기도 했다.[61]

유신 선포를 하루 앞둔 10월 16일 오후 6시 김종필 총리가 하비브 대사를 만나서 익일 오후 7시 계엄령 선포와 추후 헌법 개정과 통일주체국민회의 구성 일정 등을 통고하며 미국의 이해를 구했다. 김 총리는 한국의 조치가 미국 대선에 영향을 미치지 않을 것이라면서, 닉슨 대통령의 재선을 낙관하는 예측을 했다. 하비브 대사는 국무부에 전문을 보내 국제환경의 변화와 북한과 경쟁을 구실로 삼아 박정희 정부가 권위주의를 강화하고 있다고 전했다. 그는 박 정권이 오랜 준비 끝에 유신을 단행했으며, 최소 12년 간 박정희가 정권을 유지하는 방안을 마련했다고 진단했다. 대사는 미국이 한국의 국내정치와 거리를 둘 필요가 있다는 주문을 했다.[62]

미국 국무부는 박정희가 택한 진로에 대해 '심각한 의구심(grave reservations)'을 갖고 있었다. 국무부는 서울 대사관에 대통령 또는 국무총리와 즉시 만나 다음의 견해를 전달하라고 훈령을 내렸다. 첫째, 유신을 선포하기로 한 결정에 대해 한국정부가 책임을 져야한다. 둘째, 유신 관련 미국의 '공개적인 지지(endorsement)'를 기대하지 말라. 셋째, 대통령 담화문에서 미국의 아시아정책을 유신의 빌미로 삼은 문구에 유감을 표하며, 이의

---

61 Telegram from Embassy Seoul to Secretary of State, "Assistant Secretary Green's Conversation with ROK CIA Director Yi Hu Rak, July 6, 1972," July 7, 1972, Pol Kor N-Kor S, Central Files, RG 59, USNA..

62 Telegram from Embassy Seoul to Secretary of State, "ROK Declaration of Martial Law and Plans for Fundamental Government Reform," October 16, 1972, POL 23-9 Kor S, Central Files, RG 59, USNA.

수정을 요구한다.[63] 하비브 대사는 본국에 보낸 전문에서 유신 정국과 관련 자신의 분석을 자세하게 보고하고 있다. 하비브는 박정희의 마음을 돌리는 것은 어려울 것이라며 미국의 선택으로 '거리두기(disengagement)'를 제안하고 있다.[64]

1972년 11월 10일 김용식 외무장관이 하비브 대사와 회동을 요청했다. 김 장관은 박 대통령이 남북조절위원회 2차 공동위원장회의 결과에 실망하고 있다면서, 김일성이 정상회담을 요청하고 있지만 박 대통령은 이를 수락할 의사가 없다고 밝혔다. 그는 연방제 통일은 불가능하며, 통일은 많은 시간이 필요하다는 의견을 내놓았다. 그는 정치, 군사, 외교 분과위원회는 형식상으로만 존재하게 될 것이라며 적십자 회담, 경제교류, 정치협상의 단계적 접근을 고수했다.[65]

열흘 후인 11월 20일 이후락 부장과 하비브 대사가 회동했다. 이후락 부장은 김일성과 45분 간 개인 만남에서 김일성이 청와대 공격에 대해

---

63 Telegram from Secretary of State to Embassy Seoul, October 16, 1972, POL 23-9 Kor S, Central File, RG 59, USNA. 박정희 정부는 미국이 박 대통령 성명의 미국 언급 부분에 대해 불만을 표시하자 성명의 일부분을 수정했다. 수정원고에 대해서도 미 국무부는 여전히 닉슨의 아시아정책에 대한 비판으로 읽힌다며 불쾌감을 드러냈다. Telegram from Secretary of State to Embassy Seoul, "ROK Ambassador's Call on Under Secretary Johnson," October 17, 1972, POL 23-9 Kor S, Central File, RG 59, USNA.

64 Telegram from Embassy Seoul to Secretary of State, "U.S. Response to Korean Constitutional Revision," October 23, 1972, POL 15-3 Kor S, Central File, RG 59, USNA.

65 Telegram from Embassy Seoul to Secretary of State, "Foreign Minister Discusses November 2-4 Coordinating Committee Meeting and Related Matters," November 10, 1972, POL 32-4 Kor N-Kor S, Central File, RG 59, USNA.

서 사과한 사례를 소개했다. 김일성이 북한 지하자원에 대해 자랑스러워하며 남북 경제교류를 희망했다면서 이후락은 문화, 운동, 경제 분야 교류 가능성을 언급했다.[66] 이 부장은 고위급 남북대화를 지속하는 한편, 단순한 회동을 넘어서서 남과 북이 여러 분야에서 교류하고 협력하는 모양새를 그리고 있었다.

1973년 1월 이후락과 하비브 회동에서 이 부장은 남북대화의 목표를 전쟁 회피와 한반도 안정 강화로 규정하고, 대화가 진척되면 유엔에 남한과 북한이 가입하게 될 것이라고 예상했다. 그는 강대국 일본, 러시아, 미국은 유엔 가입에 동의하겠지만 중국은 대만문제로 반대할 것을 예상하였다. 이후락이 '두 개의 한국(Two Koreas)' 개념에 대해 문의하자, 하비브는 한국인을 교육시키는 것이 제일 큰 문제일 것이라고 화답했다. 이후락은 조절위원회에 경제 분과위와 사회 분과위를 먼저 설치하고 나중에 정치 분과위원회 군사 분과위원회를 설치하기를 희망하고 있으며, 경제 분과위는 어업과 관광에 초점을 맞출 것이라는 한국 측의 입장을 전달했다.[67]

3월 중순 평양에서 열린 남북조절위원회가 별다른 성과 없이 산회하고 난 후인 27일 이후락과 하비브가 평양회담에 대해 의견을 교환하기 위해 회동하였다. 이 부장은 북한이 선전공세에만 관심을 가지고, 정치와

---

66 Telegram from Embassy Seoul to Secretary of State, "Discussion with ROK CIA Director Lee Hu-rak on South/North Developments," November 22, 1972, POL Kor N-Kor S, Central File, RG 59, USNA.

67 "Yi Hu-Rak's View on South-North Dialogue," January 3, 1973, Pol 32-4 Kor/UN, Central Files, RG 59, USNA.

군사 문제에 집중하려 한다고 평가를 내렸다. 그는 사견임을 전제로 여당과 야당이 모두 참여하는 정치 분과위원회 구성을 생각 중이지만 군사 분과위원회와 평화조약 체결은 생각할 수 없다는 입장을 개진했다.[68]

남북대화가 무르익어가는 것에 발맞추어 미국의 북한에 대한 태도도 조심스럽게 변화하고 있었다. "북한에 대한 미국의 입장" 제목의 미국 국무부 동아시아과 보고서는 북한을 지칭하는데 하급 연락문서에 '디피알케이(DPRK)' 호칭 사용을 검토할 것과 미국인의 북한여행 제한과 대북한 심리전 방송을 중지할 것을 권고하는 한편 미국 언론인의 방북(訪北)과 북한 언론인의 방미(訪美) 가능성을 언급하고 있다. 또 동 보고서는 북한과 관계개선을 위해 미 달러화 거래 제재의 완화, 무역제재 조치의 중단, 대북 수출품 항목 자유화 등 무역제재 완화방안을 추천하고 있다.[69]

1973년 2월말 김용식 외무장관이 제28차 유엔총회 참석 차 미국을 방문하여 윌리엄 로저스(William P. Rogers) 국무장관과 마주했다. 로저스 국무장관은 북한을 고립시키는 대신 교류와 교역을 늘리는 것이 상책이며, 중국이나 소련이 북한이 말썽을 일으키도록 고무하고 있지 않다고 평가하고 있다. 그는 "북한을 고립시키는 것의 유용성을 재고해 봐야" 한다고 역설했다. 김용식 외무는 국제무대에서 남북한 간에 외교경쟁이 벌어지고 있으며, 북한을 승인하는 국가가 늘어나는 것에 한국 정부는 경악하

---

68 Telegram from Embassy Seoul to Secretary of State, "Lee Hu-Rak's Comments on Recent South-North Coordinating Committee Meeting," March 28, 1973, POL 32-4 Kor/UN, Central File, RG 59, USNA.

69 "The U.S. Posture Toward North Korea," March 24, 1972, Pol 32-4 Kor/UN, Central Files, RG 59, USNA. DPRK는 조선민주주의인민공화국의 영문명인 Democratic People's Republic of Korea 약칭.

고 있다고 전하고 있다. 김 외무는 북한이 "소련과 한국이 교역하는 것을 반대하며, 중국과 한국의 교역은 더 크게 반대하고" 있다면서 이러한 상황이 수정되어야 한국 정부의 태도의 변화도 생각할 수 있을 것이라고 언급하고 있다.[70]

1973년 작성된 한 외교부 보고서는 미국의 대한정책 평가를 시도하면서 미국이 한반도의 긴장완화와 남북한 평화공존을 희망하고 있다고 적시하고 있다. 보고서는 또한 미국이 한국에 대한 공약과 부담을 차츰 줄여나가기를 희망하고 있다는 우려 섞인 분석을 내놓았다. 외교부는 미국이 북한과 제한된 범위 내에서 접촉과 교류를 할 수 있다는 전망을 하고 있다.[71]

1973년 5월말 케네츠 러쉬(Kenneth Rush)는 키신저에게 보내는 보고서 "한국정책 재고찰"을 통해서 두 개의 한국정책에 대한 미국 속내를 드러내고 있다. 러쉬는 미국의 대한정책 목표를 "한반도의 점진적 통일은 최종적인 목표로 남겨둔 채, 일정 기간 동안 남과 북 사이에 두 개의 한국을 형식화하고 공고화하는 것"이라고 못을 박는다. 그는 50년대 냉전의 정점에서 마련된 정책들이 낡은 것이 되어가고 있다고 평가하고, 미국이 "외교를 비롯한 다른 모든 수단을 동원해서 적극적으로 두 개의 한국정책을 정착시켜야" 한다고 주장하고 있다. 그의 보고서는 북미관계의 조심스러운 진전 모색을 권고하는 것으로 끝을 맺고 있다.

---

70 "ROK Foreign Minister's Meeting with the Secretary February 22, 1973," February 24, 1973, Pol 7 Kor S, Central Files, RG 59, USNA.
71 외교통상부, "미국의 대한정책, 1973" 1973년 1월 18일, 721.2US, 1973, 5746, 외교사료관.

북한을 공식적으로 인정하는 것은 훗날로 미루어야 하겠지만, 북한과의 관계를 정상화하는 과정을 시작해 봄직하다. 특히 북한과의 비공식적인 비밀 접촉은 북한에 대한 직접적 정보를 얻고 평양의 정책에 대한 안목을 기를 수 있는 기회를 제공할 뿐만 아니라, 평양이 서구와 좀 더 건설적인 관계를 형성하는데도 일조를 할 것이다. 여행제한 규정을 고치거나 비공식적 접촉을 고무함으로써 우리의 의도를 밝힐 수도 있을 것이다. 단 북한과의 접촉은 남한의 민감성을 고려해야 한다.[72]

동 보고서는 유엔군사령부 해체와 관련 남과 북이 국경협정을 맺고, 주변 강대국이 이를 보장하는 방안과 맞바꾼다는 안을 제시하고 있다. 러쉬의 다른 보고서는 북한이 간절히 원하고 있는 유엔사 해체를 얻으려면 북한 또한 상응하는 보상(quid pro quo)을 제시해야 한다고 주장하고 있다. 여기에서는 주변 강대국이 한반도 안전을 보장하는 방안, 비무장지대를 국경선으로 잠정 인정하는 방안, 남한과 북한의 유엔 가입과 주변 강대국이 남북한을 교차승인하는 방안들을 논의하고 있다.[73]

---

72 "Korean Policy Reconsideration: A Two-Korea Policy," Memorandum from Kenneth Rush to Henry Kissinger, May 29, 1973, Pol 32-4 Kor/UN, Central Files, RG 59, USNA.

73 "Removing the UN Presence from Korea," Memorandum from Kenneth Rush to Henry Kissinger, May 29, 1973, Pol 32-4 Kor/UN, Central Files, RG 59, USNA.

6·23선언과 한미 조율

6·23선언은 박정희 정부의 통일정책과 외교노선의 분기점을 이루는 사건이었다. 박정희 정부는 6·23선언을 마련하는 과정에서 미국, 영국 등 주요 우방들과 비밀스럽고 긴밀한 대화를 벌였다. 그만큼 박정희 대통령이 동 선언에 의미를 두고 있었으며, 이것의 발표를 통해서 외교적으로 새로운 돌파구를 마련하려고 했었다는 추측을 해볼 수 있다.[74]

6·23선언이 나온 날 미국 국무부는 대한민국 정부의 새로운 외교노선 천명을 적극 환영하고 나섰다. 미국은 "박 대통령의 제안에 전적으로 동감하며, 이러한 건설적인 이니셔티브가 한반도의 평화와 안전에 관심을 가지고 있는 모든 정부의 관심과 지지를 받을 것으로" 확신한다면서, 동 선언이 "남북한 양측이 한반도에서의 영속적인 평화를 향하여 단계적으로 전진할 수 있는 기반을 제공할 것"이라고 평가하고 있다. 미국은 남북 대화의 지속적 발전을 기원한다면서 한국의 외교적 노력에 '확고한 지원'을 계속할 뜻을 밝혔다.[75]

하비브 대사는 5월 9일 김용식 외무장관을 만난 것을 필두로 이틀 후 정일권 국회의장과 김종필 국무총리, 15일에는 최규하 대통령 외교보좌관을 차례로 만났다. 일련의 회동을 통해서 그는 한국 정부가 유엔문제와 남북문제에 관한 근본적인 외교정책의 변화를 꾀하고 있으며, 이를 28

---

74 "ROKG Foreign Policy Change," May 19, 1973, Pol 1 Kor S, Central Files, RG 59, USNA.

75 "U.S. Statement on President Park's Proposals," June 23, 1973, Pol 32-4 Kor/UN, Central Files, RG 59, USNA.

차 유엔총회 이전에 발표할 것으로 판단하였다. 김용식 외무장관은 많은 국가들이 북한을 승인하는 현실에 맞추어 외교정책의 변화가 불가피하다는 점을 역설했다. 김 외무는 한국 정부가 독일의 경험을 연구하고 있다면서, 7월이나 8월에 신외교노선을 발표하는 것이 좋겠다는 자신의 견해를 밝혔다. 그는 8월 15일 광복절 기념사를 통한 발표가 이상적이라고 첨언했다.[76]

　　김용식 외무장관은 신외교노선과 관련 6개항을 강조했다. 첫째, 한국의 안보가 제일 중요한 문제이다. 한국의 자위력에 더하여 미국의 방어의지와 주한미군의 존재가 중요하다. 둘째, 원칙적으로 통일 지향적이어야한다. 셋째, 두 개의 한국을 공식적으로 인정하지 않는 선에서 잠정적으로 평화공존을 추구한다. 넷째, 평화협정 체결에 반대한다. 정전협정을 유지하되, 양자관계를 규정할 협정이 필요하다. 다섯째, 북한의 유엔 기구 참여를 받아들일 준비가 되어 있다고 선언한다. 유엔한국위원단 해체에 동의할 수 있다. 그러나 유엔군사령부는 유지되어야 한다. 여섯째, 한국정부는 남한과 북한의 '이중 승인(dual recognition)'을 받아들일 준비가 되어 있어야 한다. 이 문제는 형평성이 중요해서 북한을 승인하는 국가는 남한도 승인해야 한다. 상기 6개항의 원칙 위에 한국 정부는 외교노선을 새로 쓰기위해 노력하고 있었다. 김 외무는 남북한 간 평화공존의 필요성을 강조했으나, 공식적으로 두 개의 한국을 인정하는 것에는 주저했다.[77]

76　Telegram from Embassy Seoul to Secretary of State, "ROKG Leaders Examining Major Foreign Policy Change," May 17, 1973, POL 1-2 Kor S, Central File, RG 59, USNA.

77　Telegram from Embassy Seoul to Secretary of State, "ROKG Leaders Examining

김종필 국무총리는 하비브와 대화 중 두 개의 한국이라는 용어를 자주 사용했다. 김 총리는 북한을 승인하는 국가의 수가 남한을 승인하는 국가의 수를 넘지 않을지 우려하고 있었다. 그는 사회주의국가들이 한국을 승인하는 조건 아래 한국의 우방들이 북한을 승인하는 조건부적인 해법을 제시했다. 하비브는 한국 고위관료들과 일련의 회동을 가진 후 한국이 '바람직하고 현실적인 정책방향'으로 선회하고 있다고 술회하고 있다. 그는 북한 승인국의 수가 증가하는 현실에 한국정부가 적응하고 있다고 평가하면서 한국정부가 '사실상 두 개의 한국(de facto two Koreas)'의 길로 나아가고 있다고 진단하고, 한국 정부의 신사고를 미국이 격려해야 한다고 주문하고 있다.[78]

5월말 김용식 외무장관이 박 대통령의 재가를 받아 하비브 대사에게 공식적으로 "대한민국 신외교정책 기본지침(Basic Guidelines for a New Foreign Policy for the Republic of Korea)" 초안을 전달했다. 초안은 조국의 평화통일 목표에 변함이 없고, 북한을 국가로서 인정하지 않으며, 북으로부터 군사적 위협이 상존하는 한 한국 내 유엔군사령부는 존속되어야 한다는 기본원칙 아래 미국과 상의할 안건들이 포함되어 있었다. 소련과 중국 등 주요 사회주의 국가들이 한국을 승인하지 않는 한, 미국이 북한을 승인해서는 안 된다는 금칙도 포함되어 있었다. 기본지침은 남과 북의 동시

Major Foreign Policy Change," May 17, 1973, POL 1-2 Kor S, Central File, RG 59, USNA. 유엔한국통일부흥위원회는 호주 등 7개국 대표로 구성되어 있었는데, 유엔의 한국문제 관여의 상징적 기구로서 선거 감시, 재건 업무를 맡고 있었다.

78 Telegram from Embassy Seoul to Secretary of State, "ROKG Leaders Examining Major Foreign Policy Change," May 17, 1973, POL 1-2 Kor S, Central File, RG 59, USNA.

가입이 통일을 저해하지 않는다는 전제 아래 만약 한국이 유엔 회원국으로 인정되면, 북한이 유엔에 가입하는 것에 반대하지 않겠다고 천명하고 있다. 또한 유엔한국위원단의 기능을 정지하는 것에 반대하지 않는다는 내용을 포함하고 있었다. 김 외무는 초안이 미국과 합의되면 공식성명을 만드는 작업을 거쳐 7월 10일경 대내외에 발표하게 될 것이라고 일정을 알려주었다.[79]

6월초 김용식 외무장관은 하비브 미국대사를 만나 한국정부는 북한이 모종의 선제조치를 취할 가능성에 대비하여 신외교노선 발표를 6월 23일로 앞당긴다고 통보하였다. 6·25담화 이후에 새로운 외교노선을 밝히는 담화를 발표한다는 순서를 뒤집은 것이었다. 김 외무는 북한이 유엔 동시가입에 동의하면 유엔군사령부 유지가 어려워질 것이라는 점을 이해한다면서도, 북한이 이를 거부하면 유엔사는 계속 유지되어야 한다는 입장을 밝혔다. 김용식 외무는 주한미군 존재가 유엔사 유지 여부에 달려있는지 우려서린 질의를 하였고, 하비브 대사는 주한미군 주둔은 유엔사 존재 여부에 딸린 것이 아니라 상호방위조약에 의거한 것이라고 담담하게 설명했다. 김용식 외무는 유엔사가 해체될 경우 한국과 미국이 주한미군

---

79 Telegram from Embassy Seoul to Secretary of State, "Foreign Policy Changes," May 25, 1973, POL 1-2 Kor S, Central File, RG 59, USNA. 김용식 외무장관은 2주 정도 지나 신외교노선 발표를 6월말이나 7월 1일로 변경하는 것을 고려 중이라고 하비브 대사에게 전했다. 이 자리에서 김 외무는 유엔 동시가입이 유엔사 존립에 영향을 미칠 것에 대해 우려를 표명하였다. Telegram from Embassy Seoul to Secretary of State, "ROK Foreign Policy," June 7, 1973, POL 1 Kor S, Central File, RG 59, USNA.

계속 주둔과 관련해서 공동성명을 내놓아야 한다고 주장했다.[80]

1973년 6월 미 국무부의 올리버 존슨(Oliver T. Johnson)이 작성한 비망록은 1950년 7월 7일 유엔 안전보장이사회 결의 84호에 의해 탄생한 한국 주둔 유엔군사령부 해체와 관련된 법률문제를 비교적 자세하게 검토하고 있다. 유엔사 해체와 관련 (1) 유엔 연합사(unified command) 관련국들에게 미국의 결정을 통고하는 방법과 (2) 관련국 통고와 더불어 유엔 안전보장이사회에 미국의 결정을 최종 보고하는 방법의 두 가지를 제시하고 있다. 이 메모는 유엔사령부 해체가 주한미군의 법적 지위에 영향을 미치지 않는다는 점을 확실히 했다. 주한미군은 유엔사령부의 일부가 아니며, 유엔군사령부 총사령관(Commander-in-Chief, United Nations Command: CINCUNC)의 통제 아래 있지 않다는 것이다. 주한미군 주둔의 법적 근거는 1954년 한미상호방위조약이다. 올리버 존슨은 현재 한국군 작전통제권(operational control)을 유엔사 총사령관이 갖고 있으며, 유엔사 해체 시 주한미군사령관이 한국군 작전통제 권한을 가지려면 미국과 한국 사이 새로운 합의(new arrangement)가 필요하다고 분석하고 있다.[81]

동 보고서는 유엔사 해체가 정전협정에 미치는 두 가지 영향을 분석하고 있다. 첫 번째 고려사항은 유엔사를 대신하여 주한미군과 한국군이 정전협정의 일방이 될 수 있는지, 중국과 북한이 이를 인정할지 여부였

---

80 Telegram from Embassy Seoul to Secretary of State, "ROK Foreign Policy Changes," June 9, 1973, POL 1 Kor S, Central File, RG 59, USNA.

81 Memorandum from Oliver T. Johnson to Richard L. Sneider, "Possible Dissolution of the United Nations Command – Legal Considerations," June 12, 1973, Central Files, RG 59, USNA.

다. 두 번째 고려사항은 유엔사가 선발하던 군사정전위원회(Military Armistice Commission: MAC) 구성원을 어떻게 선출할 것인가 문제였다. 정전협정은 유엔군 총사령관, 중국 인민지원군 사령관, 조선인민군 총사령관 사이 체결되었기 때문에 중국과 북한이 주한미군과 한국군을 주체로 인정할 수 없다고 하면 문제가 될 것이라고 내다보았다. 또한 중국과 북한이 정전협정이 더 이상 효력이 없다고 하면 휴전상태와 군사분계선 모두 문제가 될 수 있었다. 존슨은 유엔사 해체 전에 휴전협정 관련 중국, 북한과 협의하여 결론을 도출하는 방안과 미국과 한국이 휴전협정 준수를 일방적으로 선언하는 방안을 저울질하고 있다. 군사정전위원회 구성과 관련해서 보고서는 (1) 미국과 한국이 대표자를 보낼 수 있도록 휴전협정을 수정하는 방안, (2) 북한과 중국으로부터 한국과 미국이 (또는 한국이 홀로) 대표를 보낼 수 있도록 비공식적 양해를 구하는 방안, (3) 군사정전위원회를 해체하는 방안을 제시하고 있다.[82]

미 국무부는 6월 19일 주한 미국대사관에 전문을 보내 한국정부의 신외교노선 관련 미국의 입장과 견해를 상세하게 전달했다. 국무부는 김용식 외무를 만나 한국정부의 외교정책 중 주요 이슈에 대한 미국의 견해를 통보하라고 대사관에 지시하고 있다. 우선 유엔총회에서 한반도문제 토론이 벌어지면 북한이 토론에 참여하는 것을 막을 방법이 없다고 전제하고, 북한 참여 하에 한반도문제를 토론하는 것에 동의한다고 한국정부

---

82 Memorandum from Oliver T. Johnson to Richard L. Sneider, "Possible Dissolution of the United Nations Command – Legal Considerations," June 12, 1973, Central Files, RG 59, USNA.

가 선제 제안하는 것이 좋겠다고 밝히고 있다. 유엔한국위원단 관련 회원
국과 상의 하에 위원단의 임무가 소진되었다는 결론을 내리자는 한국정
부 제안에 동의할 수 있다고 했다. 미국은 이 문제 관련 호주의 협조가 필
요할 거라고 전망했다. 다만 미국은 한국정부가 '잠정중단(suspension)'을 선
호하는데, 중단보다는 '종료(termination)'가 더 적절하다는 입장을 보였
다.[83]

다음은 유엔군사령부와 주한미군 문제였다. 미국 입장은 한국과 미
국이 유엔사 해체 가능성을 탐구하자는 것이었다. 미국은 몇몇 주요 문제
가 해결된다면 유엔사 해체에 동의할 준비가 되어있었다. 관련사항들은
정전협정, 군사정전위원회, 중립국 감시위원단(Neutral Nations Supervisory
Commission: NNSC), 유엔사의 일본기지 사용권한, 한미비상계획, 한미 지
휘계통 등이었다. 미국은 이 항목들이 정전협정에 필요한 수정을 가한다
면 해결될 수 있는 문제라고 보았다. 미국의 견해는 유엔사가 '유용하지만
(useful),' '필수불가결한(essential)' 것은 아니라는 것이었다. 미국은 주한미
군의 주둔이 유엔사에 기초한 것이 아니라, 한미안보조약에 의거한 것이
라는 점을 한국정부에 재확인해 줄 필요가 있다고 봤다. 그러나 한반도의
안보를 보장할 대안이 마련될 때까지는 유엔사가 존속되어야 한다고 판
단하고 있었다. 미국은 회계연도 1974년까지 주한미군을 현재 상태에서
유지한다는 입장 아래 추가감축은 한국정부와 사전통지, 협의 아래 결정
할 사항이라고 적시했다. 국무부는 정전협정 유지와 군사정전위원회 유지

83　Telegram from Secretary of State to Embassy Seoul, "US Views on ROK Foreign
　　Policy Changes," June 19, 1973, Pol Kor S, Central Files, RG 59, USNA.

가 필요하다고 보고, 정전협정에 참여한 모든 당사자들이 각자 의무를 계속해서 수행해야 한다는 점을 강조했다. 미국-일본 간 비밀협정으로 사전협의 없이 한국 방위를 위해 미군이 일본기지를 사용할 수 있는 '권한'을 갖고 있었는데 미국은 이를 유지하기를 희망했다.[84]

유엔군사령부가 한국군의 작전통제권을 갖고 있었기 때문에 유엔사 존폐 논의는 자연스럽게 한국군 작전통제권한의 소재와 관련 검토 필요성을 제기했다. 미국은 전쟁 발발 시 한국군에 대한 작전통제권을 계속 유지해야 한다는 입장이었고, 한미 합동비상계획(Joint Contingency Planning) 또한 유지하기를 희망했다. 한국군 작전통제권과 한국 방위를 위해 미국과 제3국이 일본 기지를 사용하는 권한과 관련된 문제는 추가적인 연구와 토론이 필요하다는 견해를 보였다. 미국은 통일 전까지 비무장지대를 남북 간 사실상의 국경으로 인정하는 방안을 놓고 소련과 중국이 참여하는 유엔 안전보장이사회의 승인 가능성을 모색했다. 유엔 가입과 관련해서는 한국정부가 제안한 대로 남북 유엔 동시가입을 지지한다는 것이었다. 북한과의 관계와 관련, 미국은 북한을 외교적으로 승인하는 일은 주요 공산주의 강대국들이 한국을 승인한 이후 고려가 가능하다는 한국의 입장에 동의하고 있었다. 미 국무부는 소련과 중국에게 이러한 공평하고 균형 있는 접근을 제안할 준비가 되어 있다는 점을 적시했다.[85]

---

84 Telegram from Secretary of State to Embassy Seoul, "US Views on ROK Foreign Policy Changes," June 19, 1973, Pol Kor S, Central Files, RG 59, USNA. 동 '권한'의 영문 표기는 "UNC Base Rights in Japan"이다.

85 Telegram from Secretary of State to Embassy Seoul, "US Views on ROK Foreign Policy Changes," June 19, 1973, Pol Kor S, Central Files, RG 59, USNA.

국무부 훈령을 받은 직후 6월 19일과 20일 하비브 대사는 김용식 외무와 마주앉아 6·23선언 초안의 내용을 토의했다. 6월 19일 토의에서 하비브 대사는 유엔총회 토론 관련 한국의 입장, 유엔한국위원단과 유엔군사령부에 관한 언급이 빠졌다는 점을 지적하면서, 세 항목이 빠지면 대통령 담화의 영향력이 줄어들 것이라고 진단했다. 김 외무장관은 유엔총회 토론에 남북한이 함께 참여하는 것에 반대하지 않으며, 유엔한국위원단 해체에도 동의할 수 있지만, 유엔군사령부의 미래와 관련 미국과 충분한 사전논의가 필요하다는 입장을 개진했다. 김 외무는 공산주의 국가들의 반응을 볼 때까지 유엔사 문제를 언급하지 않는 것이 좋겠다는 박 대통령의 의중을 전했다.[86]

한국정부가 6·23선언을 대내외에 공표하자 미국정부는 이를 '건설적 제안(constructive initiative)'이라며 환영하고 나섰다. 미국은 이 선언이 한반도에 지속적 평화를 건설하려는 남북대화 노력에 중요한 보탬이 될 것이라고 평가했다.[87] 6·23선언 이후 미국은 국가안보회의, 국방부, 국무부, 중앙정보부(CIA)가 참여하는 '특별한국워킹그룹(Special Korea Working Group)'을 조직하여 동 선언의 파장에 대해 연구를 벌였다.[88] 전반적으로 미국은 6·23선언으로 상징되는 한국의 신외교노선을 긍정적으로 보는 시각을 갖고 있었다.

86 Telegram from Embassy Seoul to Secretary of State, "US Views on ROK Foreign Policy Changes," June 19, 1973, Pol Kor S, Central Files, RG 59, USNA.
87 "U.S. Statement on President Park's Proposals," June 22, 1973, Pol 32-4 Kor/UN, Central Files, RG 59, USNA.
88 "Coordination of Diplomatic Activity Relating to Korea," Memorandum for Dr. Henry Kissinger, June 22, 1973, Pol 32-4 Kor/UN, Central Files, RG 59, USNA.

1973년 11월 16일 키신저가 베이징을 경유, 한국을 방문하였다. 박
정희는 키신저를 만난 자리에서 현재 분위기에서 통일은 어렵다며, 안정
된 평화를 위해 노력해야 한다고 주장했다. 자신의 '선 평화, 후 통일' 입장
을 확인한 것이다. 북한이 평화조약 체결, 주한미군 철수와 남북 군대를
각 10만으로 감축하자고 주장하는 것에 대해서 박정희는 대응책으로 남
북불가침조약을 제안할 생각이라고 밝혔다. 박 대통령은 남북불가침협정
이 체결되어도 휴전협정은 유효하다면서, 유엔군사령부의 권한을 한국군
이 인계하는 형식으로 유엔군사령부를 해체하는 방식을 제안하기도 했
다.[89]

1974년 3월 29일 국가안보결정비망록 251호(National Security Deci-
sion Memorandum 251)에서 미국은 한미연합사령관을 신설하여 유엔군사령
관의 지위 및 기능을 대체하고, 휴전협정의 부분개정을 통해서 유엔군사
령부를 해체한다는 방안을 제시했다.[90] 유엔군사령부를 해체하되 휴전협
정, 한미동맹, 주한미군 주둔의 큰 틀은 당분간 유지한다는 방침을 세운
것이다. 유엔군사령부와 관련 1970년대에 많은 설왕설래가 있었지만 결국
유엔한국위원단 소멸과는 달리 유엔사는 2020년 전반까지도 유지되며
한반도 휴전체제의 한 축을 담당하고 있다.

---

89 "Secretary Kissinger's Discussion with President Park," November 16, 1973, Pol
    Kor S-US, Central Files, RG 59, USNA.
90 홍석률, 2012, 371-387쪽.

카터의 인권외교와 주한미군 철수계획

인도차이나 지역의 잇단 공산화로 아시아 국가들의 안보불안이 심화되었고, 이들 나라들은 미국의 동아시아 정책에 부쩍 회의적인 시각을 갖게 되었다. 이러한 시기에 후보 시절 주한미군 철수를 공약으로 내걸었던 지미 카터(Jimmy Carter)가 대통령에 당선되어 박정희 정부는 더욱 위기의식에 휩싸이게 되었다. 미국 조야에서도 박정희 유신정권의 반(反)인권적 행위와 미국 의회를 상대로 한 불법 로비로 한국의 이미지가 급전직하하고 있었다. 유신의 구호 아래 인권탄압을 일삼으며 핵개발을 포함 자주국방을 추진하던 박정희 정부와 도덕외교를 표방하던 카터 정부와의 마찰은 불을 보듯 분명한 것이었다. 70년대 후반 코리아게이트를 배경으로 주한미군 철수와 인권외교를 주창한 카터 정부와 유신 말기 민주화 요구에 강성으로 대응했던 박정희 정부 사이 긴장의 파고는 날로 높아져 갔다.

한국의 인권문제가 한미 간에 의제로 등장한 것은 1974년 무렵부터였다. 74년 1월 대통령 긴급조치 1호가 선포되어 학생, 지식인, 종교인들이 구속되면서 인권문제가 대두하였다. 1974년 1월 22일 제럴드 포드(Gerald R. Ford) 대통령이 서울을 찾아 박정희 대통령과 단독회담을 가질 당시 미국 의회에서 한국의 인권문제가 제기되고 있다는 우려를 전하였다. 카터 대통령은 소련과 동구의 인권문제와 더불어 우방의 인권문제까지 거론하고 나섰다. 그는 특히 한국과 이란의 인권문제를 강하게 비판했다. 박정희 대통령이 인권문제 제기를 내정간섭으로 규정하고 강하게 불만을 토로해 한미관계의 마찰 요인으로 작용하게 된다.[91]

1977년 1월 카터 대통령은 주한미군 철수를 위한 예비계획을 작성토록 지시했다. 미국은 1977년 5월 5일 1978년 말까지 제2보병사단의 1개 전투여단(6,000명) 철수, 1980년 6월 말까지 두 번째 여단과 모든 비전투병 력(9,000명) 철수, 1982년까지 모든 지상군 잔여 병력과 핵무기의 완전철수 라는 일정을 공개했다. 철수에 대한 반대급부로 미국은 한국에 당근을 던 지는 것도 잊지 않았다: (1) 미국은 이 지역에 배치된 공군과 해군을 유지 한다. 12대의 에프(F)−4 전투기로 구성된 1개 비행대대로 미 공군력을 증 강시킨다. (2) 미국은 한국에 정보, 통신, 병참과 관련된 미군 병력을 유지 한다. (3) 미 제2보병사단이 보유하고 있던 대략 8억 달러 상당의 군사 장 비를 무상으로 한국군에 이전한다. (4) 미국은 해외군사판매(Foreign Military Sales) 차관을 늘릴 것이며, 무기판매에서 한국에 우선권을 부여한다. (5) 한국의 자주국방계획을 지원하기 위해 방위산업에서 특별한 노력을 기울인다. (6) 미국은 한국과 합동군사훈련을 지속해 나간다. (7) 미군 철 수 이전 한미 연합사령부와 같은 구조를 마련하여 작전 효율성을 증대시 킨다.[92]

그러나 카터의 철군 목표는 계획대로 실현되지 못하였다. 백악관 참 모, 행정부 고위관료, 군부 인사들과 의회 지도자들마저 철군에 유보적인 의견을 갖고 있었다. 소련의 극동함대 증강, 북한의 군사력 증강 정보로 철 군에 대한 반대 목소리가 높아지자 카터 대통령은 점증하는 철군 반대 여

91 김정렴, 1997, 5장. 포드 행정부 당시 대한정책에 대해서는 다음을 참조. 박원곤, "미국의 대한정책 1974−1975년: 포드 행정부의 동맹정책 전환," 서울대학교 국제 문제연구소 편, 『데탕트와 박정희』(서울: 논형, 2011), 69−99쪽. 포드 행정부는 인 도차이나 공산화를 배경으로 대체로 한국에 대한 안보 공약을 강화하는 정책을 펼쳤다.
92 김일영, 2003, 92−97쪽.

론에 포위되었다. 결국 1979년 2월 카터는 현지 정세와 북한 군사력에 대한 재평가가 끝날 때까지 철군계획을 잠정 보류한다고 발표하지 않을 수 없었다. 같은 해 7월 20일에는 1981년까지 주한미군 철수를 중지한다는 공식 발표가 나왔다. 애초 모든 주한미군 철수를 내걸고 호기롭게 시작된 카터의 철군정책은 1978년 1개 대대 규모의 미 지상군 철수만을 이룬 채 용두사미로 막을 내리게 된다.[93]

1978년 11월 7일 한미연합사령부(ROK-US Combined Forces Command) 창설과 함께 한국군 및 주한미군에 대한 작전통제권이 유엔군사령부에서 한미연합사령부로 이전되었다. 한미연합사 창설은 카터의 주한미군 철군계획과 연계된 것이었다. 연합사령부의 상부기구로 양국 합참의장으로 구성되는 군사위원회가 설치되고, 군사위원회 상부기관으로는 양국 국방장관회담인 한미연례 안보협의회의가 존재하였다. 연합사 창설 이전 미국 대통령, 미 합참의장, 미 태평양사령관, 유엔군사령관, 한국군으로 이어지는 지휘계통이 연합사 창설 이후 한미 양국의 대통령, 국방장관, 양국 합참의장, 한미연합사령관, 한국군으로 이어지는 지휘계통으로 바뀌었다.[94]

93 김일영, 2003, 92-97쪽.
94 한용섭, "전시작전통제권 환수문제," 심지연·김일영, 2004, 69-82쪽.

동맹의 진통

북중관계가 중국의 문화혁명으로 홍역을 치른 후 미중화해가 가시화되는 70년대에 접어들면서 회복되었다면, 한미관계는 60년대 내내 반공의 기치 아래 원만하다가 60년대 후반기부터 삐걱거리기 시작한다. 하나의 원인은 한국과 미국 사이 적 진영에 대한 위협인식의 차이였다. 미국이 냉전 의식에서 벗어나려고 할 때 오히려 한국은 더욱 강렬하게 냉전의 시각으로 한반도 문제를 바라보고 있었던 것이다. 박정희 정권은 북한의 위협이 그 어느 때보다도 높고 북한의 무력침공 준비가 끝나 있었다고 판단하고 있었다. 미국은 박 정권이 북한의 위협을 과장하고 있다고 보고 한국의 문제제기를 등한시했다.

'연루의 공포'와 '방기의 공포'라는 한 쌍의 동맹안보딜레마의 시각에서 보면 후원국 미국은 한국의 무리수로 분쟁에 휘말릴 연루에 대한 염려가 컸고, 반면에 피후원국 한국은 동맹국으로부터 버림받을 가능성을 크게 우려하고 있었다.[95] 박정희 정부는 주한미군 감축, 미중화해, 미국의 수세적 베트남정책, 닉슨독트린 등 일련의 미국정책 속에서 미국의 안보공약을 얼마나 신뢰할 수 있을지 회의하기 시작했다. 박정희는 미군 추가 감축 미국과 북한의 대화 움직임에도 촉각을 세우고 있었다.[96]

동맹으로부터 방기의 공포가 커지는 공간에서 박정희 정부는 숙적

---

95 Glenn H. Snyder, "The Security Dilemma in Alliance Politics," *World Politics* 36: 4, 1984, pp. 461–495.

96 "The Explosion in ROK–US Relations – Habib worries," May 26, 1972, Pol Kor S–US, Central File, RG 59, USNA.

북한과 대화에 나서는 선택을 했다. 남북대화에는 미국의 설득도 한몫했다. 닉슨 행정부는 중국, 소련과 관계를 개선하고, 베트남전쟁을 조기에 종결시키며, 다른 열강들과 세력균형을 통해서 국제질서의 안정을 도모한다는 큰 그림을 그리고 있었다. 미국은 한반도의 분쟁이 자신의 데탕트 정책에 방해가 된다고 보고 한반도에서 현상유지를 통한 안정화를 추구하였다. 닉슨 정부는 남한 주도에 의한 통일이 불가능하다고 보았기 때문에 남과 북이 서로의 존재를 인정하고 대화를 통해서 신뢰를 회복해 나가는 작업이 필요하다고 판단하였다. 미국은 한국이 진지하게 남북대화에 나서도록 조용하고, 꾸준히 설득하였다.

70년대 중반 인도차이나 공산화가 확산되면서 박정희 정부의 안보 불안 또한 커져갔다. 미국은 재차 대한 안보 공약을 선언하면서 한국의 불안감을 잠재우려 노력했다. 카터의 등장으로 주한미군 철수 문제가 다시 불거졌고, 핵문제, 인권문제, 로비 사건 또한 한미관계를 시끄럽게 하는 불쏘시개가 되었다. 카터와 박정희 사이 앙금은 일단 미군철수 계획의 유보로 일단락되지만 한미관계는 예전과 같지 않았고, 불안한 한미관계는 그대로 박정희 정권의 취약성으로 연결되었다.

5장 북중관계

북중 협력의 강화

　북한과 중국은 압록강, 두만강, 백두산을 경계로 국경을 접하고 있는 이웃나라로서 오랜 기간 교류와 협력을 이어가고 있다. 북한과 중국의 지도부는 일본제국주의 시절 일본군에 대항하여 함께 투쟁한 경력을 갖고 있다. 해방 이후에도 이들은 국공내전과 한국전쟁 당시 같은 편에 서서 공동의 적과 싸웠다. 한국전쟁이 끝난 후에도 중국인민지원군은 1958년까지 남아 북한의 전후복구 사업을 도왔다. 한국전쟁을 거치면서 북한에 대한 중국의 영향력이 소련의 영향력에 버금가거나 또는 그보다 더 커지는 기미가 나타나기 시작한다. 해방 이후 공간과 공화국 건설 초기 새로 태어난 북한 정권은 소련과 중국의 영향력 아래 성장하였다. 소련공산당과 중국공산당의 엄호 아래 북한의 노동당 정권이 성숙해갔지만, 또한 김일성 정권은 외부 사회주의 강대국의 간섭에서 벗어나려는 정책을 도모했다.

김일성을 정점으로 하는 북한 지도부는 중국과 소련의 도움을 필요로 하면서도 양국의 영향력을 차단할 필요성을 느끼고 있었다. 어떤 측면에서 북한사회주의의 역사는 주변 사회주의 강대국의 그늘에서 벗어나려는 지도부의 줄기찬 노력으로 점철되어 있다고 할 수 있다. 김일성을 정점으로 하는 북한 지도부는 또한 국내 경합세력을 도태시키는 노력을 꾸준하게 기울였다. 우선 북한 지도부는 한국전쟁을 거치면서 남로당 세력을 제거하였다. 북한은 1955년 중국과 인연이 깊은 박일우와 방호산을 숙청하면서 '주체'의 입장을 피력하기 시작했다. 흐루시초프 등장 이후 소련의 개인숭배 비판에 힘을 얻어 연안파, 소련파가 김일성을 공격한 1956년 8월 종파사건의 처리과정에서 소련과 중국의 내정간섭으로 김일성 지도부는 크게 상처를 입었다. 그럼에도 불구하고 완충기를 거쳐 김일성 정권은 연안파, 소련파에 대한 숙청을 지속했다. 1960년대 중소분쟁이 격화되면서 북중관계는 격랑과 마주치게 된다. 중국과 소련은 서로를 교조주의, 수정주의로 비판하며 각을 세웠고, 그 틈바구니에서 북한은 곡예를 하듯 외교노선을 조정했다.[1]

북한은 50년대 후반부터 현대 수정주의를 비판하면서 차츰 중국

---

1   Chin O. Chung, *Pyongyang between Peking and Moscow: North Korea's Involvement in the Sino-Soviet Dispute, 1958-1975* (Alabama: University of Alabama Press, 1978).

편을 들기 시작했다. 1960년대 전반기 북한과 중국 사이 공식교류는 빈번했던 반면 북한과 소련 사이 교류는 제한적이었다. 북한이 중국과 친해지자 소련은 대북 경제원조를 줄였다. 1962년 여름 소련의 상호경제원조회의(Council for Mutual Economic Assistance: COMECON) 가입 권유를 북한은 자립적 민족경제 건설을 이유로 거절했다. 북한과 중국은 1958년 장기 무역협정과 대북 차관협정을 체결했다. 1960년 10월에는 두 개의 차관협정을 추가하게 된다. 중국 지도부는 1960년 3월 중 북한, 월남과 우호합작과 군사원조 조항을 담은 우호동맹조약을 맺기로 결정한다. 그러나 소련과 중국 사이에서 중재자의 역할을 자임하고 있었던 호찌민(胡志明)의 베트남과 군사동맹은 결국 실현되지 못했다. 중국은 나름 인도차이나에서 군사적 충돌을 자극할 수 있는 행동을 자제하려고 했던 것으로 보인다. 1961년 7월 6일 소련과 북한이 상호원조조약을 체결한 후 얼마 지나지 않은 7월 11일 베이징에서 북한과 중국이 상호원조조약을 체결하였다.[2]

북한은 1948년 정부 수립 이후 소련과 중국에 우호협력조약 체결을 요구하고 있었으나 소련과 중국은 이를 거절하고 있었다. 한국전쟁 이후 북한에는 100만 명이 훌쩍 넘는 인민지원군이 남아 이후 북한의 사회, 경제, 문화에 지대한 영향을 끼쳤다. 김일성은 1956년 4월 23일 조선로동당 제3차 당대회에서 남한과 주한미군을 의식하여 외국군 철수, 군사동맹 배격 입장을 제기하였다. 한국전쟁 이후 개최된 제네바 회담에서 북한과 중국은 한반도에서 외국군 완전 철군을 주장한 바 있었다. 1958년 2월 북한과 중국은 중국인민지원군 철수에 정식 합의하게 된다. 한국전쟁 이후 인

---

2   이종석, 『북한-중국관계: 1945~2000』(서울: 중심, 2000), 4장.

민지원군 잔류 요청과 1956년 이후 철수 요청은 모두 김일성으로부터 나온 것으로 전해진다. 김일성은 애초 안전보장과 경제지원의 이유로 인민지원군의 잔류를 희망하였으나, 8월 종파사건에 대한 소련과 중국의 개입, 동구 사회주의 국가에 대한 소련의 고압적 정책 등을 보고 지원군 철군 쪽으로 생각을 바꾸게 된 것으로 보인다. 인민지원군은 1958년 3월부터 10월에 거쳐 3단계로 신의주를 통해 완전 철수하였다. 1958년 2월에는 저우언라이가 북한을 방문하였고, 동년 11월말부터 12월초 사이 김일성이 중국을 방문하여 양국의 우의를 다졌으며, 양국 사이 무역도 확대되었다. 북한은 중국의 대약진운동을 본받아 천리마운동을 시작했고, 중국이 사용하던 '자력갱생' 용어도 차용하였다.[3]

1960년 미국과 일본은 소위 신조약이라고 불리는 "미일 상호협력 및 안전보장 조약"을 체결한다. 1957년부터 미국은 주한미군의 현대화 및 핵무장을 추진, 재래식 탄두와 핵탄두를 동시에 장착할 수 있는 280 밀리미터 핵대포와 지대지 미사일 어니스트 존(Honest John)을 남한에 도입한다. 1960년 4.19의거, 1961년 군사 쿠데타로 남한의 정세는 급변하고 있었다.[4] 한반도의 남쪽에서 정세 변화와 더불어 국제정세의 새로운 조류는 북한이 소련, 중국과 연달아 상호원조조약을 체결하는데 직간접으로 영향을 미쳤을 것이다.

3 Roy U. T. Kim, "Sino-North Korean Relations," *Asian Survey*, 8: 8, 1968, p. 714; 이상숙, "북한·중국의 비대칭관계에 대한 연구: 베트남·중국의 관계와의 비교," 동국대학교 박사학위논문, 2008, 5장; 최명해, 『중국·북한 동맹관계: 불편한 동거의 역사』(서울: 오름, 2009), 3장; 박종철, "중국인민지원군의 철군과 북중관계," 이재석·조성훈 편, 『한반도 분쟁과 중국의 개입』(서울: 선인, 2012), 181-219쪽.
4 최명해, 2009, 3장.

1961년 7월 북한과 중국은 내각수상 김일성과 국무원 총리 저우언라이를 전권대표로 하여 상호원조조약을 체결하였다. 동 조약에서 양측은 마르크스-레닌주의와 프롤레타리아 국제주의의 원칙에 입각하여 주권과 영토 존중, 내정불간섭, 평등과 호혜에 기초를 둔 관계를 설정한다고 선언하고 있다. 동 조약 제2조는 "체약 일방이 어떠한 한 개의 국가 또는 몇 개 국가들의 련합으로부터 무력 침공을 당함으로써 전쟁상태에 처하게 되는 경우에 체약 상대방은 모든 힘을 다하여 지체 없이 군사적 및 기타 원조를 제공"한다고 규정하고 있고, 제7조에서 "본 조약은 수정 또는 폐기할 데 대한 쌍방 간의 합의가 없는 이상 계속 효력을 가진다"고 밝히고 있다.[5]

1960년대 전반 중소 이념분쟁이 본격화되었다. 1962년 중국과 인도 국경분쟁과 쿠바 미사일 위기를 거치면서 중국과 소련의 갈등은 더욱 증폭되었다. 이즈음 북한과 중국의 대표단은 1962년 9월 26일부터 10월 2일까지 국경협상을 벌였다. 1962년 10월 11~13일 저우언라이와 외교부장 천이(陳毅)가 비밀리에 평양을 방문하여 국경협정을 체결하고 김일성과 회동하였다. 북한과 중국은 압록강과 두만강을 경계로 백두산 천지의 54.5%를 북한이, 나머지 45.5%를 중국이 차지하기로 합의했다. 또한 양국은 두만강과 압록강을 3동(3同)의 원칙 아래 공동 소유, 공동 관리, 공동 이용하기로 의견을 모았다. 중국은 1959년 8월, 10월 두 차례 인도와 국경

---

5 〈조선민주주의인민공화국과 중화인민공화국 간의 우호, 협조 및 호상원조에 관한 조약〉, 1961년 7월 11일, 김계동, 『북한의 외교정책: 벼랑에 선 줄타기외교의 선택』 (서울: 백산, 2003), 387-388쪽.

무력충돌을 경험한 후 소련과의 노선 갈등으로 안보불안이 가중되는 가운데 60년대 초 파키스탄, 미얀마, 네팔, 아프가니스탄, 몽고, 북한과 잇달아 국경문제를 해결하기 위해 노력했다.[6]

60년대 전반부 북한과 중국은 상호원조조약과 국경협상을 벌이면서 우호적인 관계를 유지했다. 중국과 소련, 북한과 소련의 관계가 소원해지는 만큼 북한과 중국의 관계는 긴밀해졌다. 스탈린 사후 소련에서 벌어지는 노선 변화에 대해 중국과 북한은 공히 의심의 눈초리를 보내고 있었다. 중국과 북한의 연대는 소위 수정주의에 반대하는 노선의 연대 성격을 갖고 있었다.

문화혁명과 북중관계의 시련

60년대 전반 북한은 중소분쟁에서 중국에 기우는 행보를 보였다. 북한은 소련이 쿠바에서 힘없이 물러나고, 중국-인도 국경분쟁에서 중립을 취한 점에 불만을 갖고 있었다. 북한이 소련에 등을 돌린 알바니아를 지지하고 수정주의를 노골적으로 비난하자 소련은 군사원조를 포함 북한에 대한 모든 원조를 중단하였다. 소련은 사회주의 분업과 경제통합을 강조하면서 북한을 압박했고, 북한은 사회주의정당 사이의 평등과 각 국가의 경제적 자립을 내세우며 대립했다. 소련과 북한의 관계는 상당히 악화

---

6   Chae-Jin Lee, *China and Korea: Dynamic Relations* (Stanford: Hoover Press Publication, 1996), pp. 99-100; 이종석, 2000, 4장; 이상숙, 2008, 5장.

되고 양국 무역량이 격감한 대신 북한과 중국의 거리는 무척 좁혀져 있었다. 중국과 북한은 함께 소련을 수정주의로 몰아 공격했고, 북한은 종종 중소대립 국면에서 중국의 편을 들었다.[7]

바야흐로 60년대 중반에 접어들면서 북한/중국 대 소련의 갈등 분위기가 역전되기 시작했다. 소련에서 흐루시초프의 실각으로 새로운 지도부가 등장한 것과 중국에서 문화혁명의 소용돌이가 일어난 것이 배경이 되었다. 문화혁명이 중국과 북한의 관계를 갈라놓자, 북한은 더욱 소련 쪽으로 기우는 행보를 보일 수밖에 없었다. 1964년 10월 흐루시초프가 잇단 실정으로 실각하자 중국은 소련의 정세 변화를 '흐루시초프 없는 흐루시초프주의(Khrushchevism without Khrushchev)'로 규정하며 평가절하했으나, 북한은 보다 적극적으로 소련의 신지도부를 평가하기 시작했다.[8]

브레즈네프를 정점으로 하는 소련의 새 지도부는 사회주의 우방들과 긴밀한 관계를 맺기를 희망했다. 소련은 중국과 관계를 개선하고, 북베트남에 큰 규모의 경제 및 군사원조를 실시하고, 북한을 지원하려고 마음먹었다. 소련은 모스크바를 방문한 팜반동(Pham Van Dong) 수상에게 하노이에 대한 경제 및 군사원조를 약속했다. 1964년 11월 김일성은 마오쩌둥과 회담을 가진 후 하노이로 가서 모스크바에서 회담을 마치고 돌아온

---

7 《노동신문》, 1961년 11월 28일;《노동신문》, 1963년 1월 30일;《노동신문》, 1963년 4월 7일;《노동신문》, 1963년 9월 30일; IlPyong J. Kim, *Communist Politics in North Korea* (New York: Praeger, 1975), pp. 104-106; Chin O. Chung, 1978, p. 73; Martin Hart-Landsberg, *Korea: Division, Reunification, and U.S. Foreign Policy* (New York: Monthly Review Press, 1998), p. 149.

8 조진구, "중소대립, 베트남 전쟁과 북한의 남조선혁명론, 1964-68,"『아세아연구』, 46: 4, 2003a, 234-237쪽.

북베트남의 팜반동 수상을 만나 국제정세에 관해 환담했다. 하노이에서 회담을 마친 김일성은 다시 베이징으로 가서 중국 지도자들과 만났다. 이 회동에서 김일성은 저우언라이와 마오쩌둥에게 모스크바의 신지도부와 공개 논전을 잠시 중단할 것을 제안하였다고 전해지고 있다.[9] 김일성은 베이징, 하노이 방문을 통해 북베트남과 우의를 다지는 동시에 브레즈네프 정권의 등장을 계기로 소련과 중국의 관계개선의 가능성을 타진하고 중소 양국 사이에서 조정자 역할을 수행하려 했던 것으로 보인다.

1964년 11월 북한은 볼셰비키 10월혁명 40주년 기념행사에 내각 제1부수상 김일을 단장으로 하는 대표단을 소련에 파견하였고, 이듬 해 2월에는 소련의 내각수상 알렉세이 코시긴(Aleksei Kosygin)이 베이징과 하노이를 경유하여 평양을 방문하였다. 코시긴은 북베트남에서 미국의 침략계획을 비판하며, 북베트남에 대한 원조를 다짐했다. 코시긴이 1965년 2월 11일부터 2월 14일까지 북한에 체류하는 동안 북한과 소련은 프롤레타리아 국제주의 원칙에 기초하여 사회주의 진영의 각국 공산당 간의 형제적 친선단결을 유지, 발전시키는 데 최선을 다하기로 합의하였다. 양국은 상호원조조약의 유효성을 재확인하였고, 특히 코시긴은 소련이 북한의 자주노선을 지지하며, 한반도의 평화통일과 민족해방을 위한 조선인민의 투쟁을 지원할 것을 선언하였다. 코시긴의 중국방문이 비록 성과를 내지는 못하였지만 소련은 북한, 북베트남, 몽고와 우의를 다지는데 성공했다. 소련과 북한은 1965년 5월 군사원조협정을 체결한데 이어, 1966년 6월 20일 "1967~70년간 기술 및 경제원조에 관한 협정"을 체결한다. 1960년대

---

9   조진구, 2003a, 234-237쪽.

후반 소련과 북한의 교역량은 증가일로에 있었고, 반면 북한과 중국의 교역액은 하락세를 보였다.[10]

문혁 시기 중국과 북한의 관계는 급속도로 악화되었다. 중국에서 벌어진 권력투쟁, 홍위병의 준동, 사회경제적 대혼란은 북한의 김일성 정권에게도 커다란 위협으로 작용하였다. 1965년 4월 반둥회의가 열린 자카르타에서 김일성과 저우언라이가 회동한 이후 1969년까지 양국 지도부 사이 면담은 중단되고 만다. 중국의 홍위병들이 북한 지도부를 수정주의로 공격하는 와중에 북한 또한 중국을 교조주의라 폄하하며 맞섰다.[11]

북중관계는 무력충돌의 일보직전까지 갈 정도로 급전직하하였다. 1966년부터 중국 홍위병들이 김일성을 성토하는 대자보를 붙이기 시작했다. 그들은 김일성을 수정주의자로 매도하고, 김일성이 마오쩌둥을 추종하지 않는다고 비난했으며, 북한군이 김일성을 체포했다는 등의 낭설을 유포했다. 홍위병들은 한국이 베트남에 파병하였는데 불구하고, 북한은 팔짱을 끼고 수수방관하고 있다고 지적하고, 한국전쟁 당시 중국이 북한을 지원한 사실을 명심해야 한다고 충고했다. 북한 또한 마오쩌둥이 망령이

---

10 Byung Chul Koh, *The Foreign Policy of North Korea* (New York: Praeger, 1969), pp. 82–84; Wayne S. Kiyosaki, *North Korea's Foreign Relations: The Politics of Accommodation, 1945–75* (New York: Praeger, 1976), pp. 66–68; Seung-Hwan Kim, *The Soviet Union and North Korea: Soviet Asian Strategy and Its Implications for the Korean Peninsula, 1964–1968* (Seoul: Research Center for Peace and Unification of Korea, 1988), pp. 14–26; Hakjoon Kim, *Korea's Relations with Her Neighbors in a Changing World* (Seoul: Hollym, 1993), p. 495; 김계동, 2003, 5장, 6장; Sergey S. Radchenko, "The Soviet Union and the North Korean Seizure of the USS Pueblo: Evidence from the Russian Archives," Cold War International History Project Working Paper #47, July 2005, p. 4.

11 이종석, 2000, 5장.

들었으며, 중국이 소련의 베트남 지원물자의 수송을 막고 있다고 비난하였다.[12]

문화혁명은 북한과 중국의 관계에 커다란 시련으로 작용하였다. 문화혁명의 열풍은 김일성과 북한에게는 안보 위협으로 다가왔으며, 북한과 중국 사이 무력분쟁의 가능성까지 운위될 정도로 상태는 심각하였다. 북한으로서는 남쪽의 적과 더불어 북쪽에도 적이 생기는 익숙하지 않은 상황이 연출되고 있었던 것이다. 1984년 5월말 김일성이 동독을 방문하여 동독 지도자 에리히 호네커(Erich Honecker)와 가진 대담에서 털어놓은 그의 소회는 당시 평양의 곤경을 잘 웅변해 주고 있다.

> 문화대혁명 시절 압록강에서 우리를 향해 대규모 선전선동 행위들이 있었어요. 1969년 중국-러시아 우수리 분쟁 시에도 북한에 대한 도발이 있었습니다. 내가 시골에서 요양하고 있을 때 국가안전보위부장으로부터 중국군이 두만강을 건너 국경을 침범하고 있다는 전화가 걸려 왔습니다. 나는 발포하지 말고, 필요하다면 우리 영토 안에서 작전을 전개할 수 있도록 그들이 넘어오도록 내버려 두라고 명령했죠. 우리 군대를 출동시키자, 중국군은 물러났어요. 중국인들은 소련과 심지어 우리까지 수정주의자로 비난했습니다. 우리 경우 그것이 약 5년 동안이나 지속되었지만, 우리는 저간의 사정 때문

---

12 IlPyong J. Kim, 1975, p. 108; 서대숙, 『북한의 지도자 김일성과 김정일』(서울: 을유문화사, 2000), 106쪽; Bernd Schaefer, "North Korean 'Adventurism' and China's Long Shadow, 1966-1972," Cold War International History Project Working Paper #44, October 2004, pp. 3-4.

에 평화를 지켜야만 했습니다. 우리는 인내력을 발휘했습니다.[13]

중국은 압록강과 두만강 북쪽에 자신들의 군대를 주둔시키며 북한을 압박했다. 양국 사이에는 60년대 후반 백두산을 비롯한 국경 경계문제가 떠올랐으며, 홍위병과 중국 동북3성에 거주하는 조선족이 충돌하여 인명피해가 발생하는 비극적 사건이 연출되기도 했다.

김일성은 북중 갈등을 일시적인 현상으로 치부하며 양국 사이 깊은 우정에 일말의 기대를 걸고 있었다. 김일성은 1967년 10월말 저우언라이에게 보낸 구두 메시지를 통해서 북중 우호의 끈을 놓지 않으려 애썼다. 김일성의 메시지는 아래 내용을 담고 있었다.

(1) 북한의 대 중국 정책은 변함이 없으며, 앞으로도 변하지 않을 것이다.

(2) 나는 모택동·주은래 동지와 깊은 우의를 나눈 바 있으며, 공동투쟁 속에서 쌓아 온 이 우의를 매우 귀중히 여긴다.

(3) 쌍방 간에는 약간의 의견 차이가 존재하나 이는 엄중한 것이 아니며, 서로 얼굴을 맞대고 토론하면 해결방법을 찾을 수 있다.

(4) 나는 만약 북한이 침략을 당하면, 중국이 과거 여러 차례 그러했던 것처럼 북한을 도울 것이라는 것을 믿는다.[14]

---

13   "Memorandum on the Meeting between Erich Honecker and Kim Il Sung on 31 May 1984," Bernd Schaefer, 2004, p. 4에서 재인용.
14   이종석, 2000, 251쪽에서 재인용.

60년대 후반기는 북한–중국 양자관계의 암흑기였다. 아마 북한과 중국의 기나긴 교류사에서 양국 사이가 최악이었던 시절이었을 것이다. 평양은 베이징의 광풍 열기가 식기를 기다리면서 인내력을 발휘하여 북중관계를 정도껏 관리하려 애썼다.

북중관계의 복원

1969년 가을부터 북한과 중국 양국관계에 온기가 돌기 시작했다. 1969년 10월 최고인민회의 상임위원장 최용건이 정부대표단을 이끌고 중화인민공화국 창건 20주년 기념행사에 참석, 저우언라이 총리와 회담을 가졌다. 1970년 2월에는 북한 외무상 박성철이 베이징을 방문하여 저우언라이를 평양으로 초청했다. 이윽고 1970년 4월 5~7일 저우언라이가 평양을 방문, 김일성과 회담을 갖고, 압록강–두만강 경계의 국경선 문제, 양국 교역문제, 수력발전소 건설 문제를 논의했다. 중국은 북한이 주장한 중국, 베트남, 조선, 캄보디아, 라오스를 축으로 하는 '아시아통일전선(united Asian front)'에 합의하였다. 1970년 10월 8~10일에는 김일성이 베이징을 비공식 방문하여 마오쩌둥, 저우언라이와 회담을 가진다. 마오쩌둥은 문화혁명 중 '극좌파'의 행동을 비난하며, 북한과 중국의 전통적인 우의의 회복을 꾀했다. 양국은 "상호 주요물자 공급협정"과 "중국의 대북한 경제기술 지원제공협정"을 체결한다.[15] 저우언라이의 평양 방문과 김일성의 베

---

15 이종석, 2000, 5장; Bernd Schaefer, 2004, pp. 28–33; 이상숙, 2008, 5장.

이징 방문으로 북한과 중국은 문화혁명의 여파로 생긴 파열음을 잠재우고 종래 전통적인 조중 우호관계를 회복하였다.

중국이 대미 화해를 추구하면서 북한은 새로운 국제환경에 놓이게 된다. 이 시기 북한의 대외노선은 중국의 신노선과 인도차이나 휴전협상에 영향을 받았다. 1971년 7월 9일부터 16일까지 "조중 우호주간" 시기 중국과 북한은 서로 대규모 사절단을 교환하였다. 조선로동당 비서 김중린이 우호사절을 이끌고 베이징을 방문하고 있을 때 헨리 키신저 국가안보 보좌관 또한 그곳에 있었다. 키신저가 미국으로 귀환하고, 닉슨이 방중 합의 사실을 발표하기 전 저우언라이는 7월 중순 우방인 북베트남과 북한을 차례로 방문했다.[16]

저우언라이는 7월 14일 평양에 도착, 김일성과 두 차례에 걸쳐 7시간 동안의 회담을 갖고 미중화해 필요성을 북한에 설명했다. 저우언라이는 미중 관계개선 관련 김일성에게 중국의 원칙은 그대로이며, 미국 인민에게 희망을 걸고 있다고 설명했다. 김일성은 닉슨의 방중이 새로운 문제이므로 주민교육이 필요하다고 화답했다. 북한 지도부는 내부토론을 거친 후에 김일 제1부수상을 베이징에 파견했다. 김일은 7월 30일 베이징에 가서 저우언라이를 만나 북한의 견해를 전달했다. 김일은 북한 지도부가 토론을 갖고 중국의 닉슨 초청을 이해하게 되었으며, 중국 공산당과 조선 노동당의 신뢰는 여전하다고 언급하고 있다.

조선노동당 정치위원회에서는 닉슨 방중문제를 지극히 신중하게 토론했으

---

16   Bernd Schaefer, 2004, pp. 32–33.

며, 정치위원 모두는 중국이 닉슨을 초청한 것과 주은래-키신저 회담을 충분히 이해하며, 이것이 세계혁명을 매우 유리하게 추동해 나갈 것이라고 생각한다. 그리고 중공당의 반제 입장은 결코 변화가 없으며, 이에 대한 노동당의 믿음도 변함이 없다.[17]

아울러 김일은 중국에게 미국과 회담 시 전달할 8개항 북측 주장을 제시했다. 북한의 요구사항은 주한미군 철수, 한반도에 미국이 전략자산 반입 중지, 한미 연합훈련 중지 등을 포함하고 있었다.

(1) 남한에서 미군 완전철수

(2) 미국의 남한에 대한 핵무기, 미사일, 각종 무기제공 즉시 중단

(3) 북한에 대해 진행되고 있는 미국의 침범 및 각종 정탐, 정찰행위 중지

(4) 한·미·일 군사공동훈련 중지, 한·미연합군 해산

(5) 일본 군국주의가 부활하지 못하도록 미국이 보장하고 남한에서 미군 혹은 외국 군대 대신에 일본군을 대체하지 않겠다고 보증할 것

(6) 유엔한국통일부흥위원단(UNCURK) 해체

(7) 미국은 남북한의 직접 협상을 방해하지 말며, 조선문제의 조선인민에 의한 자체 해결을 방해하지 말 것

(8) 유엔에서 한국문제 토의 시 북한대표가 마땅히 참여해야 하며, 조건부 초청을 취소할 것[18]

---

17 이종석, 2000, 255쪽에서 재인용.

18 이종석, 2000, 255-256쪽에서 재인용.

북한 요구사항을 보면 미국이 한반도에서 떠나야 하고, 일본군이 미군을 대신하여 한반도에 진입해서는 안 된다는 것과 남북문제는 당사자인 남과 북이 스스로 해결해야 한다는 입장을 보여주고 있다. 미국이 한반도 문제에 개입하지 않으면 북한이 남한을 압도하며 통일을 주도할 수 있다는 자신감이 배어 있다.

1971년 8월부터 9월까지 북한은 최용건을 총단장으로 하는 정부대표단, 경제대표단, 군사대표단을 중국에 파견하여 "경제원조에 관한 협정"을 체결하였다. 오진우 총참모장을 단장으로 하는 군사대표단은 "무상군사원조 제공협정"을 조인하여 중국으로부터 군사장비 무상지원을 약속받았다. 동 협정에 의거 중국은 매년 1억 위안(한화 약 150억 원) 상당의 군수물자를 북한에 무상지원한 것으로 전해지고 있다.[19]

북한 측의 8개 요구사항은 71년 10월말 키신저의 두 번째 베이징 방문 때 전달되었다. 키신저는 북한의 요구에 반응을 보이지 않았다. 키신저가 베이징을 떠나자마자 김일성이 11월 1~3일 그곳을 찾았다. 이어 팜반둥은 11월 20~27일 베이징을 방문한다. 닉슨 방중 한 달 전인 1972년 1월 26일 박성철 내각 제2부수상이 베이징을 방문하여 저우언라이, 리셴녠(李先念)과 회담을 가졌다. 북한은 2월 29일자《노동신문》을 통해서 상하이 공동성명의 내용을 싣고, 이를 공개적으로 지지했다. 상하이 공동성명이 발표된 후 저우언라이는 3월초 하노이와 평양을 방문하여 미중회담 결과를 우방에게 전하는 노고를 마다하지 않았다. 저우언라이는 김일성을 만나 닉슨이 일본군이 대만이나 남한에 진입하지 않을 것이라고 확인

---

19   최명해, 2009, 5장.

했다는 점을 전달했다.[20]

72년 3월 13일자 평양 주재 동독대사관의 전문은 북한이 미국과 중국이 발표한 상하이 공동성명을 환영하고 있다고 보고하고 있다. 동 전문은 평양이 공동성명에 한반도 문제가 포함된 것, 특히 북한이 제시한 8개항 제안과 유엔한국위원단 해체가 명시된 부분에 만족하고 있다고 전하고 있다. 미중회담 기간 동안 일련의 북한 대표단이 중국에 체류하며 진행 과정을 모니터링하면서 중국과 긴밀하게 협의하고 있었다.[21]

상하이 공동성명 발표 후 4개월이 지나 남한과 북한이 남북공동성명을 발표한다. 7월 17일 오후 북한 외무성 부상 이만석이 외무성으로 소련, 폴란드, 체코, 동독, 헝가리, 불가리아, 몽고, 루마니아 대사들을 초청 공동성명 발표 이후 한반도 상황에 대해 브리핑했다. 이 부상은 북한 평화공세의 목적이 미국의 남한에 대한 군사협조를 방지하고, 일본 군국주의의 남한 침투를 방지하기 위한 것이라고 밝혔다. 그는 남북대화 시작 자체가 성과라면서 김일성의 1971년 8월 6일 연설을 기화로 적십자회담이 시작되었음을 상기시켰다. 이만석은 공동성명의 통일3원칙은 김일성-이후락 회담 시 김일성이 먼저 제안한 것을 박정희-박성철 회담 시 박정희가 사후 동의한 것이라고 말했다. 그는 통일3원칙의 발표는 남한 꼭두각시 정권의 패배를 의미한다면서, 남한 인민 사이에 김일성 찬양 분위기가

---

20 최명해, 2009, 5장; 홍석률, 2012, 184–186쪽.

21 "Note on a Conversation with the 1st Secretary of the USSR Embassy, Comrade Kurbatov, on 10 March 1972 in the GDR Embassy," March 13, 1972, History and Public Policy Program Digital Archive, PolA AA, MfAA, C 1080/78. Obtained by Bernd Schaefer and translated by Karen Riechert. http://digitalarchive.wilson-center.org/document/110820 (접속일: 2018년 8월 14일).

조성되고 있다고도 했다. 이만석은 북한의 대외과제는 남북 간 광범위한 교류를 촉진시키는 한편, 남한을 미국 제국주의와 일본 군국주의로부터 분리시키는 것이라고 표명했다.[22] 남북공동성명 발표 이후 8월 22~25일 사이 김일성이 비밀리에 중국을 방문하여 저우언라이와 의견을 교환하는 자리를 가졌다. 양국 지도자들은 한반도 문제, 미소관계, 유엔 문제에 대해 토론했다.[23]

키신저의 다섯 번째 베이징 방문 전인 1973년 2월 11일 허담 외무상이 베이징을 찾았다. 허담과 저우언라이는 주한미군 철수, 유엔한국위원단 해체 문제 등에 관해 논의했으며, 허담은 저우에게 키신저와 회담 시 북미접촉 가능성을 타진해 달라고 부탁하였다. 2월 18일 키신저-저우언라이 회담에서 키신저는 북미접촉은 고려하지 않고 있다고 답변했고, 2월 20일 저우는 허담에게 회담 결과를 통보했다.[24]

70년대 전반부 중국과 북한은 미중 외교, 남북대화를 전후 긴밀하게 협력하였다. 70년대 중반에는 미중, 남북관계가 초기 열기가 식으면서 다소 답보상태에 빠져들고 있었다. 중반기 조중관계에 불을 당긴 사건들은 인도차이나에서 발생하였다. 1975년 4월 17일 폴 포트(Pol Pot)가 이끄

---

22 "Note on Information from DPRK Deputy Foreign Minister, Comrade Ri Man-seok, on 17 July 1972 between 16:40 and 18:00 hours in the Foreign Ministry," July 20, 1972, History and Public Policy Program Digital Archive, PolA AA, MfAA, C 951/76. Obtained by Bernd Schaefer and translated by Karen Riechert. http://digitalarchive.wilsoncenter.org/document/113237 (접속일: 2018년 8월 19일).

23 이상숙, 2008, 5장.

24 홍석률, 2012, 351-353쪽.

는 크메르 루주가 캄보디아의 수도 프놈펜을 함락시켰고, 1975년 4월 30
일에는 북베트남이 사이공을 함락했다. 인도차이나에 공산주의 열기가
고조되는 즈음 김일성은 4월 18일부터 26일까지 베이징을 방문한다. 김일
성은 예의 주한미군 철수 주장과 함께 박정희 정권을 넘어뜨리는 '혁명'이
일어나면 북한은 이를 방조하지 않을 것이라고 천명했다. 김일성은 무력통
일의 호기라며 들뜬 모습을 감추지 않았다.[25]

> 만일 남조선에서 혁명이 일어날 경우 같은 동포인 우리는 팔짱을 낀 채 방관
> 하지 않고 남쪽 인민을 적극 지원할 것이다. 만약 상대방이 무분별하게 전쟁
> 을 일으킨다면 우리는 그에 확고히 대처하여 침략자들을 완전히 파멸시킬
> 것이다. 이 전쟁에서 우리가 잃을 것은 군사분계선뿐이며 대신 조국통일을
> 얻게 될 것이다.[26]

중국 당국은 자신들의 미국, 일본과 화해가 유지되기를 바랐기 때문에 남
북대화가 지속되기를 바란다는 입장을 견지했다. 중국은 또한 북한이 중
국과 함께 반(反)소련 연대에 서기를 희망했다. 마오는 일부 지역에서 민족
해방전쟁이 승리하고 있으나 무력을 통해서 한반도를 통일할 시기는 아니
라며 신중하게 응대했다. 저우언라이와 덩샤오핑도 김일성의 무력 사용

---

25 "On the Visit of a DPRK Party and Government Delegation Headed by Kim Il
    Sung to the PR China from 18 to 26 April 1975, 29 April 1975," *New Evidence on
    the History of Inter-Korean Relations* (North Korea International Documentation
    Project Document Reader), June 2012, pp. 53 – 55.
26 *Peking Review*, April 25, 1975, p. 17.

의사에 반대 의견을 표시하였다. 그들은 인도차이나와 한반도의 차이점을 적시하면서 한반도에서 현상유지가 바람직하다는 평가를 내렸다. 1976년 1월에는 "중국-조선 석유공급 협정"이 체결되어 북한과 중국은 합작으로 다칭, 신의주, 봉화화학공장을 연결하는 총연장 1천 킬로미터의 송유관 건설을 시작했다. 훗날 북한의 생명선이 되는 송유관이 이때 탄생한 것이다.[27] 1970년대 중후반 북한이 한반도의 정세를 자신에게 유리하게 전개시키기 위해 암중모색하는 가운데 동맹국 중국은 한반도 현상태 유지를 선호하며 평양 지도부를 자중시키는 역할을 도맡았다.

북중협력과 남북화해

북한이 남북화해를 진행하는데 있어서 북중관계는 중요한 위상을 차지하고 있다. 북한은 중국의 든든한 지원을 바탕으로 남북대화를 추진할 수 있었다. 북중관계에 대한 신뢰가 북한이 자신감을 가지고 남한과 대화할 수 있는 바탕이 되었다. 북한 정권은 소련의 후원으로 탄생했음에도 불구하고, 점차 중국과 북한의 관계가 소련과 북한의 관계보다 더 중요해지는 현상이 발생한다. 이런 구도는 문화혁명 시기를 제외하고는 대체로 유지되는 경향이 있었다. 2020년을 전후한 시점에서도 중국은 북한체제 생존의 중요한 역할을 자임하고 있다. 북한과 중국이 때로 냉랭하고 소원한 지경에 처한 시절도 물론 있었지만, 대체로 양국은 오랜 기간 긴밀한 협

---

27   최명해, 2009, 5장.

력관계를 유지하고 있는 편이다. 핵문제와 북미관계를 둘러싸고 미국과 중요한 협상을 전후한 시점에도 북한과 중국의 핵심 지도부는 긴밀히 의견을 교환하고 있다.

미국과 화해를 추구하는 가운데 중국은 북한의 입장과 이해를 충실히 반영하기 위해 노력했다. 미중대화 과정에서 북한이 소외되지 않도록 배려했고, 북한의 입장을 미국에 전달했다. 북한과 중국 사이 공고한 대화 채널이 마련되어 있어서 미중대화가 북한과 중국 사이 갈등을 초래하는 것을 막을 수 있었다. 남북대화를 추진하면서 북한 또한 대화 진행을 중국에 알렸다. 북한이 남한과 대화 개시를 결정하는데 중국의 미국에 대한 태도 변화가 상당한 영향을 끼쳤을 것으로 짐작된다. 미중대화를 계기로 북한 지도부는 주한미군 철수의 가능성을 엿보았다. 평양은 미중화해에 이은 남북화해가 주한미군 철수를 가능하게 하는 촉매제가 될 수 있을 것으로 판단한 것으로 보인다.

북한이 남한과 대화에서 미국과 대화로 방향을 선회하는 과정에서도 중국은 전령의 역할을 맡았다. 한반도에서 미국의 영향력을 축소시키고, 한반도 문제를 한민족 스스로 결정해야 한다는 원칙에서 중국과 북한은 의견일치를 보고 있었다. 북한은 남한에서 혁명적 상황이 발생하면 이를 지원하여 통일을 완성시키겠다는 각오를 하고 있었는데, 한반도 문제 해결에서 무력을 사용하는 것에 대해서 중국은 유보적인 입장이었다. 중국은 소련과 마찬가지로 한반도에서 '제2의 한국전쟁'이 일어날 경우에 우려를 표명하며, 이를 막으려고 했다. 당시 한반도에 이해관계를 갖고 있었던 주변 강대국 소련, 중국, 미국 모두 긴장의 고조보다는 긴장완화를 선호하고 있었다.

6장 유신과 유일

배경

　　남북대화가 정점에 달할 무렵 박정희와 김일성은 각기 유신체제와 유일체제를 완성했다. 유신과 유일의 배경을 멀리한 채 데탕트 시기 남북 화해를 논할 수 없다. 유신을 설계한 박정희는 1917년 11월 14일 경상북도 선산군 구미면 상모리 금오산 자락에서 태어났다. 구미보통학교를 거쳐 1930년대 대구사범학교에서 5년 동안 수학하고, 문경초등학교 교사로 부임 3년간 봉직하였다. 1940년에 만주군관학교 입학 후, 1942년 일본 육사 본과 3학년에 편입하였다. 1944년부터 일본 관동군에서 짧게 장교 근무를 했다. 해방 후 국군에서 복무했으며, 1961년 쿠데타로 집권했다. 장기집권 끝에 중앙정보부장의 저격으로 1979년 10월 26일 사망했다.[1]

유신은 박정희 정권에서 그동안 명목적으로나마 유지되던 민주주의를 유보하는 결정이었다. 박정희의 18년 통치 기간을 유신 이전과 이후로 크게 나누어 볼 수 있다. 60년대가 민주주의와 애증의 관계를 가지면서도 형식적 민주주의를 유지한 기간이었다면, 70년대는 아예 민주주의에 대한 미련을 버리고 국력의 결집이라는 미명 하에 독재체제를 강화한 시기였다. 유신체제는 안보와 통일, 산업화와 국력결집을 이유로 언론의 자유, 시민의 권리, 의회민주주의를 위축시킨 총통형 대통령이 군림하는 권위주의적 독재체제였다.

유일체제의 형성은 북한의 지리적 조건, 주변국과 관계, 냉전이라는 구조, 남북 체제 대결의 산물이었다. 북한은 소비에트식 공산주의와 유교적 권위주의가 결합된 절대권력 체제를 탄생시켰으며, 유일의 정점에 김일성이 있었다. 김일성은 1912년 4월 15일 평양 만경대에서 출생했다. 김일성은 부모를 따라 어린 시절을 만주에서 보냈으며, 1930년대에는 동북항일연군 소속으로 항일무장투쟁을 벌였다. 일본군의 추격을 피해 연해주에 머물던 김일성은 해방 후인 1945년 9월 19일 원산항으로 귀국하였다. 김일성은 소련의 후원으로 신생 공화국의 지도자로 등극하였으며, 자신의 아들에게 권력을 넘겨주고 1994년 7월 8일 사망하였다.[2]

만주에서 항일 무장투쟁을 전개한 김일성과 빨치산 세력이 권력을 독점하면서 북한은 점차 수령과 그의 가족이 빨치산 1세대, 2세대, 3세대

---

1   전인권, 『박정희평전』(서울: 이학사, 2006).

2   Dae-Sook Suh, Kim Il Sung: *The North Korean Leader* (New York: Columbia University Press, 1988).

의 도움을 받아 권력을 독점하는 전체주의적 권력 형태로 변해갔다. 해방 이후부터 전개된 김일성에 대한 개인숭배는 60년대 후반을 거치면서 수령의 명령에 절대 복종을 요구하는 유일체제로 변형되어 갔다. 유일체제는 수령 개인에게 모든 권력이 집중되어 있고, 수령의 명령에 따라 당이 국정을 운영하며, 통치 행위에 대해 비판적으로 견제할 수 있는 정치세력과 자율적 시민사회가 존재하지 않는 전체주의적 독재체제를 의미한다.

한반도에는 국가가 우위에 서고, 주민을 교화, 조정, 동원, 수탈의 대상으로 삼는 폭압적 체제가 형성되었다. 분단의 동학이 남북의 강한 국가를 탄생시켰다. 유일의 존재가 유신을 가능하게 했고, 유신이 유일의 정당화에 기여하였다. 아래에서 유신과 유일의 성립과정을 살펴보기로 한다.

유신

1972년 10월 17일 화요일은 쾌청한 하루였고, 정가는 국정감사로 분주하게 움직이고 있었다. 낮 무렵부터 계엄령 선포 소문이 돌기 시작하면서 긴장감이 높아갔다. 계엄 발표 1시간 전 서울시 주요 공공건물에 계엄군이 포진하였다. 정일권 공화당 의장서리는 오전에, 백두진 국회의장은 오후에 청와대를 방문했다. 김종필 총리는 당일 오전 중앙청에서 우시로꾸 도라오(後宮虎郎) 주한 일본대사와, 필립 하비브 주한 미국대사와 각각 요담을 가지며 바쁜 하루를 보냈다. 김 총리는 하비브와는 전날 저녁에도 만나 10월유신의 대강을 통보한 바 있었다. 김용식 외무장관은 오후 4시 주한외교사절 23명을 초치, 비상계엄조치의 내용을 설명해 주었다. 대부

분의 국무위원들은 오후 6시 국무회의 석상에서 사태를 파악하고는, 비상
조치를 거수로 의결하는 역할을 짊어졌다. 10·17특별선언은 (1) 10월 17
일 하오 7시를 기해 국회를 해산하고 정당 및 정치활동을 중지하며, (2)
집회 금지와 언론의 사전검열을 실시하고, (3) 비상국무회의가 10월 27일
까지 조국의 평화통일을 지향하는 헌법개정안을 공고하고, (4) 1개월 이
내 국민투표를 실시하며, (5) 1972년 말 이전에 헌정을 정상화한다는 내
용을 담고 있었다.[3]

대한민국 제1공화국은 선거부정 여파로 이승만 대통령이 하야하면
서 막을 내렸다. 이어 등장한 장면 정부는 오래가지 못하고, 1961년 5월 16
일 쿠데타로 권력을 송두리째 군부에 빼앗기고 만다. 5·16 주체세력은
(1) 반공을 국시의 제일로 삼아 반공태세를 강화하고, (2) 미국을 위시한
자유우방과 유대를 공고하게 하며, (3) 모든 부패와 구악을 일소하고, (4)
민생고를 해결하기 위해 국가자주경제의 재건에 총력을 기울이며, (5) 국
토통일을 위하여 공산주의와 대결할 수 있는 실력을 배양하고, (6) 양심
적인 정치인에게 정권 이양 후 군은 분연의 임무로 복귀하겠다는 혁명공
약을 내걸었다. 그러나 군대 복귀의 약속은 지켜지지 않았고 쿠데타의 주

---

3   유신 준비작업은 1972년 5월부터 본격화되었다. 3선개헌 이전부터 정권 핵심인사
     들은 총통제에 관심을 갖고 대만 총통제, 스페인 총통제, 프랑스 드골 헌법을 연구
     하고 있었다. 이경재, "유신쿠데타의 막후," 『신동아』, 1985년 10월호(1985b), 192-
     225쪽. 유신의 기원에 대해서 중화학 공업화 추진을 위한 관료적 권위주의론, 안보
     위기론, 박정희 개인의 정치적 야심 등의 설명이 있다. 유신의 기원과 관련된 논의
     로는 다음을 참조. 마상윤, "안보와 민주주의, 그리고 박정희의 길: 유신체제 수립
     원인 재고," 『국제정치논총』, 43: 4, 2003, 171-196쪽; 최연식, "권력의 개인화와 유
     신헌법: 권력 의지의 초입헌적 제도화," 『한국정치외교사논총』, 33: 1, 2011, 69-98
     쪽.

역 박정희는 이후 18년 간 철권으로 한국을 통치하게 된다.[4]

5·16으로 군부 엘리트가 권력의 전면에 등장한다. 이들은 대부분 빈곤한 농촌가정 출신으로 사관학교 교육을 받았으며, 기득 이익집단으로부터 정치적, 경제적으로 자유로운 집단이었다. 신설된 총무처는 행정고시를 통해서 인재를 충원했다. 새로운 군부 엘리트와 민간 엘리트의 등장으로 30대와 40대로 세대교체가 가능해졌다. 1961년 7월 22일 정부는 건설부의 종합계획국과 물동계획국, 내무부의 통계국, 재무부의 예산국을 흡수하여 기획, 예산, 재정, 금융을 연동시킨 경제기획원을 창설한다. 경제기획원이 경제개발계획의 수립과 운영의 중책을 맡게 되었다. 재무부는 은행 자본을 동원하여 산업기금을 공급하는 기능을 담당했다. 한편 정부는 노동조합법, 노동쟁의조정법, 노동위원회법을 개정하여 노동운동의 활성화와 정치화를 방지하는 조치를 취했다. 국가가 외자도입으로 앞장서서 자본을 동원하여 산업을 육성하고, 기업들은 수출을 주도하여 국부를 늘리는 방식이었다. 한일회담 타결로 유입된 무상, 유상의 일본자본과 베트남 파병으로 생긴 베트남 특수가 한국 경제성장에 도움을 주었다. 반공진영의 단결을 도모했던 미국의 후원 또한 든든한 배경이 되었다.[5]

1963년 10월 15일 대통령선거에서 박정희 후보는 유효투표 총수의

---

4   류상영, "박정희 정부의 경제개발과 수출지향 전략," 함택영·남궁곤 편, 『한국 외교정책: 역사와 쟁점』(서울: 사회평론, 2010), 182−225쪽.

5   김세중, "박정희 산업화체제의 역사적 이해," 김유남 편, 『한국정치연구의 쟁점과 과제』(서울: 한울, 2001), 169−225쪽; 기미야 다다시, 『박정희 정부의 선택』(서울: 후마니타스, 2008); 박영준, 『한국 국가안보 전략의 전개와 과제』(파주: 한울, 2017), 제2장; Bruce Cumings, *Korea's Place in the Sun: A Modern History* (New York: W. W. Norton & Company, 1997), Ch. 6.

46.6%를 득표, 45.1%를 득표한 윤보선 후보를 누르고 대통령에 당선되었다. 한 달 남짓 지난 11월 26일 국회의원선거에서 민주공화당은 전체의석 175석 중 110석을 차지했고, 야당인 민정당은 41석에 그쳤다.[6] 1967년 대통령 선거에서 박정희와 윤보선이 다시 경합을 벌였다. 박정희 후보가 유효투표의 51.4%를 득표, 41%를 차지한 윤보선 후보를 누르고 당선되었다. 국회의원 선거에서도 여당인 민주공화당이 129석을 차지, 45석을 차지한 신민당을 앞질렀다.[7]

1969년 박정희는 3선 개헌을 밀어붙여 70년대까지 정권을 연장할 수 있는 장치를 마련하였다. 1970년 9월 29일 신민당은 김대중 후보를 대통령후보로 선출하였다. 김대중 후보는 이후 활발하게 언론과 접촉하며, 지방유세를 다녔다. 대통령선거가 민주공화당 박정희 후보와 신민당 김대중 후보로 압축되면서 통일문제와 안보문제가 큰 이슈로 부각되었다. 공화당은 북한의 남침위협을 강조하면서 북한의 남침기도 분쇄와 절대우위의 국력배양을 강조했다. 공화당은 평화통일의 기반을 구축하는 일이 시급하다고 역설했다. 이에 반해 신민당은 통일정책 수립을 위한 범국민적 기구의 수립을 주장하면서, 애국적인 통일논의의 자유를 허용하라고 정부에 촉구했다. 신민당은 학문적, 정책적 공산권 연구를 장려하고, 남북 간 긴장완화를 추진하며, 언론과 체육 등 비정치적 교류를 실시하고, 서신교환의 자유를 허용할 것을 정부에 촉구했다. 미국, 소련, 중국, 일본이 한반

---

6   류상영, 2010, 182-225쪽.
7   우승지, "박정희 정부의 통일정책과 7·4남북공동성명," 함택영·남궁곤, 2010, 278-325쪽.

도 전쟁억제를 보장하는 강대국에 의한 안전보장 방안을 주창하기도 했다.[8]

1971년 4월 27일 대통령 선거에서 박정희 후보가 53.2%, 김대중 후보가 45.3% 득표를 기록하여 박정희 후보가 당선되었다. 5월 25일 제8대 국회의원 선거에서는 공화당이 113석, 신민당이 89석, 무소속이 2석을 차지했다. 양대 선거 이후 6월 3일 백두진 내각이 총사퇴하고, 김종필 내각이 출범하게 된다. 1971년 12월 박 대통령은 국가비상사태를 선포하였다. 이듬해 7월에 남북 비밀회담을 거쳐 남북공동성명을, 10월에는 유신을 알리는 특별선언을 발표한다. 북한 위협의 상존, 한미동맹의 약화, 통일준비를 위한 총력태세 완비가 구실이 되었다. 훗날 베트남의 공산화 또한 유신의 자양분이 되었다. 10월유신은 중화학공업과 방위산업의 동시 육성, 의회민주주의 배격, 지방의회 구성 통일 이후로 보류, 국민기본권 대폭 축소, 총력안보체제를 근간으로 하였다.[9]

1972년 11월 21일 정부의 대대적인 홍보 속에 치러진 국민투표에서 91.5%의 찬성으로 유신헌법이 통과되었다. 유신헌법은 대통령의 임기제한을 철폐하는 동시에 통일주체국민회의에서 대통령을 뽑는 간선제를 택했다. 대통령이 국회해산권과 국회의원 1/3 추천권을 보유토록 하여 대통령의 권한을 강화하는 대신 입법부와 사법부의 권한을 축소시켰다. 국회의원 선출방식은 소선거구제에서 중선거구제로 변형되었다. 시민의 권리를 제한하는 대통령 긴급조치권을 허용하는 등 신헌법은 민주주의의 기

---

8   우승지, 2010, 278-325쪽.
9   우승지, 2010, 278-325쪽.

본원리보다 국력의 집결과 효용성에 집중하고 있었다. 유신체제 등장과 더불어 인권탄압과 언론탄압이 자행되었고, 재야, 학생, 노동자는 치열하게 반독재투쟁에 나섰다. 대한민국의 70년대는 유신과 반(反)유신의 투쟁의 시간이었다.[10]

　　박정희 등장 이후 한국은 정부가 경제발전을 주도하는 권위주의적 산업화의 길을 걷게 된다. 구한말, 일본 제국주의, 건국 초기 내내 지연되었던 근대적 산업화의 과제를 1960년대 초부터 본격적으로 수행하게 되는 것이다. 1950년대 한국은 대외원조에 의존하는 한편 수입대체 산업화를 추진하고 있었다. 1960년대 초 박정희와 군부가 국가권력을 찬탈할 당시 나라는 국가예산의 50%를 무상원조에 의존하고 있었고, 노동인구의 25%를 넘어서는 높은 실업률을 기록하고 있었다. 당시 대한민국은 국민 1인당 소득이 80달러 언저리에 머무는 동방의 가난한 나라에 불과했다. 박정희 군사정권이 등장하면서 사회주의 계획경제에 통한 산업화의 길을 걷던 김일성 정권과 본격적으로 정통성 경쟁이 벌어졌다. 후발국의 경제발전에서 국가가 주요 역할을 맡는 경우를 종종 목도하곤 한다. 신속하고 성공적인 산업화를 위해 필요한 자본, 기술, 경영의 부족을 국가의 능력으로 극복하는 것이다. 선진국의 지식과 자본을 적극 수용하고, 내부 자원을 효율적으로 동원하여 압축성장을 가능하게 하는 한국형 발전국가가 한반도의 남쪽에 등장했다. 1960년대 초반 박정희 정부는 내포적 수입대체형에서 외향적 수출지향 전략으로 경제노선을 선회하고 국가 주도의 경제정

10　김용직, "유신체제의 정치와 외교," 김용직 편, 『사료로 본 한국의 정치와 외교: 1945-1979』(서울: 성신여자대학교 출판부, 2005), 453-531쪽.

책을 밀고나갔다.[11]

분단국가였던 대한민국은 후발 산업화 과제와 함께 숙명처럼 국가 안보의 숙제를 짊어져야했다. 1970년대 전기 한국은 닉슨 독트린과 미군 철수 등 국가안보의 위기를 맞닥트리게 된다. 방위산업 육성을 위해 궁여지책으로 유럽과 일본으로부터 차관 도입을 시도해 보았지만 실패로 귀결되었다. 1971년 11월 9일 박정희 대통령은 김정렴 비서실장, 오원철 차관보와 숙의, 중화학공업과 방위산업을 동시에 육성한다는 방책을 세웠다. 경제건설은 부국의 건설을 위해서도 필요하지만 자주국방 추진을 위해서도 필요하다는 이중 정당성을 갖게 되었다. 1971년부터 5년 동안 한국군 현대화를 위해 제공받기로 한 15억 달러 상당 미국의 군사원조와 1975년부터 걷기 시작한 방위세를 재원으로 강력한 자주국방 시책이 추진되었다. 1970년대 후반에는 국방비를 증액하여 국방 강화에 매진하였다.[12]

1972년 10월 제2차 방위산업육성회의에서 방위산업과 중화학공업의 동시 추진 방안이 채택되었다. 1971년 말부터 구상되었던 중화학공업 육성계획이 1973년 초 공식화된다. 1973년 1월 12일 연두기자회견에서 박정희 대통령은 80년대 초 총수출 1백억 달러, 1인당 국민소득 1천 달러의 상위 중진국 수준에 도달하기 위해 중화학공업정책을 적극 추진한다는 "중화학공업 선언"을 발표한다. 중화학공업을 육성하기 위해 철강, 비철금속, 조선, 기계, 전자, 화학 6개 업종을 중점 육성하고, 포항 제철기지, 울산 석유단지, 여천 제2종합화학공업기지, 온산 비철금속기지, 창원 종합기계

---

11   기미야 다다시, 2008.
12   신욱회, 2010, 79-80쪽.

공업기지, 거제 조선기지, 구미 전자기지를 조성한다는 계획이 발표되었다.[13]

> 1980년대에 가서 우리가 100억 달러 수출, '중화학공업'의 육성 등등 이러한 목표달성을 위해서 범국민적인 '과학기술'의 개발에 총력을 집중해야 합니다. 이것은 초등학교 아동에서부터 대학생, 사회 성인까지 남녀노소 할 것 없이 우리가 전부 기술을 배워야 되겠습니다. 그래야만 국력이 빨리 신장하는 것입니다. 80년대 초에 우리가 100억 달러의 수출목표를 달성하려면, 전체 수출상품 중에서 중화학제품이 50%를 훨씬 더 넘게 차지해야 되는 것입니다. 그러기 위해서, 정부는 지금부터 철강, 조선, 기계, 석유화학 등 중화학공업 육성에 박차를 가해서 이 분야의 제품수출을 목적으로 강화하려고 추진하고 있습니다.[14]

박정희는 80년대 희망찬 비전을 제시하면서 70년대 수행해야 할 과업을 열거했다. 자신을 총사령관으로 해서 온 국민이 힘을 합쳐 국력배양에 나서자는 당부이자 명령이었다. 중화학공업 육성은 70년대 핵심어가 되었고 유신의 한 축이 되었다. 이 목표를 성취하기 위해 당분간 자유와 민주주의 향유를 유보하고, 유신이라는 틀 아래 단결해야 한다는 것이 박정희의 논리였다.

---

13   김정렴, 1990, 320 – 340쪽; 김정렴, 1997, 8장.
14   "박정희 대통령 1973년 연두기자회견," 1973년 1월 12일, 박정희대통령기념관, http://www.presidentparkchunghee.org/new_html/html/scholarship/scholarship_9.php?flag=read&Seq=45 (검색일: 2019년 12월 30일).

주한미군 감축과 재배치에 박정희 정부는 자주국방과 한미연합방위태세 강화로 대응한다. 1960년대 후반 북한의 일련의 도발에 대한 미국의 반응에 실망하고, 미국을 불신하게 된 박정희는 자주국방의 기치 아래 한국군 현대화와 핵무기 개발에 나서게 된다. 박정희 정부는 1968년 향토예비군을 창설하면서 '자주국방' 용어를 사용하기 시작했다. 1968년 2월 7일 "자위를 위한 중대선언"을 통해서 250만 향토예비군 창설을 선언했다. 한국은 예비군 무장을 위해 엠(M)−16 자동소총 공장을 한국에 건설하기로 미국과 합의했다. 1970년 1월 신년사에서 박정희 대통령은 자주국방의 개념을 북한이 단독으로 무력침공 시 국군 단독의 힘으로 저지하고 분쇄할 정도의 힘을 갖는 것이라고 정의했다.[15]

자주국방을 위한 구체적 과제로 대통령은 장비 현대화, 실전적 훈련 강화, 향토예비군 동원체제 확립, 군수산업 육성을 제시했다. 1970년 7월 박 대통령은 250만 향토예비군을 무장시킬 무기를 생산하는 공장 건설을 지시하였고, 8월에 무기생산의 연구개발을 전담하는 기구인 국방과학연구소(Agency for Defense Development: ADD)가 창설된다. 방위산업 공장 건설을 위한 외자 도입이 벽에 부딪치자 오원철 상공부 차관보가 대안으로 국내 민수공장에서 병기의 핵심 부품을 분담 생산한 후, 이를 국방과학연구소가 정밀검사 후 조립하는 방식으로 무기의 국산화를 추진하자는 아이디어를 냈다. 박 대통령은 1971년 11월 10일 경제2수석비서관에 오원철을 임명하여, 청와대가 직접 방위산업 및 중화학공업 분야 육성을 지휘토

---

15   박영준, 2017, 3장.

록 하였다.[16]

대전 정부기록보존서 기록에 의하면 1971년 11월 박 대통령은 "병기개발 추진방안" 제목의 보고를 받았다. 병기개발 보고서는 한국정부가 최단 시일 내에 엠(M)-2, 엠(M)-16, 수류탄, 대전차 지뢰, 대인 지뢰, 박격포, 바주카포, 기관총 등 기본화기를 개발한다는 계획을 담고 있었다. 정부는 로켓, 헬리콥터, 대포 등 보다 발달된 병기의 개발을 장기목표로 추진한다는 포부도 갖고 있었다. 이 모든 병기개발은 국방과학연구소가 주체가 되어 추진한다는 것이 기본방침이었다.[17] 1972년부터 주요 경제부처 및 과학기술, 국방 분야 장관들이 참석하는 방위산업육성회의가 운영되었다. 1972년 소총, 수류탄, 기관총, 박격포, 대전차 로켓포, 대전차 지뢰 등 기본화기 국산화가 이루어졌다. 1978년까지 155 밀리미터 곡사포, 대공 발칸포, 다목적 헬기, 경장갑차, 해군 초계정, 엠(M)48 탱크 등 중화기 및 중장비 자체 생산체제가 갖추어졌다.[18]

남북대화와 유신체제 수립 그리고 박정희의 안보불안은 서로 맞물려 있었다. 1971년 주한 미 7사단 철수 이후 박정희 정부는 미국의 안보 공약에 회의를 느끼고 핵무기와 유도탄 개발을 결심하게 된다. 한 연구는 박정희 대통령이 오원철 경제2수석비서관을 임명하는 자리에서 핵무기 개발을 검토하도록 지시하였다고 단언한다. 박 대통령은 독자적으로 핵무기를 개발하기 위해 청와대에 무기개발위원회라는 임시 비밀기구를 설치

---

16 박영준, 2017, 3장; 엄정식, "미국의 무기이전 억제정책에 대한 박정희 정부의 미사일 개발전략," 『국제정치논총』, 53: 1, 2013, 151-183쪽.
17 "병기개발 추진방안," 1971년 11월 15일, 대재 91-0020, 대전 정부기록보존서 M/F.
18 박영준, 2017, 3장.

하였다. 무기개발위원회는 오원철 경제2수석비서관, 최형섭 과학기술처장관, 유재흥 국방부장관, 신응균 국방과학연구소장, 이락선 상공부장관 등 5인으로 구성되어 있었다. 경제2수석비서관실이 핵무기 개발의 기획 및 추진을 맡고, 과학기술처가 한국원자력연구소를 통해 핵물질을 개발하며, 국방부가 국방과학연구소를 통해서 미사일을 개발하고, 상공부는 자본을 확보하는 임무를 부여받았다.[19]

핵개발의 중심에 있었던 한국원자력연구소는 미국과 캐나다 등지에서 활동 중이던 해외 전문가 인력을 특채로 선발하는 한편 핵무기 개발에 필요한 장비와 소재들을 비밀리에 구입하기 시작했다. 한국원자력연구소는 재처리 기술 확보와 중수로 공급 계약을 위해 프랑스, 영국, 벨기에, 캐나다와 접촉했다. 한국은 프랑스 에스지엔(Saint Gobin Techniques Nouvelles: SGN)과 접촉, 핵무기의 원료인 플루토늄 제조용 재처리시설 확보에 주력하였고, 캐나다와는 중수형 원자로 도입 교섭을 벌였다. 1974년 인도의 핵실험 성공 이후 미국의 정보부처는 핵확산을 막기 위해 핵무기 관련 부품들의 거래내역을 면밀히 조사하였고, 이 과정에서 한국의 핵개발 시도가 포착되었다. 이때부터 미국 국무부와 국방부 관리들이 나서 백방으로 한국에 핵개발 포기를 압박하였다. 1975년 6월 12일 박정희 대통령은 워싱턴 포스트와 기자회견에서 "만약 미국의 핵우산이 철거된다면 한국은 독자적으로 핵무기를 개발할 것"이라면서 으름장을 놓기도 했다. 미국은 원자력발전소 건설자금 지원 중단과 주한미군 철수 고려라는 카드로

---

19 조철호, 『박정희 핵외교와 한미관계 변화』, 고려대학교 박사학위 논문, 2000년 12월, 29-30쪽.

한국을 압박하였다. 핵무기 개발을 강행할 경우 미국은 한국과 모든 관계를 재검토할 것이라는 최후통첩을 보내자 결국 박정희 정부는 1976년 프랑스, 캐나다로부터 재처리, 원자로 도입을 철회하게 된다.[20]

그러나 박정희 정부의 핵개발 시도는 카터 대통령 재임 중에도 암암리에 지속되었다. 주한미군 철수를 공약으로 내걸었던 지미 카터가 대통령에 당선되자, 한국은 자체적인 기술 획득으로 핵무기를 개발하는 방안을 비밀리에 추진하였다. 1976년 12월 대덕단지에 한국핵연료개발공단을 설치한 후, 연구자들을 프랑스와 벨기에에 파견하여 플루토늄 재처리 기술을 습득하도록 하였다. 카터 대통령 시기 한미 양국은 주한미군 철수 정책과 핵개발을 놓고 신경전을 벌였으나 박정희 시해 이후 핵 프로그램은 중단되었다.[21]

1971년 12월 26일 박 대통령이 오원철 수석비서관에게 유도탄 개발 지시를 내렸다. 국방과학연구소를 중심으로 1972년 5월 1일 개발계획단이 편성되었고, 박 대통령은 1974년 5월 "유도탄 개발에 관한 기본 방침"을 재가하였다. 1976년 12월 2일 유도탄 국산화를 위한 대전기계창이 준

---

20 김일영, "주한미군과 핵전력의 변화," 김일영·조성렬, 2003, 115–116쪽. 박 대통령의 기자회견 내용은 조철호, 2000, 58쪽에서 재인용. 월간조선은 1972년 9월 8일 오원철 제2경제수석이 박정희 대통령에게 보고한 비밀 보고서 "원자 핵연료 개발계획"을 발굴, 보도한 바 있다. 보고번호 제48호인 동 보고서는 "과대한 투자를 요하지 않고 약간의 기술도입과 국내 기술개발로 생산이 가능한 플루토늄탄을 택함이 타당함"이라고 결론짓고 있다. 오동룡, "박정희의 원자폭탄 개발 비밀 계획서 원문 발굴," 『월간조선』, 2003년 8월호, 190–199쪽. 보고서 인용은 191쪽. 또한 조갑제, "한반도의 핵게임: 북한의 원폭개발과 남한의 대응 전략," 『월간조선』, 1990년 4월호, 220–255쪽 참조.
21 박영준, 2017, 3장.

공되었다. 1971년 설립된 국방과학연구소는 169명의 연구원으로 시작, 1977년에는 2,000명 이상으로 불었으며, 서울, 대전, 안흥, 진해에 연구센터를 운영하였다. 국방과학연구소는 1976년 말까지 중거리 지대지 미사일을, 1979년 말까지 장거리 미사일을 개발한다는 계획을 수립하였다. 동 연구소는 한국형 지대지 장거리 유도탄, 중거리 유도탄, 다연장 로켓, 대전차 로켓의 개발에 관심을 갖고 심혈을 기울였다. 한국의 유도탄 개발에 미국은 회의적이었다. 스나이더 미국대사는 김정렴 비서실장을 찾아 항의하기도 했다. 미국이 항의가 이어지자 박 대통령은 다음과 같은 말로 그의 소회를 피력했다.

> 북한에는 프로그 미사일 등 서울을 공격할 수 있는 무기가 많은데 우리는 평양을 공격할 수 있는 무기가 아무 것도 없지 않으냐? 북한이 미사일로 서울을 공격한다면 우리도 대응할 수 있는 무기를 갖고 있어야 한다는 것은 군사적으로 상식 아니냐?[22]

국방과학연구소는 한국형 유도탄 개발을 위해 분주하게 움직였다. 우방 미국의 간섭을 뿌리치며 박정희 정권은 북한에 필적하는 미사일 보유를 위해 심혈을 기울였다.

　박 대통령은 1978년까지 사정거리 500 킬로미터의 지대지 미사일을 개발하라는 지침을 내렸다. 1978년 9월 26일 안흥 종합시험기지에서 공개 시험발사에 성공, 대한민국의 미사일 시대가 개막되었다. 우리나라는

22　김정렴, 1997, 282쪽에서 재인용.

유도탄을 자체개발 보유한 7번째 나라가 되었다. 한국 최초의 미사일이 된 백곰 미사일(K-1)은 그러나 관성유도장치가 달리지 않아 작전용으로는 다소 취약한 면을 갖고 있었다. 1979년 한국은 미국과 협상을 거쳐 미사일 사거리를 휴전선에서 평양까지 거리에 해당하는 180 킬로미터 이내, 탄두중량을 1천 파운드까지로 제한하는 미사일 각서에 합의하였다. 미국 포드 행정부와 카터 행정부는 한국의 미사일 개발 지원에 소극적이면서 통제에 힘을 쏟았기 때문에 한국 정부는 영국, 프랑스의 군수산업체와 협력을 시도하였다.[23]

1970년대 독재의 심화는 민중의 저항을 불렀다. 1971년 6월 이후 대학과 노동현장을 비롯한 사회 각지에서 반정부운동이 격화되었다. 빈부격차, 지역격차, 부정부패 심화는 대중을 분노하게 만들었다. 사법권 독립을 주장하며 판사들이 집단으로 사표를 내는 사태가 벌어졌고, 경기도 광주 단지에서 주민들의 시위가 발생했다. 실미도에서 대북 침투작전을 위해 훈련받던 요원들이 도시로 침투, 난동을 부리는 일도 생겼다. 10월 초 강원도 원주에서 지학순 주교, 김지하 시인을 비롯한 교인과 학생들이 횃불을 들고 부정부패를 규탄하는 대회를 열었다. 대학생들은 교련반대운동을 펼쳤고, 중앙정보부 해체와 반공법 폐지를 주장했다. 박 대통령은 10월 15일 "학원질서 확립을 위한 특별명령"을 내리고, 서울특별시에 대한 위수령을 발동한다. 서울대, 연세대, 고려대 등 7개 대학에 군대가 주둔하였고, 8개 대학에 무기휴교조치가 내려졌다. 위수령은 1971년 11월 9일 해제되었지만, 정부는 12월 6일 북한의 남침준비가 급속히 진행되고 있다는 구실로

---

23   엄정식, 2013, 151-183쪽.

국가비상사태를 선언한다.[24]

유신체제 아래 지식인, 종교인, 노동자, 대학생은 유신철폐, 민주회복, 인권보장을 위한 민주화 투쟁을 지속적으로 벌였다. 박정희 대통령은 1974년 8월 대통령저격사건, 1975년 4월 월남 패망을 거치면서 더욱 독선적, 폐쇄적으로 변해갔다. 박정희가 안보위기 의식에 사로잡혀 반체제운동을 탄압하기 위해 동원한 것이 긴급조치 7호와 9호였다. 유신정권의 탄압에도 불구하고 민주화 운동은 지속되었다. 재야인사들은 1976년 3월 1일 민주구국선언, 1977년 3월 1일 제2민주구국선언을 발표한 데 이어 1977년 3월 22일 민주구국헌장을, 1978년 10월 17일에는 민주국민선언을 발표하였다. 1977년 3월 10일에는 한국도시산업선교회 주도로 노동자인권선언이 발표되었고, 1977년 12월 29일 신교와 구교의 성직자, 학자, 법조인, 언론인, 노동자들이 모여 한국인권운동협의회를 발족시켰다. 재야연합세력은 민주수호국민협의회(71년), 민주회복국민회의(74년), 민주주의국민연합(78년), 민주주의와 민족통일을 위한 국민연합(79년)을 잇달아 발족시켜, 민주화 운동의 구심점 역할을 도맡았다.[25]

유일

해방 이후 소련 군정의 공간에서 북한에는 만주파, 연안파, 갑산파,

---

24   이경재, 1985a, 190–196쪽.
25   이상우, "70년대의 반체제인권운동," 『신동아』, 1985년 3월호, 276–314쪽.

국내파가 혼재, 경합하고 있었다. 김일성을 중심으로 하는 만주파는 밖으로는 소련, 중국의 외세 간섭을 줄여가며, 안으로는 다른 파벌들을 물리치고 만주파 중심의 단일지도체제를 완성시켜 나갔다. 6·25전쟁의 와중에서 북한에 대한 소련의 전통적인 영향력에 더하여 중국의 위세 또한 높아졌다. 소련 및 중국과 소통하고 있는 세력의 존재는 권력을 독차지하고자하는 김일성 지도부에 위기감을 주기에 충분하였을 것이다. 1955년 북한 지도부는 연안파 박일우와 방호산을 숙청하면서 연안파와 소련파를 교조주의, 형식주의로 비판하였다. 1955년 12월 28일 연설을 통해서 김일성은 중국식, 소련식을 배척하고, 우리의 구체적 조건과 민족적 특성에 맞는 조선혁명을 하자고 역설했다.[26]

1956년 2월 소련공산당 20차 전당대회는 세계질서와 사회주의권 정세에 많은 영향을 끼친 사건이었다. 스탈린 사후 권력을 잡은 흐루시초프는 동 대회에서 사회주의와 자본주의 간 평화공존론을 주장하는 한편 과거 스탈린 시대 개인숭배 풍조를 비판하였다. 소련 신지도부의 개인숭배 비판은 소련의 영향력 아래 있던 여러 사회주의국가들의 국내정세에도 변화의 바람을 불어넣었다. 북한에서도 반(反)김일성 분위기가 자라나게 된다. 김일성 수상이 전후 복구자금을 마련하기 위해 동유럽 순방(1956년 6월 1일~7월 19일)을 하는 동안 연안파 조선노동당 상무위원 최창익, 직업총동맹 위원장 서휘, 상업상 윤공흠 등이 소련파 박창옥과 리필규, 유축운, 오기섭 등 국내 공산주의자들을 규합하여 전원회의에서 김일성을 당 위원장에서 해임, 내각수상에 전념케 한다는 계획을 세웠다. 그러나 수상

---

26   이종석, 2000, 209-215쪽.

대리 최용건이 정보를 미리 포착해 만주파는 만반의 대비를 하고 있었다.[27]

　　1956년 8월 30일 평양 예술극장에서 김일성의 귀국보고 및 인민 보건사업 관계 토의를 위해 전원회의가 개최되었다. 회의 첫날 윤공흠이 등단하여 김일성의 개인숭배를 공격하였으나, 중과부적으로 단상에서 퇴출당하였다. 전원회의는 "최창익, 윤공흠, 서휘, 리필규, 박창옥 등 동무들의 종파적 음모에 대하여"라는 결정을 채택하였다. 윤공흠, 서휘, 리필규 등은 압록강을 건너 중국으로 망명하였다. 북한의 파벌 투쟁이 극한에 이르자 소련과 중국 공산당은 북한 내정에 개입하기로 합의하고, 아나스타스 미코얀(Anastas Mikoyan) 부수상과 펑더화이(彭德懷) 국방부장을 파견하였다. 김일성은 소련과 중국이 간섭하자 잠시 물러서는 기미를 보였으나, 이내 당내 반대파에 공세를 재개한다. 1957년 5월 30일 당 중앙위원회 상무위원회는 "반혁명 분자들과의 투쟁을 강화할 데 대하여" 결정을 공표하여 '반종파투쟁'을 공식화했다.[28]

　　1950년대는 북한이 전후복구에 매진한 시기였다. 전쟁으로 폐허가 된 시가를 재건하기 위해 전력을 쏟았다. 북한 지도부는 천리마운동, 청산리방법, 대안작업반 등으로 대중을 동원, 증산을 독려하는 선택을 했다. 1961년 9월 조선로동당은 제4차 당대회를 통해서 전쟁의 피해에서 회복되었음을 선언하고, 7개년 경제계획을 발표했다. 권력의 중심부는 만주에

27　이종석, 2000, 209-215쪽.

28　이종석, 2000, 209-215쪽.

서 김일성과 함께 투쟁한 빨치산으로 채워졌다.[29]

1950년대 전후복구에 어느 정도 성과를 낸 북한 지도부는 1960년
대 접어들면서 군사력 강화 쪽으로 노선을 선회한다. 1961년 남한에서 발
생한 군사 쿠데타는 북한에게 군사화 논리의 근거를 마련해 주었다. 북한
은 1961년 7월 소련, 중국과 연이어 상호원조조약을 체결한 후, 1962년 12
월 10일 당 중앙위원회 제4기 제5차 전원회의에서 경제와 국방건설을 '병
진'시킨다는 방침을 제시하였다. 북한은 독립국가의 자주성을 확보하기 위
해서는 국방에서 자위가 필요하다며 인민경제 발전에서 일부 제약을 받
더라도 국방력을 우선 강화하겠다는 의지를 피력했다.[30]

북한의 후원국 소련과 중국의 갈등이 노골화되면서 북한 외교에 빨
간불이 켜졌다. 중소분쟁의 와중에서 북한은 자주외교를 부쩍 강조하기
시작한다. 스탈린 사후 흐루시초프를 비롯한 새 지도부는 스탈린의 개인
숭배를 비판하고, 자본주의 진영과 사회주의 진영의 평화공존을 제기하였
다. 중국 지도부가 이에 반기를 들면서 중국과 소련 사이 갈등이 시작되었
다. 소련은 중국을 교조주의라 비판하였고, 중국은 소련을 수정주의라고
공격하였다. 북한은 1960년대 전반에는 소련과, 후반에는 중국과 갈등을
빚었다.[31]

1966년 8월 12일 《로동신문》은 "자주성을 옹호하자" 제목의 사설

---

29   서대숙, 2000, 제4장.
30   서대숙, 2000, 제4장.
31   이미경, "국제환경와 변화와 북한의 자주노선 정립: 1960년대 시기를 중심으로,"
     『국제정치논총』, 43: 2, 2003, 273-294쪽; 김보미, "북한 4대 군사노선의 완성에 중
     소분쟁이 미친 영향(1962-1966)," 『국제정치논총』, 54: 3, 2014, 211-245쪽.

을 실었다. 북한은 사설을 통해서 현대 수정주의와 교주주의 및 종파주의를 모두 반대하며, 마르크스-레닌주의의 순결성을 고수하기 위해 투쟁할 것을 천명했다. 1966년 10월 5일 조선로동당 제2차 대표자회에서 김일성은 "현 정세와 우리 당의 과업" 제하 연설을 하면서 자주노선을 북한의 공식 외교노선으로 선언하는 한편 사상에서의 주체, 정치에서의 자주, 경제에서의 자립, 국방에서의 자위를 당의 일관된 방침으로 제시한다. 이 자리에서 전 인민의 무장화, 전 지역의 요새화, 전군의 간부화 개념에 전군의 현대화를 추가 4대 군사노선을 완성하였다.[32] 북한은 베트남전쟁과 한미일 삼각협력을 빌미로 국방예산을 늘려 67년부터 국방비가 북한 전체 예산의 30%를 상회하게 되었다. 66년 10월 12일 당 중앙위원회 제4기 제14차 전원회의에서 경제 관료를 후퇴시키고 군부 인사를 중용하는 결정을 내렸다.[33]

1960년대 후반 북한 수뇌부는 두 차례의 숙청을 단행한다. 1967년에 갑산파와 소련 유학파 엘리트가 숙청의 서슬을 맞았고, 다음해인 1968년 항일 빨치산 출신 군사 엘리트가 희생양이 되었다. 1967년 5월 초 조선노동당 중앙위원회 제4기 제15차 전원회의에서 당 서열 4위 박금철, 당 서열 5위 리효순이 숙청되었고, 그와 함께 고혁, 림춘추, 김도만, 박용국, 허석선 등도 제거되었다. 갑산파의 숙청은 김일성 중심의 유일체제 수립의 서막을 알리는 신호탄이었다. 갑산파는 과도한 국방비 축소와 균형발전을

---

32 이미경, 2003, 273-294쪽; 김보미, 2014, 211-245쪽.
33 김일성, "농민을 혁명화하여 농업부문에서 당대표자회결정을 철저히 관철할데 대하여," (전국농업일군대회에서 한 연설, 1967년 2월 2일) 『김일성저작선집』 4(평양: 조선로동당출판사, 1988), 463-469쪽.

위한 정책과 예산의 우선순위 조정을 주장했는데 당으로부터 유일사상체계 확립을 방해하고 수정주의 노선을 견지했다는 비판을 받게 되었다. 동전원회의는 김일성 유일사상체계로 전당을 무장시켜야 한다는 결정을 내렸다.[34]

이후 김일성에 대한 개인숭배 작업이 극단적으로 진행되어 전국 도처에 김일성 관련 혁명전적지, 혁명사적지, 혁명기념관, 혁명기념비 등이 건립되었다. 김일성 저작이 속속 출간되었고, 김일성동지 혁명사상 연구실을 열어 인민이 김일성의 주체사상과 영도를 따라 배우도록 했다. 1967년 이후 사회 전반에 극좌 바람이 몰아쳤고, 획일화가 진행되었다. 계급투쟁과 프롤레타리아 독재가 강화되었으며, 수령 우상화가 심화되었고, 인텔리 혁명화 또한 착착 진행되어 유일체제로 권력구조 변화가 일어났다. 북한은 경제면에서 사상과 속도를 우선시하는 민족자립경제 건설노선을 추진하였으나 자발성과 창의력이 소진된 가운데 경제의 하락세가 뚜렷해지는 결과를 초래하고 만다.[35]

1968년 말 민족보위상 김창봉, 당 연락부장 허봉학, 총참모장 최광이 다수의 군단장급 장성들과 함께 숙청되었다. 뒤이어 부수상 김광협, 사회안전상 석산도 숙청된다. 만주파 중 김일성 직계가 아닌 제2로군과 제3로군 계열의 인사들이 제거되었다. 이들은 모험주의 군사노선이 성과를

---

34 이승현, "1960년대 북한의 권력구조 재편과 유일사상의 대두: 제한적 다원성에서 유일체제로," 경남대학교 북한대학원 편,『북한현대사 1』(파주: 한울, 2004), 343-368쪽.
35 이성봉, "1960년대 북한의 국방력 강화 노선과 정치체제의 변화,"『국제정치논총』, 44: 2, 2004, 189-209쪽.

내지 못한데 대한 희생양이 되었다. 후계구도 확립에 걸림돌을 제거한다
는 의미도 있었다. 갑산파, 군부 강경파의 숙청의 공간에서 유일사상체계
확립이 진행되었다. 김일성의 권력 강화와 김일성 후계구도 확립은 상호
병렬적으로 진행되었다. 1967년 초부터 유일사상체계란 표현이 공식문건
에 등장하기 시작하였으며, 67년 5월 당 중앙위원회 제4기 제15차 전원회
의에서도 유일사상체계가 제안되었다. 1967년 제4기 제16차 전원회의(6월
28일~7월 3일) 중 또는 8월 중에 '유일사상체계 확립 10대원칙'이 채택된
것으로 전해지고 있다.[36]

　　1970년 제5차 당대회에서 북한 지도부는 수령 중심의 유일지도체
계를 공식화하였다. 북한은 대회에서 당 규약을 개정하여 김일성의 당 건
설에 관한 사상과 이론, 당 건설의 역사적 경험, 유일사상체계 확립을 명
문화했다.[37] 1972년 12월 27일 최고인민회의 제5기 제1차 회의에서 북한
은 새로운 사회주의헌법을 채택한다. 신헌법은 주석제를 신설, 유일적 영
도를 합법화하였다. 국가최고기관으로 중앙인민위원회를 설치하고, 권력
구조를 수직적으로 재편하였다. 유일체제 건설의 중심에 주체사상이 자
리하고 있었다. 주체사상은 1960년대 중소분쟁의 와중에 정립되기 시작
하여, 1970년대와 1980년대를 거치면서 완성되었다. 김일성과 김정일의 세

36　와다 하루키, 서동만·남기정 역, 『북조선: 유격대국가에서 정규군국가로』(서울: 돌
　　베개, 2002), 129-131쪽; 류길재, "1960년대 북한의 숙청과 술타니즘(Sultanism)
　　의 등장," 『국제관계연구』, 9: 1, 2004, 77-110쪽. 10대원칙은 김일성 개인의 '신격
　　화', 김일성 권위의 '절대화', 김일성 교시의 '신조화', 교시집행의 '무조건성' 등의 내
　　용을 포함하고 있다. 현성일, "북한로동당의 조직구조와 사회통제체계에 관한 연
　　구," 한국외국어대학교 석사학위논문, 1999년 8월.
37　이성봉, 2004, 202-204쪽.

습체제, 절대통치와 주체사상은 동전의 앞뒷면처럼 불가분의 관계를 이룬다. 주체사상은 겉으로는 인간의 자주성과 창조성을 강조하나 실제로는 수령의 영도, 주민의 동원과 조직화, 체제의 군사화, 사상과 행동의 획일적 통제를 강요하는 사고체계이다.[38]

유신, 유일과 화해

1970년대는 국가권력이 극대화되고, 시민사회가 위축된 반(反)민주의 시기였다. 남과 북 모두에서 국가 중심의 획일적 체제가 마련되었고, 북한의 경우 그 정도가 더 심하였다. 북한체제의 경우 시민사회가 존재하지 않는다고 보는 것이 더 타당할 것이다. 남과 북의 엘리트들은 국가권력 강화를 정당화하기 위해서 나름 일방적인 이념체계를 국민들에게 강요하였다. 사회 구성원들에게 지도자에 대한 맹목적 충성을 강요하기 위해 장기독재를 합리화하는 '신화'를 창조했다. 그런 의미에서 국가 우위의 질서는 신화의 공간이자, 시기이기도 했다.

유신체제와 유일체제가 완성되는 시점에 남북이 대화에 나선 것도 이례적이다. 정권의 교체 없이 대결에서 대화로 옮아갔다는 점이 데탕트 시기 남북화해의 한 특징이다. 과거 숙적에 대한 정책의 문제점을 극복하

---

38 사회과학출판사 편, 『주체사상의 철학적 원리』(서울: 백산서당, 1989); 김재현, "주체사상과 북한연구," 경남대학교 북한대학원 엮음, 『북한연구방법론』(서울: 한울, 2003), 147-169쪽.

고 새로운 생각을 가진 신지도부가 신정책을 펼친 것이 아니라 기존 지도부가 필요에 의해 과거 정책을 버리고 새로운 정책을 채택했다. 남북대화가 정권의 안정과 지속에 도움이 된다는 결론에 남과 북의 지도부가 합동으로 도달한 것이다.

물론 남과 북 지도부에는 나름 온건파와 강경파가 있었지만 각 지도자를 정점으로 하는 지휘체계에는 빈틈이 없었다. 박정희와 김일성은 대화파와 대결파 사이에서 대화의 중심과 방향을 잡아가는 선장 역할을 충실히 수행했다. 남과 북의 지도부는 애초부터 대화를 통한 통일, 대화를 통한 평화를 믿지 않았다. 대화는 각 정권의 목표를 이루기 위한 정치적 수단이었을 뿐이다. 화해의 목표가 대화를 통해서 신뢰를 형성하고 공동의 목표를 달성하기 위한 것이 아니라 정치적 편의주의에 있었다는 점이 데탕트 시기 남북화해의 특징이자 한계였다.

7장 남북대화 이전

남과 북, 1960년대

60년대 국제정세는 50년대와는 사뭇 달랐다. 샤를 드골(Charles De Gaulle)의 프랑스가 독자노선을 걷기 시작했고, 중국과 소련의 갈등이 증폭되었다. 미국 중심의 세계질서가 다원화하면서 원심력도 커져갔다. 미국의 우월한 군사력은 소련과 중국의 약진으로 상쇄되고 있었다. 소련은 1950년대 후반 미국 본토를 공략할 수 있는 대륙간탄도미사일을 보유하게 되었고, 이에 따라 미국은 대량보복전략을 포기하고 유연반응전략을 채택하였다. 1964년의 중국의 핵실험 성공은 동아시아에서 중국의 부상을 보여주는 사건이었다. 미국의 경제적 우위도 부분적으로 상실되어 가고, 여타 지역의 경제부흥이 두드러졌다. 미국은 전후 처음으로 1950년대 말에 이르러 무역수지 적자를 기록한 반면 유럽은 커다란 유럽시장을 형성하기 시작했고, 일본은 소극적 안보정책을 펼치며 경제발전에 치중하였다.[1]

이렇게 힘의 균형에 변화가 초래되면서 미국은 기존의 국제질서를 유지하기 위해 과거보다 더 많은 동맹국들의 참여와 지지를 필요로 하게 된다. 1960년대에 들어서면서 미국은 동아시아 자유진영의 효율적 관리를 위해 우방에게 보다 많은 역할분담을 요구한다. 이것이 한반도에서는 한국과 일본의 국교정상화와 한국군의 베트남 파병으로 이어지게 된다. 1965년 여름 한일기본조약 비준동의안과 베트남 파병동의안이 차례로 국회를 통과하게 되는데 일견 서로 다른 성격의 이 두 안건은 사실상 미국의 동아시아질서의 효율적 관리와 역할분담이라는 차원에서 서로 밀접하게 연관되어 있었다.[2]

한반도에서 1950년대가 한국전쟁과 전후 복구의 성격을 갖고 있었다면, 1960년대는 남과 북이 각기 자본주의와 사회주의를 축으로 본격적으로 근대화 시동을 건 시기였다. 남과 북은 서로를 의식하면서 각기 자신의 색깔을 가지고 국가건설 작업을 추진하였다. 남한은 '조국근대화론'으로, 북한은 '3대혁명역량' 강화론으로 무장하고 경쟁을 벌였다. 근대화론의 배후에는 박정희와 군부가, 혁명역량론의 기저에는 김일성과 빨치산이 버티고 있었다.

이승만 대통령의 실각 이후 등장한 민주당 정부는 당시 상황을 국

---

1   전재성, 2004, 63–66쪽.
2   전재성, 2004, 63–66쪽.

가위기로 규정하고, '선건설, 후통일'의 경제제일주의를 내세웠다. 그러나 민주당 정권은 군부의 개입으로 단명하고 말았다. 새롭게 권력을 잡은 군부는 민정 이양을 놓고 옥신각신하다가 결국 쿠데타의 주역 박정희가 군복을 벗고 대통령 선거에 나섰다. 박정희는 공화당과 중앙정보부를 조직하여 국내 권력을 다지는 한편 반공을 기치로 한미동맹을 강화하였다. 박정희 대통령은 '남북협상론'과 '중립화통일론'을 거부하고 집권 초기부터 경제성장에 매진하였다. 박정희 정부가 통일을 뒤로 미루고, 건설에 집중한다는 선임 정권의 정책을 계승한 것이다.[3]

북한은 1950년대 전후 복구사업을 비교적 성공적으로 마친 후 1960년대 접어들어 남한의 군부정권 등장에 자극받은 듯 국방건설을 중시하는 노선을 걸었다. 60년대 후반 한반도의 정세는 베트남전쟁과 맞물리면서 긴장의 연속으로 점철되었으며, 북한은 남한에 대한 군사 도발을 거듭 자행했다. 북한은 1962년 12월 노동당 중앙위원회 제4기 제5차 전원회의에서 국방력의 강화와 경제건설의 동시추구라는 병진정책을 채택하고, 전국토의 요새화와 전인민의 무장화를 추구하였다.[4] 병진노선은 훗날 김정은 집권 시기 경제·핵 병진노선으로 부활하게 된다.

1960년대 줄곧 박정희 정부는 북한의 평화공세에 소극적으로 대응하면서 소모적 남북대화보다는 내실 있게 국력배양을 먼저 하겠다는 입장을 가지고 있었다. 박정희의 생각은 "경제개발 5개년계획이 곧 조국통일

---

3 류상영, 2010, 182-225쪽.
4 안드레이 란코프, 김광린 역, 『소련의 자료로 본 북한 현대정치사』(서울: 오름, 1995), 103-132쪽.

운동"이라는 것이었다. 그는 국력을 배양해서 북한을 압도하여 남한의 자유와 민주주의가 북한으로 흘러들어가도록 하는 것이 통일의 지름길이라고 믿고 있었다. 박정희는 국력의 요체인 경제건설과 자주국방을 통해서 통일의 토대를 쌓으려고 노력했다.[5] 강력한 반공주의에 기반을 둔 정권의 성격 상 남한 당국은 북한 정권과 일정한 거리를 두려는 입장을 견지하고 있었다. 당시 사회 분위기는 북한과 마주하는 것을 터부시하는 경향이 있었다. 남한의 초라한 경제형편도 북한과 거리를 두려는 한 요인이었을 것이다.

이에 비해 북한은 보다 적극적으로 여러 형태의 대화를 제의하고 교류협력을 제안했다. 북은 앞선 경제력을 배경으로 일찍이 1950년대부터 남북교류를 제안하고 나섰다. 1960년대 들어 북한은 박정희 정권을 상대로 남북 불가침협정, 남북 평화협정, 남북 국회협상, 미군철수와 군축을 의제로 하는 당국 협상 등 일방 남한 정부의 대표성을 부정하면서도 공세적으로 통일협상 및 남북교류를 위한 대화를 줄기차게 제의하였다. 1960년대 북한의 통일론은 과도기로서 연방제와 남북 총선거 실시를 주요 담론으로 삼고 있었으며, 남한 스스로의 혁명 역량을 강조하는 남조선 혁명론 또한 강조했다. 1960년 8월 14일 북한은 남북 두 정부의 대표로 '최고민족위원회'를 구성, 통일을 준비하는 '과도적 연방제' 방안을 주장했다. 총선거를 받기가 두려우면 우선 연방제를 수용하라고 남한을 압박하고 나선 것이다. 1961년 9월 조선로동당 4차 당대회에서 김일성은 '남조선 혁명'을

---

5   김정렴, 1997, 140-142쪽.

언급하면서 남한에 독자적인 혁명정당이 필요하다고 역설했다.[6]

김일성은 1964년 2월 조선로동당 중앙위원회 제4기 제8차 전원회의에서 "조국통일의 위업을 실현하기 위하여 혁명력량을 백방으로 강화하자"는 제목의 연설을 하면서, 북조선의 혁명역량, 남조선의 혁명역량, 국제적 혁명역량의 3대 혁명역량 강화로 조국통일을 실현하자고 외쳤다.[7] 1965년 4월 14일 인도네시아 알리 아르함 사회과학원에서 가진 "조선민주주의인민공화국에서의 사회주의건설과 남조선혁명에 대하여" 제하 강연에서 김일성은 북반부에서 사회주의 건설 혁명기지 강화, 남조선 인민들의 각성을 통한 남조선 혁명역량 강화, 조선인민과 국제혁명 역량과 단결 강화를 역설했다. 그는 주한미군 철수와 남북 군대를 각자 10만 이하로 감군하자고 제의했다. 김일성은 또한 남북 상호불가침협정과 교류왕래 실현을 주장하였다. 그는 남조선에서 민주정권을 수립한 후 자유로운 남북 총선거를 통하여 민주주의 통일정부를 수립할 수 있다고 언급했다.[8]

'민주기지론'에 입각하던 50년대에 비하여 60년대에 들어오면서 '남조선혁명론'을 내세우며 남한의 혁명역량을 상대적으로 중요시하게 되는 모양새다. 그 주된 내용은 남한의 혁명주체가 민중봉기를 일으켜 자신의 혁명역량으로 먼저 정권을 장악하고 나면, 북한의 사회주의 역량과 남한의 혁명역량이 합작하여 민족통일을 이룬다는 2단계 접근법이었다. 남조

6   홍석률, 2012, 151-154쪽.
7   김일성, "조국통일의 위업을 실현하기 위하여 혁명력량을 백방으로 강화하자," (조선로동당 중앙위원회 제4기 제8차전원회의에서 한 결론, 1964년 2월 27일) 『김일성저작선집』 4(평양: 조선로동당출판사, 1988), 77-82쪽.
8   김일성, "조선민주주의인민공화국에서의 사회주의건설과 남조선혁명에 대하여," 1965년 4월 14일, 『김일성 저작집』 19(평양: 조선로동당출판사, 1982), 278-329쪽.

선혁명론의 연장에서 북한은 1970년 11월 2일부터 13일까지 열린 조선노동당 제5차 대회를 통해 남조선혁명의 지도적 역량인 통일혁명당이 창건되었다고 발표하였다. 5차 당대회에서 김일성은 남조선 인민들이 남조선 혁명의 주동이 되어야 한다고 힘주어 말했다.[9]

1960년대 중후반 인도차이나 베트남전쟁의 격화는 한반도 정세에 지대한 영향을 끼쳤다. 박정희 정권은 반공(反共)의 명분으로 베트남 파병을 단행하여 미국을 지원하고 나섰고, 북한 또한 북베트남을 도와 반미반제(反美反帝)의 공동전선을 구축하여 한미동맹을 약화시키기 위해 동분서주했다. 남한은 이동외과병원, 태권도 교관단, 건설지원부대, 전투부대를 파견하였다. 북한 또한 공군 전투병 파견과 무기 지원으로 북베트남(베트남민주공화국)과 베트남민족해방전선을 도왔다.[10] 인도차이나의 베트남전쟁은 분단과 통일, 공산주의와 자유주의 대립이라는 성격에서 한반도의 양자 대립과 유사성을 갖고 있었다. 남북의 정책결정자들은 개전 초기부터 베트남전쟁을 유심히 관찰하며 대응했다. 베트남전쟁의 고조와 더불어 한반도에도 긴장이 고조되었다. 남북 사이 저강도 충돌이 빈번한 가운데 60년대는 저물어갔다.

---

9 심지연, 『남북한 통일방안의 전개와 수렴』(서울: 돌베개, 2001), 55−59쪽; 전미영, "1960년대 북한의 대남인식과 대남정책: 로동신문 분석을 중심으로," 『국제정치논총』, 44: 3, 2004, 265−287쪽.

10 베트남전쟁과 남북관계에 관한 서술은 아래 기회에 발표된 바 있음. 우승지, "베트남전쟁과 남북한관계," 2004 한국정치학회 추계학술회의 발표문, 경남대학교(서울 캠퍼스), 2004년 10월 15일(2004b).

한국의 베트남 파병

대한민국은 1964년 9월부터 1973년 3월까지 8년 6개월 동안 연인원 32만 명을 베트남에 파병하였고, 전사자 5,000명, 부상자 1만 명의 인적 피해를 입었다. 1964년 9월 22일 130명 규모의 1개 이동외과병원과 10명의 태권도 교관단을 1차로 베트남에 보냈고, 2차로 비둘기부대로 명명된 2,000여 명의 건설지원단이 65년 3월 중순 사이공에 도착했다. 1965년 5월 17~18일 한미정상회담에서 전투부대 파병이 결정되어 동년 10월 한국은 청룡부대(해병 1개 여단)와 맹호부대(육군 보병 1개 사단) 2만여 명을 파병하였고, 이듬해 3월 7일 브라운 각서를 통해서 해병 1개 여단과 백마부대(육군 1개 사단)의 4차 파병이 단행되었다. 한국은 파병인력 45,000명 선을 유지하였다.[11]

한국의 베트남 파병은 다양한 요인을 가지고 있었다. 홍규덕은 한국군 참전 요인으로 첫째, 한국의 경제발전을 위한 미국의 지원을 얻고, 둘째, 동맹국으로서 한국의 책임을 다하며, 셋째, 실제 전투경험을 쌓고, 넷째, 외화획득과 물질적 혜택을 받으며, 마지막으로 한국군 현대화에 기여한다는 다섯 가지 이유를 제시하고 있다.[12] 이에 비해서 한홍구는 보은론, 제2전선론, 국위선양론의 세 가지 요인을 제시한다. 보은론은 한국전쟁 때 자유우방 16개국의 도움을 받은 것을 이제 공산화의 위험에 처한

---

11   최용호, 2005, 355-405쪽.

12   Kyudok Hong, *Unequal Partners: ROK–US Relations during the Vietnam War*, Ph. D. Dissertation, University of South Carolina, 1991, p. 109.

베트남을 도와 갚는다는 것이다. 제2전선론은 당시 유행하던 도미노이론과 밀접한 관계가 있다. 즉 베트남의 공산화를 막지 못하면 한반도의 공산화도 막을 수 없다는 논리이다. 국위선양론은 한국이 도움만 받던 피동적 위치에서 벗어나 주요 국제문제에 책임을 지는 전진적 자세를 가져야 한다는 입장이다. 박 대통령은 국력신장을 근거로 국제사회에서 지원국의 위치에 서야 한다고 주장했다.[13]

박정희 대통령은 파월장병을 '자유의 십자군'과 '화랑의 후예'로 치켜세우곤 했다. 1965년 1월 26일 "월남 파병에 즈음한 담화문"에서 그는 "자유월남이 공산화하는 경우 자유세계의 대공전선에 차질"이 생길 것이라고 예견하고, "월남을 출로로 하는 공산세력은 한반도를 포함하는 전 태평양지역의 자유국가들에 대해서 노골적이며 급진적인 도발행위로 나올 것"이라고 경고하고 있다. 박정희는 공산주의 침략을 "앉아서 기다릴 것인가 아니면 미리 일어나서 막을 것인가를 결정해야" 한다고 다그친다. 박 대통령은 동년 2월 9일 "월남 파병 환송 국민대회 환영사"에서는 "이웃집에 강도가 침입한 것을 보고 그대로 방치해둔다면 이웃집을 털고는 다음에 우리집에 침입할 것은 뻔한 일이 아닙니까?"라고 반문하고 있다. 동년 10월 12일 "맹호부대 환송식 유시"에서는 "우리가 자유월남에서 공산침략을 막지 못한다면 우리는 멀지 않은 장래에 동남아세아 전체를 상

---

13 한홍구, "박정희 정권의 베트남 파병과 병영국가화," 『역사비평』, 62호, 2003, 129-133쪽. 『한국외교 50년』 (서울: 외교통상부, 1999), 131-132쪽도 참고할 것. 한국군의 베트남 파병은 주한미군의 철수를 막고, 한국군의 일정한 규모를 유지하려는 의도도 있었다. 신욱희, "기회에서 교착상태로: 데탕트 시기 한미관계와 한반도의 국제정치," 『한국정치외교사논총』, 26: 2, 2005, 258쪽.

실하게 될 것이며, 나아가서 우리 대한민국의 안전보장도 기약할 수 없다"고 주장하고 있다.[14]

존슨 시기 베트남에 깊이 발을 들여 놓았던 미국은 닉슨이 대통령에 취임하면서 명예롭게 인도차이나에서 철수할 명분을 찾기 시작한다. 닉슨 대통령은 미군을 단계적으로 철수하면서, 남베트남군의 전력을 증강하는 '베트남전쟁의 베트남화' 정책을 추진하였다.[15] 1969년 미국은 베트남에서 단계적 철군을 발표하고, 7월부터 미군 병력을 철수하기 시작했다. 이에 우리나라도 71년 1월 11일 박정희 대통령의 연두 기자회견을 통해 한국군의 단계적 감축을 검토할 것을 시사했다. 동년 12월 1일부터 익년 4월 13일 사이 1단계 철수가 이루어졌고, 73년 1월 23일 베트남 평화협정이 조인되자 1월 30일부터 3월 23일 사이 2단계 철군을 완료했다.[16]

베트남 파병으로 한국과 미국의 동맹관계는 강화되었다. 한홍구의 지적처럼 "한국이 베트남전에 본격적으로 개입하기 시작한 1965년은 한미관계에서 하나의 전환점을 이룬 해였다."[17] 한국의 박정희 정권은 '파병'을 대미 협상카드로 사용하였으며, 미군의 감축을 막는 보호막으로 활용하였다. 미국의 확고한 지지를 바탕으로 박정희는 장기집권의 길을 열었고, '베트남 특수'라고 불리는 10억 불 내외의 외환수입을 기초로 하여 70년대 고도 경제성장의 기틀을 마련하였다.[18]

---

14 한홍구, 2003, 120-130쪽.
15 최용호, 2004, 107-113쪽.
16 최용호, 2004, 203-205쪽.
17 한홍구, 2003, 135쪽.
18 한홍구, 2003, 134-136쪽.

북한의 베트남 지원

조선민주주의인민공화국은 건국 초기부터 베트남민주공화국과 특별한 관계를 유지했다. 통일의 과제, 미국에 저항하는 민족주의 요소, 사회주의의 공감대가 북한과 북베트남을 가까운 사이로 만들었다고 평가할 수 있다. 양국은 정치, 경제, 문화, 기술 등 다양한 분야에서 친선협력관계를 유지했다. 북한은 1950년 1월 31일 북베트남과 수교했다. 소련도 이날 북베트남과 수교했다. 중국은 이 보다 조금 이른 1월 18일 북베트남과 국교를 수립하였다. 북한은 1957년 11월 20일에는 "조선과 베트남 간의 문화협조에 관한 협정"을 체결하였고, 58년 10월 18일에는 "조선과 베트남 간의 과학기술협조에 관한 협정"을 체결하였다. 동년 11월 28부터 12월 2일 사이에는 김일성이 전년 호찌민의 평양 방문에 대한 답방 형식으로 직접 북베트남을 방문하였다.[19]

1954년 프랑스와 전쟁이 끝난 이후 베트남은 중국을 모델로 하여 토지개혁을 실시하는 등 사회주의 건설작업을 진행하였다. 흐루시초프 등장 이후 소련이 서방세계와 평화공존을 추구하자 북베트남은 중국, 북한과 협력을 강화하며, 흐루시초프의 노선에 반기를 들게 된다. 중국은 1965~70년간 방공, 공정, 철도, 병참 등 32만 규모의 지원부대를 베트남에 파견하여 북베트남을 도왔다. 또한 중국은 조종사 및 기술 인력에 대한

---

19 宮本 悟, "朝鮮民主主義人民共和國のベトナム派兵,"『現代韓國朝鮮硏究』, 第2 號, 2003, 59-60쪽; 박성관, "북한의 대동남아 외교변화,"『국제정치논총』, 43: 3, 2003, 239-241쪽. 김일성은 1964년 11월 인도차이나 상황이 악화되는 가운데 다시 하노이를 방문하였다.

교육팀과 의료진도 파견한 것으로 전해진다. 베트남전 참전 중 중국인 사망자는 1,100명, 부상자는 4,200명에 이르렀다. 전쟁 기간 중 북베트남은 소련 및 동구권 국가들로부터 연간 약 7억 달러, 중국으로부터 연간 약 3억 달러의 원조를 받은 것으로 추정된다.[20]

1960년대 내내 북한은 베트남에서 대미 투쟁을 한반도에서 자신들의 대미 투쟁과 동일시하면서 '항미원월(抗美援越)' 캠페인을 통해 국제협력전선을 구축하기 위해 노력했다. 1962년 최고인민회의 제3기 제1차 회의 연설에서 김일성은 아시아, 아프리카, 라틴 아메리카 인민의 투쟁을 언급하며 구체적으로 베트남, 라오스, 알제리, 쿠바를 거론한다. 김일성은 "남부 월남 인민들은 미 제국주의와 그 주구들을 반대하여 계속 영웅적인 무장 투쟁을 전개하고" 있다고 치켜세웠다.[21] 64년 평양을 비롯한 북한 전역에서 남베트남에 대한 미국의 침략을 규탄하는 군중대회가 잇달아 개최되었다. 통킹만 사건이 발생하자 북한은 이 사건이 "미제에 의한 전쟁 확대계획의 일부"이며 "파렴치한 미국에 의한 황당무계한 날조"라고 주장하면서, 미 제국주의 침략에 맞서 사회주의 진영이 공동투쟁에 나서자고 촉구했다.[22]

1965년 1월 8일 한국 정부가 비전투부대의 베트남 파병을 결정하

20 이한우, "베트남전쟁시 중국의 북베트남 지원과 양국관계, 1950-1975," 군사편찬연구소, 『베트남전쟁 연구 총서』 3 (서울: 군사편찬연구소, 2005), 159-198쪽.

21 김일성, "조선민주주의인민공화국 · 정부의 당면 과업에 대하여: 최고인민회의 제3기 제1차 회의에서 한 김일성 수상의 연설, 1962년 10월 23일," 『조선중앙년감』 (평양: 조선중앙통신사, 1963), 36쪽.

22 조진구, "존슨 정권 후반기의 한미관계: 북한의 대남도발에 대한 한미간의 인식 차이를 중심으로," 『한국과 국제정치』, 19: 3, 2003b, 83-110쪽.

자 북한은 이를 "월남인민을 반대하는 엄중한 침략행위일 뿐만 아니라 전체 조선인민을 반대하는 도발행동으로 되며 아세아의 평화와 안전을 위협하는 범죄행위"라고 낙인찍었다. 또한 "미제와 박정희 도당의 이 무분별한 범죄적 행동을 단호히 규탄하며 그를 결코 수수방관하지 않을 것"이라고 다짐했다.[23] 평양은 이어 한국군의 베트남 파병을 "한국사에 있어서 가장 경멸받을 반역행위"라고 치부하고, "악랄한 미제국주의자들을 위하여 동포들을 대포밥으로 팔아넘기려고 하고 있다"고 비난하였다.[24] 북한은 프롤레타리아 국제주의와 민족해방운동의 연대라는 기치 아래 베트남 인민의 투쟁을 도울 것을 선언하고 있다. 북한 외무성의 한 성명서는 "조선 인민은 미 제국주의자들이 남북 웰남에서 침략전쟁을 즉시 중지하고 저들의 군대와 살인 무기들을 걷어 가지고 당장 물러갈 것을 다시 한 번 강경히 요구한다"며 베트남 인민과의 연대감을 과시하고 있다.[25]

북한의 파병 제의가 민족자존과 외세배격을 강조하는 호찌민 정부에 의해 거부되었다는 주장도 있다. 르반방(Le Van Bang) 베트남 외무차관은 북한의 전투병 파병 제의를 호찌민 주석이 거절했다고 증언하고 있다. 그는 베트남 땅에서 조선인이 조선인을 죽이는 일은 없었다고 단언한다.[26] 1965년 5월 20일부터 24일까지 거행된 북한 최고인민회의 제3기 제

---

23 《로동신문》, 1965년 1월 9일.

24 《로동신문》, 1965년 2월 10일.

25 "조선민주주의인민공화국 외무성 성명," 『조선중앙년감』(평양: 조선중앙통신사, 1965), 64쪽.

26 그는 이와 관련된 자료를 베트남의 공개된 외교문서 자료철에서 확인할 수 있을 것이라고 전하고 있다. 군사편찬연구소, 『증언을 통해 본 베트남 전쟁과 한국군 3』(서울: 군사편찬연구소, 2003), 829쪽.

4차 회의에는 남베트남 민족해방전선 대표단이 참석하였고, 수석대표가 회기 중 연설을 하기도 했다. 대표단은 5월 18일부터 28일까지 평양에 머물며, 대중행렬에 참가했다. 북한은 회의에서 베트남민주공화국과 남베트남해방민족전선에 대한 원조를 결의했고, 베트콩이 요구하면 자원군을 보내겠다는 다짐을 했다. 이 시기 북한에서는 북한 청년들과 노동자들이 파병을 자원하는 서명에 동참했다.[27]

1965년 7월 2일 한국이 1개 사단 파병을 결정하자 북한은 한국의 병사들을 '탄알받이'라고 규정하고, 한국군의 파병에 상응하는 규모로 남베트남 해방군을 무장하는데 필요한 무기와 장비를 제공할 것이라고 선언했다.[28] 북한과 베트남민주공화국은 1965년 7월 16일에 "경제 및 기술원조에 관한 협정"을, 1966년 1월 17일에 "무상원조에 관한 협정"을, 1967년 8월 11일에 "군사 및 경제원조에 관한 협정"을 체결하였다.[29]

북한과 북베트남은 흐루시초프 실각을 계기로 비슷한 시기에 소련과 화해하면서 소련공산당으로부터 원조도 다시 받게 되었다. 북한은 소련과의 관계개선과 때를 맞추어서 베트남지원을 강화하기 시작했다. 조선

---

27 그러나 흥미롭게도 북한은 아직까지도 남베트남 민족해방전선에게 상주 외교대표부의 권한을 부여하고 있지 않았다. 당시 모스크바, 베이징 그리고 다른 사회주의 국가들의 수도에는 이미 민족해방전선의 외교대표부가 설치되어 있었다. 이성봉, 2004, 191쪽; 宮本 悟, 2003, 62쪽; "North Korean Assembly Reaffirms Its Commitment to Send 'Volunteers' to Vietnam if the Viet Cong Requires Them," June 2, 1965, General Records of the Department of the State, Bureau of Far Eastern Affairs, Office of the Country Director for Korea, Records Relating to Korea, 1952–1966, Box. 2, RG 59, USNA.

28 《로동신문》, 1965년 7월 9일.

29 『조선민주주의인민공화국대외관계사』 2 (평양: 사회과학출판사, 1987), 30쪽.

로동당은 사회주의진영의 단결을 위해 미국과 전쟁 중인 베트남민주공화국을 지원해야 한다고 주장했다. 코시긴과 김일성이 조인한 1965년 2월 14일의 공동성명에는 북한과 소련이 북베트남에게 필요한 원조를 제공한다는 내용이 포함되어 있었다. 미 국무부 정보조사국은 북한의 베트남전쟁 지원 실적이 미미했을 것으로 파악하고 있었다. 정보조사국은 66년 10월 20일자 보고서를 통해서 (1) 무기생산 능력의 한계, (2) 한국과의 경제 경쟁, (3) 지리적 이유로 북한의 지원 규모가 협소했을 것으로 추정하고 있다. 특히 보고서는 한국과의 군사적 대치와 북한 내의 노동력 부족으로 베트남전쟁의 군사적 균형에 영향을 줄 정도의 파병을 기대할 수 없다고 판단하였다. 그러나 동 보고서는 1965년과 1966년 사이 평양과 하노이 사이 협정들에 입각하여 트럭, 기관차, 어선, 수송용 엔진, 트랙터, 공작기계, 변압기, 의약품의 제공 가능성을 적시하고 있다.[30]

1960년대 중후반 북한의 국제정세 인식은 1966년 10월 5일 김일성이 제2회 조선로동당 대표자회에서 한 보고인 "현 정세와 우리 당의 과업"에 잘 나타나 있다. 김일성은 동 보고에서 국제환경이 날로 복잡해져가고 있으며 미국을 정점으로 하는 제국주의 세력이 혁명세력을 탄압하기 위해 전력을 기울이고 있다고 지적하고 있다. 또한 사회주의진영의 분열에 대해서도 우려를 하고 있다. 김일성은 미제국주의자들이 베트남에서 '계단식전쟁확대' 정책을 실천하고 있고, "아세아의 광대한 지역에 전쟁의 불길을 확대하려고 분별없이 날뛰고" 있다고 비난한다. 베트남전쟁을 혁명세력과 반혁명세력 사이의 대결로 규정한 김일성은 반제공동투쟁에 적

---

30   조진구, 2003a, 240쪽.

극 나설 것임을 선언하고 있다. 그는 "우선 사회주의나라들이 싸우는 윁남인민을 방조하기 위하여 국제적인 지원병부대를 파견하는 것이 필요하다고 인정"하고 있다. 김일성은 미국의 공세가 베트남에 국한되지 않고 쿠바, 독일, 한반도 등 작은 나라들과 분열되어 있는 나라들로 이어질 가능성에 대해 경각심을 가질 것을 경고하고 있다.[31]

1966년 10월 13일자《로동신문》에는 전날 채택된 "윁남문제에 관한 조선로동당 대표자회 성명"이 실렸다. 이 성명을 통해 북한의 로동당은 "미제를 반대하고 윁남인민의 투쟁을 지원하는 것은 사회주의진영과 국제공산주의운동앞에 나서고 있는 가장 절박한 과업"이며 "조선인민은 윁남에 대한 미제의 침략을 자신에 대한 침략으로 여기고 있으며 윁남인민과 함께 싸울 굳은 결의에 충만되어 있다"고 선언했다. 아울러 로동당 대표자들은 북한이 "윁남민주공화국 정부가 요구한다면 언제나 지원병을 파견할 준비"가 되어 있다면서 적극성을 보였다.[32]

1968년 7월 무렵부터 북한에서는 "모든 곳에서 미 제국주의의 사지를 절단하자(Cutting off the Limbs of U.S. Imperialism Everywhere)"는 새로운 슬로건이 유행하기 시작했다. 즉 베트남이 미국의 다리 하나를 절단하고, 조선이 다른 하나, 쿠바와 남미에서 팔 하나를, 아프리카에서 다른 팔 하나를 절단하면 미국은 붕괴될 것이라는 주장이었다. 또한 북한은 한반도의 휴전선에서 긴장을 고조시켜 미군을 붙잡아 둠으로써 베트남 민족해

31   김일성, "현 정세와 우리 당의 과업," (조선로동당대표자회에서 한 보고, 1966년 10월 5일)『김일성전집』37(평양: 조선로동당출판사, 2001), 230-232쪽.

32   《로동신문》, 1966년 10월 13일.

방을 돕는다고 주장했다.[33]

한국군의 베트남 파병과 더불어 북한의 베트남 지원도 강화되었다. 북한은 미군철수가 베트남과 북한의 공통된 목표라고 인식했다. 북한은 베트남민주공화국과 남베트남해방민족전선의 투쟁을 지원하기 위해 제한적이나마 전선에 지원병을 파견하였다. 2000년 3월 29일 북한 공군조종사의 무덤 14기가 하노이 동북 60킬로미터 지역에 있다는 것이 확인되었다. 『조선전사』와 『조선민주주의인민공화국대외관계사』에는 베트남 파병을 결의하는 부분이 기술되어 있는 반면, 『조선로동당약사』와 『조선로동당역사』는 베트남 파병에 대해 언급하고 있지 않다. 1967년부터 간행되기 시작한 『김일성저작선집』과 1979년부터 간행되기 시작한 『김일성저작집』은 베트남 파병에 관한 논문이나 연설을 싣고 있지 않다. 그러나 중요한 변화가 1992년부터 간행된 『김일성전집』에 나타나고 있다. 2001년 4월 출간된 『김일성전집』 37권에는 베트남에 출병하는 부대원들을 격려하는 글이 실려 있고, 같은 해 6월에 출간된 『김일성전집』 38권에는 베트남에서 무공을 세운 부대원들에게 보내는 축하문이 실려 있다.[34]

김일성이 조선인민군 제203부대원들에게 행한 담화를 통해서 북한의 조종사 파병 관련 생생한 증언을 엿볼 수 있다. 이 담화에 따르면 북한은 당중앙위원회 정치위원회와 당중앙군사위원회를 통해 공군지원병 파견을 결정하였다. 김일성은 당의 결정이 반제역량과의 국제연대를 강화하기 위한 것이라고 밝히고 있다. 그는 공군지원병 문제가 오래 전부터 거론

---

33 Bernd Schaefer, 2004, pp. 11-12.
34 宮本 悟, 2003, 58-59, 64쪽.

되어 왔으며, 베트남이 직접 북한대사를 통해 비행사 파견을 요청했다고 말하고 있다. 김일성은 베트남은 고사화력은 강하지만 공군력이 약하다면서 북한 조종사들이 열심히 싸워서 무공을 빛낼 것을 당부하고 있다.

우리는 숭고한 국제주의적의무를 충실히 수행하기 위하여 그 어느 나라보다 먼저 전투부대를 웽남에 보내려고 하는것입니다. 바크보만사건이 있은 다음 우리 나라에서 웽남에 갱도를 건설해 주기 위하여 사람들을 보냈는데 그들은 전투원들이 아닙니다. 제203부대는 웽남인민을 돕기 위하여 우리 나라에서 처음으로 가는 첫 전투부대이며 국제지원병부대입니다. 동무들은 웽남에 가서 잘 싸움으로써 사회주의나라들을 보위하는 국제주의자들의 선봉대가 되어야 합니다.

우리는 지금 미제침략자들을 한놈이라도 더 잡기 위하여 나라의 형편이 어려운 조건에서도 아세아와 라틴아메리카의 여러 나라들을 적극 도와 주고 있습니다. 우리는 많은 무기를 웽남과 꾸바를 비롯한 여러 나라들에 대주고 있습니다. 남조선괴뢰들도 이에 대하여 알고 있습니다. 남조선의 한 통신은 우리가 웽남에 사람은 보내지 않았어도 무기는 대주는것 같다고 보도하였습니다. 남북웽남에 가 있는 남조선괴뢰군들이 우리가 웽남에 보내준 무기를 얻은것 같습니다. 우리가 웽남인민들에게 무기를 대주고 있다는것을 세계인민들이 알게 되면 우리 혁명에 더욱 유리합니다.

군대는 총소리도 들어 보고 화약냄새도 맡아 보아야 합니다. 조선에서 정전이 된지 13년이 지나간것만큼 그동안 미제침략자들의 전술이 많이 변하였

을것입니다. 미제침략자들이 공중전을 잘한다고 우쭐거리면서 자랑하고 있

는데 동무들이 한번 그놈들과 싸움을 해보면 그 전술을 알수 있을것입니

다.[35]

이상 김일성의 연설의 주요 내용을 보면 북한이 이미 건설지원병을 베트

남에 보낸 바 있으며, 이제 새롭게 전투부대를 보내면서 자랑스럽게 생각

하고 있음을 알 수 있다. 김일성은 북한이 그동안 베트남과 쿠바에 무기를

지원해 왔다는 사실도 밝히고 있다. 그는 새롭게 변한 미국의 전략전술을

습득해야 한다고 조종사들에게 훈시함으로써 북한의 조종사 파견의 목적

중 하나가 실전 경험을 쌓는 것이었음도 숨기지 않고 있다. 이어서 1967년

늦은 봄 김일성은 베트남에서 북한 조동사들이 빛나는 무공을 쌓고 있다

고 치하하는 축하문을 보내기도 하였다.[36]

북한의 베트남 파병을 연구한 일본의 학자는 북한의 203부대가

1966년 말, 더욱 구체적으로는 10월 하순에서 11월 상순에 파견되었을 것

으로 추정하고 있다. 북한 공군소령 이철수는 70명 단위의 1개 연대가 매

6개월 단위로 파견되어, 1966년부터 1972년까지 약 800여 명의 전투기

조종사가 파견되었다고 증언하고 있다. 북한 조종사들은 소련이 제공한

미그 17기와 미그 21기를 타고 미군과 전투를 벌였다. 이 소령은 참전 중

---

35 김일성, "웰남인민의 투쟁을 지원하는것은 공산주의자들의 숭고한 국제주의적의
    무로 된다," (조선인민군 제203부대 군인들과 한 담화 1966년 10월 19일) 『김일성
    전집』 37 (평양: 조선로동당출판사, 2001), 373 – 384쪽.
36 김일성, "축하문 조선인민군 제203부대 전투원들에게," (1967년 5월 30일) 『김일성
    전집』 38 (평양: 조선로동당출판사, 2001), 463쪽.

약 80명의 조종사가 사망하였고, 미군기 100여 대를 격추시켰다고 북한 공군 내에 알려져 있다고 언급하였다.[37]

김일성의 저술에는 공군부대와, 무기, 갱도 작업원만을 언급하고 있지만, 1991년 한국으로 망명한 북한외교관 출신의 고영환은 그의 저서에서 공군, 보병, 수송병, 화학병 등이 지원되었다고 밝히고 있다.

북한은 사실 1960년대부터 월맹의 편에 서서 통일이 될 때까지 같이 미군과 싸웠다. 북한 공군의 조종사들은 월맹 비행사들과 공동으로 미군기와 공중전을 벌였으며, 보병·수송병·화학병 등 다양한 방법으로 월맹을 지원하였다. 심지어 대남 공작 부서인 3호청사 요원들이 월남에까지 들어가 〈항쟁 게릴라〉 들을 지원하였다.[38]

박재규는 한국군 파병이 있은 직후인 1966년 북한도 250에서 300명의 심리전 요원과 50여 명의 MIG-21기 조종사를 파견하였다고 적고 있다.[39] 동독의 외교문서를 기초로 한 한 연구는 북한군 조종사 20명이 소련제 미그기의 탑승과 전투 경험을 얻기 위해 참전했다고 기록하고 있다.[40]

대규모 지상군의 파병 대신 북한은 다른 방식으로 베트남을 지원했다. 북한은 공군조종사 외에 심리전 요원도 파견했다. 북한의 심리전 요

---

37 宮本 悟, 2003, 64-65쪽;《조선일보》, 1998년 9월 14일.
38 고영환,『북한외교관 고영환이 밝히는 평양25시』(서울: 고려원, 1992), 177쪽.
39 박재규, "북한의 군사정책과 외교," 박재규 외 편,『북한군사정책론』(경남대학교 극동문제연구소, 1983), 181-189쪽.
40 Bernd Schaefer, 2004, p. 12.

원들이 베트남 전선에서 한국군을 대상으로 심리전 활동에 참여한 사실은 베트남 참전용사의 증언을 통해서도 확인할 수 있다.[41] 북베트남 요원 딘몽바하(Dinh Mong Bach)가 동료 킨(Kinh)에게 보낸 1969년 4월 15일자 서신에서 딘은 서로의 안부를 확인한 후 북한 선전대 요원을 킨에게 소개하고 있다. 한국군의 파병으로 베트남에서는 한국군을 대상으로 하는 심리전 활동의 필요성이 대두되었고, 이에 따라 북한에서 파견된 선전대 요원들이 베트남 요원들과 협력하여 선전사업을 펼친 것으로 보인다. 군사편찬연구소가 수집한 자료에는 북한 심리전 요원들이 베트남 동지로부터 1일 급식비로 150동(Dong)과 쌀 2.4킬로그램을 받은 것으로 나타난다.[42]

한국의 박정희정권이 베트남 제2전선론을 펼쳤듯이, 북한의 김일성 또한 베트남에 있는 미군을 약체화시키는 것이 한반도에 있는 미군을 약체화시키는 것이라는 논리의 연장선에서 베트남전선에 대한 원조를 통해 한반도에서 주한미군 철수를 실현시키려 하였다. 조선노동당과 북베트남의 공동의 목적은 (1) 미국을 반대하는 사회주의진영의 단결을 도모하고, (2) 미군을 철퇴시키는 것이었다.[43]

41 군사편찬연구소, 2003.
42 "북괴공작단 침투," 수도사단 G−2, 1968−1969, 사료 No. 90−927, 군사편찬연구소. 평양에 주재한 베트남 외교관들은 미제에 대한 무력투쟁이 베트남만의 것으로 남아있기를 희망했으며, 남한의 파병에 비해 북한의 지원은 미미한 것으로 평가하고 있었다는 분석도 있다. Bernd Schaefer, 2004, pp. 11−12.
43 宮本 悟, 2003, 64−65쪽.

제2의 한국전쟁

　　1960년대 후반부는 한국전쟁 이후 다시금 한반도에 긴장이 고조되어 '제2의 한국전쟁' 가능성이 언급되던 시기였다. 북한의 대표적인 도발로는 1968년 1월 청와대 침투 기도와 미 해군함정 푸에블로 나포 사건, 같은 해 11월 울진과 삼척 대규모 간첩 침투를 들 수 있다. 이듬해 4월에는 동해에서 미군 정찰기(EC-121)가 북한 전투기에 의해 격추되는 사건도 발생했다. 유엔군 사령관이 유엔에 보낸 보고서에 따르면 1967년과 1968년 북한의 대남 무력공세가 1965년과 1966년에 비해 10배 이상 증가한 것으로 나타나고 있다. 북한의 공세에 맞서 남한 또한 휴전선을 넘어 북한군 시설에 대한 공격을 가했다.[44]

　　1960년대 후반 한반도의 뜨거운 정세는 베트남전쟁의 격화와 박정희 정부의 베트남 참전 결정과 연결되어 있었다. 남한의 베트남 파병에 북한은 대남 무력공세 강화로 맞섰다. 북한의 대남 도발은 남한과 미국의 전력을 인도차이나와 한반도에서 분산, 약화시키겠다는 전략적 계산 아래 나온 것이었다. 북한은 또한 은근히 '남조선 혁명'을 통한 통일에 기대를 갖고 있었다. 60년대 후반 북한의 공세는 민족보위상 김창봉, 대남총국 국장 허봉학, 인민군 특수정찰국장 김정태 등 군부 인사들이 주도한 것으로 전해지고 있다. 이들 군부세력은 폭동과 게릴라전, 남한혁명, 북한의 무력 개입을 거쳐 통일을 이루는 계획을 갖고 있었다. 군부의 강경노선은 후계 구도와 관련 자신들의 입지를 넓히려는 의도도 숨어 있었을 것으로 추정

44　최용호, 2005, 388쪽.

해 볼 수 있다. 1969년 1월 군부 강경파 숙청 이후 북한의 도발은 잠시 휴지기를 맞는다.[44]

1967년 당시 긴장 고조를 평양에 거주하던 동독 외교관의 증언을 통해 엿볼 수 있다. 그에 의하면 주민들이 당국 허가 없이 자택에서 2 킬로미터 이상 떨어진 곳에 여행할 수 없었고, 가두 순찰도 강화되었다. 일설에 의하면 평양 주민 일부가 군사 목적에 의해서 소개되었다고 전해진다.[45] 1968년 1월 21일 31명의 중무장한 북한 특공대가 인민군 정찰국장 김정태로부터 청와대를 습격, 박정희를 암살하라는 지령을 받고 서울로 침투하였다. 북한 침투조는 비무장지대 철조망을 끊고 남하를 지속하다가, 세검정 자하문 터널 근처에서 공비 침투 신고를 받고 출동한 한국 군경과 충돌하였다.[46] 청와대 기습사건에 대해 북한은 자신들의 소행이 아니라 남쪽 빨치산들의 작전이라고 둘러댔다.

1968년 1월 23일 원산 부근에서 작전 중이던 미군 정찰함 푸에블로호가 북한 해군에 나포되는 사건이 발생했다. 푸에블로는 83명의 승무원

---

45 최용호, 2005, 388쪽; 홍석률, 2005, 289-293쪽. 아래 저작은 베트남 전쟁의 영향, 강대국 정치의 변화, 남한 정국의 영향, 북한 국내 정치세력 간 영향력 다툼, 북한 경제 상황 악화, 주체사상의 영향으로 나누어 북한의 무력공세 배경을 분석하고 있다. Mitchell Lerner, "Mostly Propaganda in Nature: Kim Il Sung, the *Juche* Ideology, and the Second Korean War," North Korea International Documentation Project Working Paper #3, December 2010.

46 "Letter from Ambassador Brie of the GDR in the DPRK to Deputy MFA Hegen," December 08, 1967, History and Public Policy Program Digital Archive, MfAA, G-A 320. Translated by Karen Riechert. https://digitalarchive.wilsoncenter.org/document/113704 (검색일: 2020년 2월 25일).

47 윤태영, "한·미 동맹체제하에서 한국의 대북한 위기관리, 1968-1983," 『한국정치학회보』, 33: 2, 1999, 353-354쪽.

을 태우고 1월 8일 일본 사세보 항을 떠나 북한, 소련 접경 해안에 도착한 이후 남하하며 작전을 수행하던 중이었다. 나포 이후 미국은 원산항 기뢰 설치, 북한 선박 납치, 한정된 목표에 대한 공습 등 군사행동계획을 검토하는 한편 항공모함 3대와 전투기 155대를 한반도에 전개했다. 미군이 한반도에 군사력을 증강하자 소련 또한 동해안 지역에서 정찰활동을 펴는 한편 지상군 부대를 블라디보스토크 남단에 배치하며 대응작전을 수행했다.[48] 김일성 또한 미국과 박정희 정권이 '광란적인 전쟁소동'을 벌이고 있다고 일침을 가하고 나섰다.[49]

워싱턴은 아시아에서 두 개의 전선을 여는 것에 부담을 느끼고, 군사적 행동보다 외교적 협상을 선택하게 된다. 1968년 2월 2일 판문점 중립국감시위원회 회의실에서 유엔군 측 군사정전위원회 수석대표 존 스미스(John V. Smith) 장군과 공산군 측 수석대표 박중국 사이 첫 비밀회담이 시작되었다. 북한은 영해 침범 관련 미국의 공식적인 사과, 첩보행위 시인, 유사사건의 재발 방지를 약속하면 승무원들의 송환을 검토할 수 있다는 의견을 밝혔고, 미국은 정찰함의 북한 영해 침범 가능성을 부인하며 국제법과 인도주의 원칙에 의거 선박과 승무원을 조기 송환해 줄 것을 촉구했다. 12월 23일 미국 대표 우드워드 소장(Gilbert H. Woodward)이 사과문 내용에 동의하지 않는다는 사전 발언 후 북한이 제시한 문건에 서명하였고,

---

48 홍석률, 2005, 294-304쪽; 정성윤, "미국의 대북 무력강압 실패에 대한 연구: 1968년 푸에블로호 나포사건을 중심으로," 『국제정치논총』, 54: 2, 2014, 145-178쪽.
49 김일성, "조선인민군창건 스무돐을 맞이하여," (영웅적조선인민군창건 스무돐 경축 연회에서 한 연설 1968년 2월 8일) 『김일성전집』 40 (평양: 조선로동당출판사, 2001), 65쪽.

푸에블로 승무원들은 28차례의 비밀회담 끝에 풀려나게 되어 사건이 일단락되었다.[50]

한국 정부는 미국의 미온적 대응에 실망, 대북 강경책을 주문하였다. 2월 1일 박정희 대통령은 북한에 대해 인내의 한계를 내비치고, 정일권 국무총리도 대북 보복의사를 피력하였다. 사건이 처음 발생했을 때 존슨 행정부는 북한의 행동이 소련과 협의 아래 진행되었을 것으로 추측하였다. 동아시아에서 미국에 대한 소모전을 전개하여 베트남에 대한 집중력을 떨어뜨리려 한다는 의심이었다. 미국은 북한의 무력공세가 한국군의 베트남 파병을 방해하고, 미군의 베트남전쟁 수행을 방해하기 위한 것이라 분석하였다. 미국은 한편 소련에게 북한에 압력을 넣어줄 것을 부탁하기도 했으나 소련은 이를 완곡하게 거절하였다. 그러나 러시아 문서를 연구한 한 연구자는 당시 북한의 외교 행보는 소련의 지시에서 충분히 자유로웠다고 평가하고 있다. 그가 본 자료들은 미국의 추정과 달리 소련이 오히려 북한의 과감한 행보에 당황, 필요한 정보를 얻으려 동분서주하는 모습을 보여주고 있다. 소련은 망아지처럼 날뛰는 북한 때문에 예기치 않은 분쟁에 휘말릴까 노심초사하고 있었던 것이다. 소련은 당시 북한을 달래기 위해 경제원조와 군사원조를 미끼로 제공하기도 했다.[51]

이듬해 미국 정찰기가 북한에 의해 격추되는 사건이 발생했을 때에도 북한과 소련 사이에는 비슷한 분위기가 흘렀다. 1969년 4월 15일 미 정찰기가 격추되어 31명 탑승자 전원이 사망하는 비극적 사건이 발생했다.

---

50   홍석률, 2005, 294-304쪽; 정성윤, 2014, 145-178쪽.
51   Sergey Radchenko, 2005.

사고 또는 도발 여부를 놓고, 또 북한 영공 침범 여부를 놓고 논쟁이 발생했다. 4월 16일 허담 외무성 부상과 박성철 외무상이 연이어 수다리코프 (N. Sudarikov) 소련 대사와 만났다. 허담은 "미국인들이 푸에블로 사건에도 불구하고 적절한 교훈을 깨닫지 못했다"고 미국 측에 일침을 놓았다.[52] 박성철 또한 자신들의 행동을 자위권 차원에서 정당화하기 위해 노력했다.

> 침입자가 우리의 영공을 침범할 때 우리가 그냥 팔짱을 끼고 있으면, 내일은
>
> 두 대의 비행기가 나타날 것이고, 그 숫자는 네 대, 다섯 대로 늘어날 것이다.
>
> 이것은 전쟁의 위험을 증가시킬 것이다. 그러나 확고하게 물리치면(firm re-
>
> buff), 전쟁 재발의 위험을 감소시킬 것이다.[53]

이 기간 중 북한의 대외 행보에 대한 소련의 영향력은 미약해 보이며, 소련의 지시에 북한이 순종하는 모양새는 없었다. 소련은 한반도에 전쟁의 재발을 바라지 않았기 때문에 북한의 과감한 행동을 제어하기 위해 여러 차례 시도했다.

---

52 "Record of Conversation between N.G. Sudarikov and Heo Dam, the leader of the Ministry of Foreign Affairs of DPRK ," April 16, 1969, History and Public Policy Program Digital Archive, RGANI: fond 5, opis 61, delo 462, listy 71-74. Obtained by Sergey Radchenko and translated by Gary Goldberg. https://digitalarchive.wilsoncenter.org/document/134230 (검색일: 2020년 2월 25일).

53 "Record of Conversation between N.G. Sudarikov and Pak Seong-cheol, a Member of the Political Committee of the Workers' Party of Korea ," April 16, 1969, History and Public Policy Program Digital Archive, RGANI: fond 5, opis 61, delo 466, listy 119-127. Obtained by Sergey Radchenko and translated by Gary Goldberg. https://digitalarchive.wilsoncenter.org/document/134231 (검색일: 2020년 2월 25일).

60년대에서 70년대로

1950년대가 전쟁과 전후복구의 시기였다면 1960년대는 전후를 벗어나서 남과 북이 각기 새로운 출발점에 선 시기라고 할 수 있었다. 50년대는 초반 한국전쟁의 여파로 전쟁의 수행과 휴전 이후 전쟁의 상처를 보듬기 위한 여러 노력들이 펼쳐질 수밖에 없었던 기간이었다. 남과 북 모두 3년 동안의 전쟁으로 피폐해 있었고, 국내 재건문제에 매진하였다. 전후복구 후 북한은 남한에 평화공세를 폈으나, 남한은 이에 응하지 않았다.

60년대 들어서 남북관계는 다시 냉각되었다. 후반부에는 상당히 긴장의 정도가 높아졌다. 인도차이나에 이어 한반도에도 불안한 정세가 펼쳐졌다. 미국과 한국의 군사정권이 힘을 합쳐 침략과 전쟁정책을 강화하고 있다는 것이 북한의 판단이었다. 북한은 한반도의 남쪽에서 군사수가 늘어나고, 군사장비와 시설이 개선 및 확장되고, 전술적 핵무기와 유도무기 등이 늘고 있다고 비난하고 있다. 한국과 미국의 군사적 협력은 한일국교정상화로 한국, 일본, 미국의 동북아시아군사동맹으로 발전하고 있다고 김일성은 분석하고 있다. 삼국군사협력의 구도에서 미국은 한국을 '전초기지'로 삼고, 일본을 '돌격대'로 삼아 침략전쟁을 준비하고 있다고 경고하였다. 1960년대 중반 북한의 이러한 정세 인식은 곧 북한체제의 권력집중과 군사력 강화, 강경한 대남노선으로 이어졌다.[54]

북한은 1968년과 1969년 베트남 구정대공세와 연대하여 대남 강경

---

54 김일성, "현 정세와 우리 당의 과업," (조선로동당대표자회에서 한 보고, 1966년 10월 5일) 『김일성전집』 37(평양: 조선로동당출판사, 2001), 233–303쪽.

노선을 걸었다. 북한은 북베트남의 공세에 보조를 맞춰 미 제국주의에 대한 공동전선을 폈고, 베트남의 혁명 열기와 반제, 반미투쟁을 한반도에도 펼친다는 계산을 하고 있었다. 김일성 정권은 베트남을 모델로 남한에 불안한 환경을 조성하고, 혁명적 상황이 도래하면 군사적으로 통일을 달성한다는 전략을 수립하였다. 내적으로 북한은 1960년대 후반 국방력 강화 노선을 채택하였고, 잇따른 숙청작업으로 김일성을 중심으로 하는 만주파의 권력을 강화시켰다. 70년대 초반에는 김정일의 후계구도를 가시화시켜 김일성은 자신을 정점으로 하는 주체국가를 형성하였다. 1967년부터 1972년 사이 김일성을 수반으로 하는 유일지도체계가 확립되었다. 북한의 체제는 한껏 경화되었고, 유연성을 상실한 북한체제는 지속적으로 쇠퇴의 길을 걷게 된다. 1960년대 후반 채택된 무리한 중공업 정책과 1970년대 초반 무역의 확대를 위한 외채의 증가는 원유가의 급증과 더불어 북한의 경제를 압박하는 요인으로 작용한다.[55]

베트남전쟁과 파병이 남한과 북한 사회에 미친 영향은 지대했다. 각각의 체제에서 군부의 영향력이 막강해지는 결과를 가져왔으며, 이는 남북관계가 보다 강하게 군사력의 대치의 길로 접어들었음을 의미한다. 한홍구는 "베트남 파병이 한국사회에 미친 가장 중요한 영향은 박정희 정권이 미국과 군부의 확고한 지지를 바탕으로 독재권력을 행사하면서 한국사회 전체를 병영국가로 만들어갔다는 점이"라고 단언하고 있다. 이성봉 또한 "1960년대 말에 이르자 북한 사회는 김일성을 정점으로 한 강력한 병

---

55   와다 하루키, 2002, 122-129쪽; 조진구, 2003a, 253쪽; 이성봉, 2004, 204-205쪽.

영국가적 모습을 드러내게" 되었다고 진단한다.[56] 베트남전쟁은 남한과 북한의 체제가 군사화하고 동시에 각 정권의 권력 집중을 용이하게 하여주는 외적 조건을 마련하였다.

북한은 비정규전 도발로 남한 정부와 사회를 흔들어 놓았고, 남한은 향토예비군 창설과 주민등록제 강화를 방패삼아 북한의 산발적 침투를 방어했다. 남과 북의 상호작용으로 긴장이 고조되고 있었으나, 주변 강대국들은 한반도의 열전을 원하지 않았기 때문에 남과 북의 격한 행동을 자제시키려는 자세를 갖고 있었다. 냉전의 와중에 데탕트 시동을 먼저 건 것은 강대국들이었다. 미국과 중국, 미국과 소련, 일본과 중국, 일본과 소련이 앞서거니, 뒤서거니 전후 새로운 관계정립을 위해 외교 노력을 펼쳤다. 강대국들 사이 화해 무드로 한반도의 두 숙적도 새로운 외교노선을 강구하게 된다.

---

56 한홍구, 2003, 135쪽. 이성봉, 2004, 206쪽.

8장 남북대화

남북한 태도의 변화

적대와 대결의 50년대, 60년대를 보낸 남과 북은 70년대 초반 세계적인 데탕트의 열기 아래 최초로 본격적인 대화의 국면을 맞이하게 된다. 남북 숙적사에서 유례 없는 첫 화해의 장이 펼쳐지게 된 것이다. 평자에 따라서, 화해의 개념 정의에 따라서 데탕트 시기 화해의 존재 여부에 대해 엇갈리는 평가가 있을 수 있다. 본고는 70년대 초반의 남북대화 시기를 다소의 한계에도 불구하고 첫 남북화해의 국면으로 평가하고자 한다. 다음 화해는 얼추 20년이 지나 냉전의 막바지에 가서나 가능하게 된다. 1971년 남북적십자회담으로 시작한 남북대화는 1973년 북한의 회담 중단 선언으로 일단락을 짓게 된다. 대화 내내 남한은 인도주의적 현안 등 쉬운 문제부터 단계적 접근을 하자는 입장이었고, 북한은 정치협상, 통일협상 등 과감한 제안을 내놓았다.

60년대 후반 국제정세 흐름의 변화와 더불어 한국의 대북정책, 통일정책에도 변화의 조짐이 나타나게 된다. 닉슨 대통령의 괌 독트린 발표 이후 박정희 대통령은 변화하는 국제정세에 적응해야 할 필요를 느끼고 있었다. 한편 지속적인 한국경제 성장에 대한 자신감 또한 한국 통일노선 변화의 추동력이 되었다. 박 대통령은 1969년을 기점으로 1인당 국민소득 기준 남한이 북한을 앞질렀다는 판단을 하게 되었고, 신장된 국력을 배경으로 남북이 선의의 체제경쟁을 펼치자는 제의를 구상하게 된다. 야당과 재야의 남북교류 주장에도 대응해야 할 필요성이 생겼다. 통일정책의 변화와 관련 애초 중앙정보부는 지지를, 국방부와 외무부는 시기상조라는 반응을 보이고 있었다.[1]

1969년 3월 1일에는 국토통일원을 발족하여 현실적인 통일구상을 모색하기 시작했다. 박정희 정부의 새로운 통일정책의 시작을 알리는 신호탄은 1970년 8월 15일 광복절 경축사였다. 박정희 대통령은 이른바 8·15 평화통일구상 선언을 통해서 통일에 관한 새로운 구상을 제시하였다. 박 대통령은 북한이 무력통일노선을 포기하는 조건 하에 통일을 위한 획기적 제안을 할 용의가 있음을 밝혔다. 그는 북한이 유엔의 권위를 인정한다면 유엔에서 한국문제를 토의하는 것에 반대하지 않는다는 뜻을 표명했

---

1   강상욱·강인덕·정홍진·송종환, "남북한체제경쟁선언-8·15평화통일구상선언
     비화,"『월간조선』, 2003년 8월호, 232-237쪽; 윤홍석, "8·15 평화통일구상 선언,"
     강인덕·송종환 외, 『남북회담: 7·4에서 6.15까지』(서울: 극동문제연구소, 2004),
     43-89쪽.

다. 박정희는 남한과 북한이 국민의 복리 증진을 위한 경쟁을 하자는 제안
도 덧붙였다.[2]

8·15선언은 박 대통령의 지시로 강상욱 청와대 대변인이 은밀하게
학계와 언론계의 자문과정을 거쳐 구성 작업을 했다. 당시 대변인실은 월
요회, 화요회, 수요회 등 학계와 언론계 인물들로 구성된 자문조직을 운영
하고 있었다. 선언문 초안을 본 박 대통령이 좀 더 대담한 내용을 포함하
라고 하여 문건에 이산가족 상봉, 서신왕래, 고향방문, 학술과 문화 등 비
정치 분야의 교류, 남북교역 및 경제협력 등 구체적이고 대담한 내용이 포
함되었다. 1970년 8월 9일 박정희 대통령, 최규하 외무장관, 이호 법무장
관, 김영선 국토통일원장관, 김계원 중앙정보부장, 김정렴 비서실장, 신직수
검찰총장, 유근창 국방차관, 강상욱 청와대 대변인이 대통령 집무실에 모
여 연설문 초안을 놓고 검토 작업을 벌였다. 최규하 외무장관은 초안의 내
용에 동의를 표했으나, 이호 법무장관은 반대의견을 개진했다. 이호 장관
은 "북한이 남침의 기회를 호시탐탐 노리고 있어서 국민들이 허리띠를 졸
라매고 대북 경각심을 높여 나가야 한다"면서 "연설문 초안에 나와 있는
것은 시기상조이며 대통령의 통치권 행사라고 하여도 반공법의 테두리를
벗어나면 곤란하다"는 강경한 입장을 보였다. 대통령 앞에서 합의를 도출
하지 못하자 일동은 비서실장실로 자리를 옮겨 토론을 계속 이어갔다. 그
러나 여기에서도 결론을 도출하지 못하였다.[3]

---

2   "박정희대통령의 8·15선언," 남북조절위원회, 『남북대화백서』(서울: 남북조절위원
     회, 1978), 253 – 260쪽; 강상욱 외, 2003, 232 – 237쪽.
3   강상욱 외, 2003, 232 – 237쪽; 우승지, 2004a, 91 – 126쪽.

오후 5시 반경에 다시 대통령과 합석하였고, 박 대통령은 법무부의 강한 반대의견을 참작하여 직접 연설문 초안에 있던 이산가족의 상봉, 고향방문, 서신왕래, 학술과 문화예술 분야 교류, 남북 경제협력 등 구체적 내용을 삭제하였다. 박 대통령은 "인도적 견지에서 통일기반 조성에 기여할 수 있고 남북한에 가로놓인 인위적 장벽들이 단계적으로 제거되면 남북한 간에 통일문제에 대한 현실적이고 획기적 방안을 제시할 용의가 있다"로 구체적인 교류제안을 조건부로 바꾸었다.[4] 이렇듯 8·15선언의 내용은 다소 약화되었지만, 동 선언은 70년대 박정희 정부 통일정책의 방향 전환을 내외에 알리는 계기가 되었다.

1971년 4월 12일 최고인민회의 제4기 제5차 회의에서 허담 외상이 주한미군 철수, 미군 철수 후 남북 상호 감군, 한미상호방위조약과 한일기본조약 폐기, 자유로운 남북한 총선거, 정치범 석방, 과도기적 조치로서 남북연방제 실시, 남북 통상 및 교류협력, 정당과 사회단체 대표들로 구성되는 남북정치협상회의 소집을 내용으로 하는 평화통일방안 8개항을 발표하였다. 허담은 또한 연방제 실시가 어려우면 경제위원회를 조직해 경제교류와 협조부터 시작하고, 최소한의 인도주의적 조치로 남북 이산가족, 친척, 친우들 간 편지거래와 인사왕래를 제안하기도 했다.[5]

1971년 7월 초 키신저의 베이징 방문이 채 한 달이 지나지 않은 8

---

4   강상욱 외, 2003, 236–240쪽. 선언 중 유엔 관련 부분은 외무장관의 건의로 포함된 것이다. 한국 정부는 8월 9일 선언문 내용을 주한 미대사관에 전달하였다. 또한 강인덕, "박정희는 왜 김일성의 정상회담제의를 거절했나," 「신동아」, 1993년 1월호, 362–363쪽을 참조.
5   《로동신문》, 1971년 4월 13일.

월 6일 캄보디아 시하누크(Norodom Sihanouk) 국왕 환영 연설에서 미중화해와 관련 공개적으로 이를 비판한 소련 및 북베트남과 달리 김일성은 미중 접근이 미국의 패배이고 중국 인민의 승리라는 닉슨 '백기론'의 연장에서 이를 환영한다고 언급하고, "남조선의 민주공화당을 포함한 모든 정당, 사회단체 및 개별적 인사들과 아무 때나 접촉할 용의가" 있음을 천명했다. 김일성은 다가오는 닉슨의 방문이 미 제국주의 쇠퇴이자 중국에 대한 적대 정책의 실패 증거로 보았다. 그는 더 나아가 아시아에서 미군 철수, 닉슨 독트린 철회, 타국 내정간섭 중지를 미국에게 요구하고 나섰다.[6]

1971년 11월 15일부터 23일까지 열린 조선로동당 중앙위원회 제5기 제3차 전원회의에서 북한은 세계 모든 나라와 외교관계를 수립하겠다는 의지를 보였다. 북한은 제3세계에 대한 외교를 더욱 강화하였고, 서방에 대한 접근을 모색하기 시작했다. 1961년 9월 4차 당대회에서 자본주의 국가들과 외교관계를 수립하고 경제와 문화교류를 발전시키겠다는 의지를 표명한 바가 있었지만 실제 성과는 미흡했었다. 중국의 유엔가입, 미중 접근, 중일 국교정상화, 미소 화해 등 국제정세의 변화에 북한 또한 빠르게 움직이고 있었다. 북한에게 새로운 6개년 경제개발계획의 추진에 필요한 자본과 기술의 도입이 절실한 때였다. 평양은 1960년대 후반 프랑스, 오스트리아, 핀란드에 무역사무소를 설치했고, 1969년 대서방 교역이 약 1억

---

6   "Kim Il-song Endorses Nixon Trip go Peking as Victory for PRC," *Trends in Communist Propaganda* (Foreign Broadcast Information Service: FBIS), 22: 32, August 11, 1971, pp. 13-15; 김일성, "미제를 반대하는 아세아 혁명적 인민들의 공동투쟁은 반드시 승리할 것이다," 1971년 8월 6일, 『김일성 저작집』26 (평양: 조선로동당 출판사, 1984), 232-233. 심지연, 2001, 59-61쪽, 297-299쪽; 윤미량, 2015.

9000만 달러로 북한 총교역의 27.3%에 해당하였다. 1970년대 북한의 대서방 교역은 꾸준히 증가하였다. 그러나 이러한 추세는 오히려 북한의 대서방 무역적자가 급증하는 역효과를 가져왔다. 1975년까지 누적된 북한의 외채는 17억 달러였으며, 1977년 당시 누적외채는 21억 달러에서 30억 달러 사이로 추정되었다.[7]

1972년 1월 10일 김일성은 《요미우리신문》과 인터뷰를 갖고 4단계 한반도 평화체제 구축안을 제시한다. 김일성은 (1) 남북평화협정 체결, (2) 상호 불가침선언, (3) 주한미군 철수, (4) 남북 무력 대폭 감축의 단계적 주장을 내놓았다. 과거에는 주한미군을 먼저 철수시키고, 후에 남과 북이 평화협정을 맺자는 주장을 하던 데 비해서 이번에는 남북 평화협정 체결 후 주한미군 철수를 실행하자는 주장으로 바뀐 점이 눈에 띈다.[8]

1970년과 1971년 사이 남과 북은 위에서 살펴본 바와 같이 서로에게 긴장을 완화하고, 교류협력을 증진하며, 통일을 촉진시킬 수 있는 다양한 방안을 제시하고 나왔다. 남북 평화협정 체결, 불가침협정, 무력 감축, 이산가족 상봉, 경제협력, 사회문화 교류 등의 제안들이 구상되고, 발표되었다. 일방적 구상의 제안 단계에서 벗어나 남과 북이 실제 대화에 나서게 된 것은 이산가족 상봉을 위한 적십자회담의 제안과 수락이 직접적인 계기가 되었다. 이후 남북대화 또는 남북화해는 적십자회담, 비밀회담, 공동성명, 조절위원회 회담의 순으로 진행되었다.

---

7   김계동, 2003, 5장.
8   홍석률, 2012, 175–177쪽.

남북적십자회담

1970년 8·15성명 발표 이후 박정희 대통령은 중앙정보부에 북한에게 보낼 구체적인 협상 제안을 만들 것을 지시하였다. 동년 12월 21일 동경에서 대사직을 수행하던 이후락이 중앙정보부장으로 임명되어 서울로 복귀하였고, 그의 귀임은 차후 대북정책의 변화로 이어졌다.[9] 미국과 중국이 접근하는 등 동아시아 정세가 요동치는 와중에 청와대 외곽자문기구 수요회는 브란트의 동방정책과 데탕트 기운에 대해 연구와 토론을 벌이고 있었다. 수요회는 남북 사이 긴장완화와 관계개선을 도모하고 인적, 경제적 교류에서 주도권을 쥘 필요성이 있다고 보고 남북적십자회담을 통한 이산가족찾기운동을 제안하였다. 박 대통령은 중앙정보부, 외무부, 통일원 등 유관기관에 수요회 건의사항을 검토하도록 지시했다.[10]

1971년 대선(4월)과 총선(5월)을 치른 후 정부는 6월 3일 김종필을 국무총리, 김용식을 외무장관으로 하는 개각을 단행하였다. 양대 선거를 치른 후부터 중앙정보부는 이후락 부장 지휘 아래 대북협상제안 구상을 연구하기 시작했다. 정보부는 체육교류, 기자교류, 문화교류, 경제교류 등 여러 가지 방안을 연구한 끝에 안보에 미치는 영향이 적고, 북한이 받아들이기 용이한 인도적인 문제, 즉 이산가족 재회를 다룰 적십자회담을 대통령에게 건의하게 된다.[11]

---

9   강인덕 인터뷰, 2008년 3월 24일.
10   김정렴, 1997, 2장, 4장.
11   강인덕, 1993, 367-368쪽.

1971년 8월 12일 오전 10시 최두선 대한적십자사 총재가 공영방송을 통해 "남북간의 가족찾기운동을 구체적으로 협의하기 위하여 가까운 시일안에 남북적십자사대표가 한자리에 마주 앉아 회담할 것을 제의"하는 특별성명을 발표하였다. 이틀 후 북한적십자 중앙위원회 손성필 위원장이 남북이 판문점에서 만나 "남북으로 흩어진 가족들과 친척, 친우들간의 자유로운" 왕래와 상호방문, 서신거래, 상봉을 토의해 보자는 답을 평양방송을 통해 보내왔다. 8월 15일 박정희 대통령은 남북대화에 적극적으로 임할 것임을 천명하였다.[12] 이렇게 성사된 남북적십자회담은 파견원 접촉, 예비회담, 본회담, 대표회의 및 실무회의로 진행되었다. 1971년 8월 20일 판문점 중립국감독위원회에서 남북 적십자 간 만남이 성사되었다. 남과 북은 한적의 이창열과 윤여훈, 북적의 서성철과 염종련이 다섯 차례 파견원 접촉을 통해 남북적십자 본회담을 위한 예비회담을 9월 20일에

---

12 남북조절위원회, 1978, 69-70쪽; 심지연, 2001, 59-62쪽. 원래 계획은 박정희 대통령이 직접 8·15 기념행사에서 발표하려고 했으나 김종필이 일본에 정보를 흘려 《요미우리신문》에 7월말 사전 보도되었다고 한다. 이에 정부는 계획을 바꾸어 8월 12일에 최두선 총재가 발표하는 형식을 띠게 된다. 강인덕 인터뷰, 2008년 3월 24일. 김달술은 박 대통령이 8·15 기념사에서 일반론을 피력하고, 그 다음날 대한적십자사에서 남북적십자회담을 제의하는 수순이었다고 증언하고 있다. 1971년 초 이후락 정보부장은 북한과를 북한처로 확대 개편하여 남북대화를 준비하는 실무 작업을 맡겼다. 북한처장은 김달술이 맡았다. 북한처가 4, 5월 무렵부터 위선의 지시에 의해 적십자 회담을 제의하는 제안문을 만들고, 이를 최두선 총재에게 전달했다. 최 총재는 문건을 받아들고 감동하여 눈시울을 붉혔다고 한다. 처음 업무를 맡았을 때 김달술은 적십자, 이산가족 문제에 대해 잘 몰랐다고 증언하고 있다. 김달술 인터뷰, 2008년 4월 15일. 이후락 부장은 1971년 8월 초 박 대통령을 찾아가 남북적십자회담 제안에 대해 승낙을 얻었다. 그는 이어 정릉으로 최두선 총재를 찾아가 이 계획을 설명했다. 이 부장은 8월 12일로 예정된 적십자회담 제의 계획을 포터 대사에게 8월 6일 알렸다. Telegram form Embassy Seoul to Secretary of State, August 7, 1971, Pol Kor N-Kor S, Central Files, RG 59, USNA.

열기로 합의하게 된다.[13]

1971년 8월말 이후락 중앙정보부장은 미국 측과 만나서 정부가 적십자대화를 시작하는 이유를 아래와 같이 정리하고 있다. 첫째, 국민들에게 한국정부가 인도주의 측면에서 남북대화를 시작할 준비가 되어 있다는 점을 보여준다. 둘째, 남한 국력이 북한 국력보다 우위에 있어 힘의 우위에서 협상할 수 있다. 셋째, 북에게 남의 실상을 보여준다.[14]

적십자 본회담에 앞서 남과 북은 25회의 예비회담을 가졌다. 남북적십자 제1차 예비회담은 1971년 9월 20일 판문점 중립국감독위원회 회의실에서 열렸고, 한적에서는 김연주 수석대표를 필두로 박선규, 정홍진, 정희경, 정주년이, 북적에서는 김태희 수석대표를 선두로 김덕현, 조명일, 이종학, 서성철이 참석하였다. 1차 예비회담에서 판문점 연락사무소 설치와 연락관 상주, 쌍방 연락사무소 간 직통전화 개설에 남북이 합의하였다. 예비회담에서 남과 북은 본회담을 서울과 평양에서 윤번으로 개최하기로 합의했으나, 심인사업 대상과 관련 한적은 '가족'을, 북적은 '친우'를 강조하여 진통을 겪었다. 북한은 또한 '자유로운 래왕'이라는 표현을 의제 문안에 담기를 희망하였다. 남북은 본회담 의제로 이산가족과 친척들의 주소와 생사 확인, 자유로운 상봉 실현, 자유로운 서신 거래, 자유의사에 의한 재결합, 기타 인도적 문제를 의제로 채택하였고, 한적은 이범석을 수석

---

13 남북적십자회담 진행과정은 다음을 참조. 남북조절위원회, 1978, 114-135쪽; 통일노력60년 발간위원회 편, 『통일노력 60년: 하늘길 땅길 바닷길 열어 통일로』(서울: 통일부, 2005), 107-113쪽.

14 Telegram from Embassy Seoul to Secretary of State, "Korean CIA Director's Views on Red Cross Talks," August 31, 1971, Pol Kor N-Kor S, Central Files, RG 59, USNA.

대표로, 북적은 김태희를 수석대표로 하는 대표단 구성을 완료하였다.[15]

남북적십자 본회담은 평양과 서울을 오가며 모두 일곱 차례 개최되었다. 평양 대동강회관에서 열린 제1차 본회담(1972년 8월 29일~9월 2일)에서 남과 북의 대표단은 적십자 인도주의 정신에 입각하여 이산가족들의 고통을 덜어줄 것을 다짐하였다. 제2차 서울 본회담(1972년 9월 12일~16일)과 제3차 평양 본회담(1972년 10월 23일~26일)에서 남한은 인도주의 문제에 집중하자는 입장을 보인 반면 북한이 이산가족 문제와 통일문제의 연관성을 지적하며 남한의 모든 법률적, 사회적 장애를 제거해야 한다고 주장하며 진통을 겪었다. 제4차 서울 본회담(1972년 11월 22~24일)에서 남과 북은 "남북적십자 공동위원회와 남북적십자 판문점 공동사업소 등 공동사업기구 설치에 관한 합의서"를 교환하였으나 그 설치가 실현되지는 못하였다.[16]

15   남북조절위원회, 1978, 74-89쪽.
16   Telegram from Embassy Seoul to Secretary of State, "Travel of KNRC Delegation to Pyongyang," August 28, 1972, Pol Kor N-Kor S, Central Files, RG 59, USNA; Telegram from Embassy Seoul to Secretary of State, "Red Cross Talks Fist Plenary Session," August 31, 1972, Pol Kor N-Kor S, Central Files, RG 59, USNA; Telegram from Embassy Seoul to Secretary of State, "Red Cross Talks - September 12," September 13, 1972, Pol Kor N-Kor S, Central Files, RG 59, USNA; "Note on Information Provided by Head of 1st Department of DPRK Foreign Ministry, Comrade Kim Jae-suk, about 1st Main Negotiation of Red Cross Committees from DPRK and South Korea on 12 September 1972," September 15, 1972, History and Public Policy Program Digital Archive, PolA AA, MfAA, C 951/76. Obtained by Bernd Schaefer and translated by Karen Riechert http://digitalarchive.wilsoncenter.org/document/112243 (접속일: 2018년 8월 21일); "On Information Provided by Head of 1st Department of DPRK Foreign Ministry about the Second Main Negotiation of Red Cross Committees From DPRK and South Korea," October 12, 1972, History and Public Policy Program Digital Archive,

평양에서 열린 제5차 본회담(1973년 3월 20~23일)에서 이산가족 소재 확인 관련 한적은 적십자가 확인하는 방법을, 북적은 이산가족 본인이 직접 확인하는 방법을 제안했다. 북한은 직접 확인을 위해 남한의 반공법과 국가보안법이 철폐되어야 한다는 주장을 폈다. 이어 서울에서 열린 제6차 본회담(1973년 5월 8~11일)에서 북적은 남한의 법률적, 사회적 조건과 환경의 개선, 적십자 요해 해설인원의 파견 등을 주장했다. 제7차 평양 본회담(1973년 7월 10~13일)에서 한적은 대화 교착상태를 돌파하기 위해 시범적 사업으로 추석 성묘방문단의 상호교류를 제의했다. 북적이 종래 선(先) 법률, 사회 환경 조성을 요구하고 나서 회담은 결렬되고 말았다.[17]

남북적십자회담은 국내외 지대한 관심 속에 축제 분위기에서 시작되었다. 남과 북은 서로 자기 체제의 우수성을 알리기 위해 온갖 선전을 펼치는 등 경쟁의식도 치열하였다. 적십자 회담 차 남한에 내려온 북측 대

PolA AA, MfAA, C 951/76. Obtained by Bernd Schaefer and translated by Karen Riechert. http://digitalarchive.wilsoncenter.org/document/112271 (접속일: 2018년 8월 21일); "Note on Information by the Head of the 1st Department of the DPRK Foreign Ministry, Comrade Kim Jae-suk, on 31 October 1972 for Ambassadors and Acting Ambassadors of the GDR, Czechoslovakia, and Bulgaria," November 08, 1972, History and Public Policy Program Digital Archive, PolA AA, MfAA, C 951/76. Obtained and translated by Bernd Schaefer. http://digitalarchive.wilsoncenter.org/document/114564 (접속일: 2018년 8월 24일); "Note on Information by DPRK Deputy Foreign Minister Comrade Ri Man-seok on 28 November 1972 for the Ambassadors and Acting Ambassadors of Poland, Czechoslovakia and the GDR between 1200 and 1330 hours in the Foreign Ministry," December 01, 1972, History and Public Policy Program Digital Archive, PolA AA, MfAA, C 951/76. Obtained and translated by Bernd Schaefer. http://digitalarchive.wilsoncenter.org/document/114566 (접속일: 2018년 8월 24일).
17 남북조절위원회, 1978, 131-135쪽.

표단에게 남한의 발전상을 보여주기 위해 당국은 고속도로를 대한통운 트럭으로 채우기도 하고, 서울 거리를 새로 페인트칠하고 빌딩 불을 밤늦 도록 끄지 않도록 했다.[18] 그러나 막상 대화가 막을 열고 북한 대표가 체제 선전을 늘어놓자 한껏 기대에 부풀었던 남한 시민들의 분위기는 급속히 냉각되었다. 북한의 8·28선언으로 조절위원회 중단과 더불어 서울에서 개최 예정이던 제8차 남북적십자 본회의 또한 좌절되었다.[19]

7·4 공동성명

1971년 11월 19일 남북적십자 예비회담 중 한적의 정홍진이 북적의 김덕현에게 쪽지를 건네면서 남과 북의 비밀 실무회담이 그 다음날인 20 일을 기점으로 11차례에 걸쳐 진행되었다. 정홍진은 중앙정보부 협의조정 국장이었고, 김덕현은 조선로동당 중앙위원회 조직담당 책임지도원 신분 이었다. 남과 북은 비밀 실무회담을 통해서 이후락-김영주의 양자회담에 합의하였다. 남측은 회담장소로 제네바나 파리를 주장한 반면 북한은 이 후락 부장이 먼저 평양을 방문할 것을 주장하다가 양인의 평양, 서울 교 차방문에 합의했다. 교차방문 준비작업으로 남측 정홍진이 72년 3월 28~31일 일정으로 평양을, 북측 김덕현이 4월 19~21일까지 서울을 방문

---

18   《중앙일보》, 2006년 7월 25일.
19   국토통일원, 『남북대화백서』(서울: 남북대화사무국, 1988), 109쪽.

하였다.[20]

정홍진의 평양 방문 시 이후락 부장은 (1) 일방적 통일제안을 중지하고 양부장회담을 통해 합의된 공동제안을 만들자, (2) 평화통일회담은 시간을 갖고 꾸준히 해나가고 물적, 인적 교류는 빠른 시일 안에 성사시키자는 구상을 전달했다. 김영주 부장은 (1) 이 부장과의 회담의 목적은 통일회담이며, 오해가 풀리고 신임이 쌓이면 총비서와 대통령이 만나야 한다, (2) 공산주의냐, 자본주의냐 체제문제는 관여할 필요가 없다는 뜻을 전했다. 김덕현의 서울 방문 시 김영주 부장의 전언은 따로 없었고, 이후락 부장은 (1) 전쟁 방지, (2) 비정치적 교류(인사교류, 통신교류, 경제교류)의 우선 실시를 강조하였다. 4월 20일 오후 5시 이후락은 김덕현을 두 번째 만난 자리에서 애초 자신이 제3국에서 김영주를 만나 (1) 가까운 시일에 민족통일을 논의하기 위한 협상을 시작하고, (2) 남북 간 인적, 물적, 통신의 교류를 실천한다는 내용의 공동성명을 발표하고, 차후 남북 정부 대변

---

20 남북조절위원회, 1978, 91-93쪽; 김정렴, 1997, 4장. 강인덕의 증언에 의하면 대화 파트너로 이후락과 김영주를 선택한 것은 남쪽이었다고 한다. 강인덕 인터뷰, 2008년 3월 26일. 정홍진 평양 파견을 앞두고 이후락 부장은 김영주 부장 앞으로 "위 사람의 인격과 능력을 신임하여 귀하에게 본인의 의사를 전달하고 귀하의 의사를 본인에게 전달할 권한을 부여"한다는 신임장(72년 3월 28일)을 보냈다. 김영주 부장은 "귀측이 파견하는 정홍진 선생을 숭고한 민족애로 따뜻이 맞이할 것이며 그가 체재하는 기간 자기의 임무를 원만히 수행하고 돌아갈 수 있도록 신변안전과 모든 편의를 보장할 것을 확약"한다는 서신을 이후락 부장 앞으로 보냈다. 김덕현 서울 파견 당시 김영주 부장은 "나는 우리들 사이의 회담이 남북 간에 조성된 오해와 불신을 해소하고 나라의 자주적 평화통일을 촉진하는데서 훌륭한 기초를 마련하게 되리라고" 믿는다는 서한(72년 4월 19일자)을 보내왔다. 이후락 부장 또한 김영주 부장 앞으로 "김덕현 선생을 따뜻이 맞이할 것이며 그가 자기 임무를 원만히 수행하고 돌아갈 수 있도록 신변의 안전을 보장하고 아울러 모든 편의를 제공할 것을 약속"하는 서신(72년 4월 19일자)을 보냈다. 이경재, 1985a, 208쪽.

인이 이를 공식 환영하는 방안을 갖고 있었다고 전했다.[21]

이후락 중앙정보부장이 3명의 수행원과 함께 5월 2일부터 5일까지 3박 4일 동안 극비리에 평양을 방문하여 김일성과 두 차례, 김영주와 두 차례 회담을 가졌다. 평양 파견 전 이후락 부장은 박 대통령에게 "특수출장인허원"을 제출하였다. 이 부장은 "각하의 통일신념을 그들에게 설득, 관철케 해보는 일방, 또 그들의 의중도 타진해" 보기 위해 평양 출장을 신청한다면서 남북회담 개최, 남북 간 상호 중상 및 비방 지양, 비현실적인 일방적 통일제안 지양, 일체의 무력적 행동 지양을 내용으로 하는 공동성명의 가능성을 개진하고 있다.[22]

박정희 대통령은 이 부장의 출장을 허락하면서, "남한국세가 절대

---

21 정홍진, "7·4공동성명의 성립과정과 역사적 의미," 2002년 한국정치학회 하계학술대회 발표논문, 2002년 7월 25일. 3월 28일 평양에서 정홍진이 김영주와 나눈 대화는 다음을 참조. "Conversation with Kim Yeong-ju (1)," March 28, 1972, History and Public Policy Program Digital Archive, South Korean Foreign Ministry Archive. http://digitalarchive.wilsoncenter.org/document/110829 (접속일: 2018년 8월 14일). 4월 19일과 20일 김덕현이 서울에서 이후락과 나눈 대화는 다음을 참조. "Meeting with Director of KCIA Lee Hu-rak (1)," April 19, 1972, History and Public Policy Program Digital Archive, South Korean Foreign Ministry Archive. http://digitalarchive.wilsoncenter.org/document/110776 (접속일: 2018년 8월 14일); "Meeting with Director of KCIA Lee Hu-rak (2)," April 20, 1972, History and Public Policy Program Digital Archive, South Korean Foreign Ministry Archive. http://digitalarchive.wilsoncenter.org/document/110777 (접속일: 2018년 8월 15일).

22 "특수출장인허원, 1972년 4월 24일," 문화방송 시사교양국, 『1972년 7월 4일: 박정희와 김일성』(2004), 90-97쪽. 시사교양국이 펴낸 자료집은 비(非)발간물임. 이후락 부장의 평양 출장은 박정희 대통령, 김종필 국무총리, 김용식 외무장관, 이후락 부장의 모임에서 정식 논의되었다. 이 모임은 안건의 토의보다는 사후 추인의 성격이 강했다. 김 외무는 이 자리에서 신변안전의 문제를 제기하고 판문점 중립지대를 회의 장소로 추천하고 있다. 김용식, 1987, 281-283쪽.

우위라는 자신으로 대화에 임함으로써, 북이 우위라는 환상적 기를 꺾고, 평화통일을 위한 제 의견을 교환"할 것을 당부하고 있다. 박 대통령은 '평화적 통일'을 목표로 '제반문제의 단계적 해결'을 남북대화의 기조로 못박고 있다. 즉 그는 가족찾기운동 등 인도적 문제 해결을 시작으로, 경제 문화 등 비정치적 문제를 우선 토의하고, 그 바탕 위에서 최종단계로 정치회담을 할 수 있다는 입장을 개진하고 있는데 이러한 공식은 향후 70년대 한국정부가 남북대화에 임하는 기본이 되었다.[23]

이후락 일행은 자유의 집을 출발하여 개성까지 향했고, 개성부터는 헬리콥터를 이용 평양에 안착했다. 평양비행장에는 김영주 조직지도부장과 김중린 비서가 남쪽 손님을 맞이하러 나와 있었다. 이후락과 김영주의 회담은 5월 2일 오후와 5월 3일 오후 두 차례 이루어졌다. 1차 회담에서 양인은 주한미군, 6·25전쟁, 무장간첩, 통일 등 다양한 주제를 놓고 토의를 벌였다. 이후락 부장은 평양과 서울을 왕래하며 남북회담을 교환, 개최하자고 제의했다. 그는 남북적십자회담 조속 추진에 이어 인적, 물적 교류를 하고 순차적으로 통일문제를 논의하자고 단계적 접근법을 내놓았다. 통일과 관련 무력을 사용하지 않는 자주적, 평화적 통일을 강조하면서 대외선전적인 일방적 통일제안은 지양하자고 말했다. 2차 회담에서 김영주는 빠른 시일 내에 통일을 이루기 위해 남북적십자회담이나 교류보다 이후락–김영주 정치협상에서 시작하여 총비서–대통령 사이 수뇌회담이 우선 필요하다고 역설했다. 그는 남북한 두 제도 간의 모순과 차이를 극복

---

23 "특수지역출장에 관한 대통령 훈령, 1972년 4월 26일." 문화방송 시사교양국, 2004, 102–105쪽; 이경재, 1985a, 210쪽.

하고 외세를 배격하여 자주적으로 통일을 해야 한다는 원칙에 합의, 이를 공동성명으로 채택하자면서 서울, 평양 또는 판문점 발표를 제안했다. 김영주는 또한 주한미군 철수와 남북 쌍방이 각각 10만 명으로 군축하는 안을 내놓았다.[24]

김영주와 두 번의 회담을 마치고, 평양대극장에서 가극을 관람한 이후락은 별 성과 없이 다음날 서울로 돌아가야 한다는 부담을 안고 모란봉 초대소 잠자리에 들었다. 연회에서 마신 술과 잠 너머로 희미하게 누군가가 문을 두드리는 소리가 들렸다. 황망히 잠에서 깬 이 부장은 흑색 정장을 한 안내원에게 이끌려 흑색 세단을 타고 행선지도 모르는 채 어딘가로 향했다. 5월 4일 밤 10시가 넘은 시간이었고, 차창 밖에는 억수같이 비가 쏟아지고 있었다. 이 부장은 어둠 속에서 어느 건물로 안내되어 엘리베이터를 탔다. 4층에서 문이 열리자 그의 앞에는 덩치가 큰 사내가 기다리고 있었다. 그 건물은 김일성 수상의 집무실이었고 마주한 인물은 북한의 지도자 김일성이었다.[25]

일행이 자리에 앉고 난 후 한참 천장을 바라보며 뜸을 들이던 김일성이 문뜩 고개를 돌려 미 제국주의 군대를 왜 붙잡아 두고 있느냐며 첫 마디부터 공세를 폈다. 왜 반공법으로 무고한 인민을 괴롭히느냐고 힐책하기도 했다. 김일성과 첫 회담은 5월 4일 0시 15분부터 1시 30분까지 평양 만수대 김일성관저에서 진행되었다. 남측에서 이후락과 정홍진이, 북측

24 정홍진, 2002.
25 이상우, 『비록 박정희 시대(1)』(서울: 중원문화, 1984), 312쪽; 이경재, 1985b, 210–211쪽; 정홍진 인터뷰, 2005년 8월 24일.

에서 김일성, 박성철, 김영주, 김중린, 유장식, 김덕현이 참석했다. 김일성은 다시는 '남침'이 없을 것이라고 다짐했고, 1·21사태에 대해 박 대통령에게 미안하다는 마음을 전했다.[26] 이후락 부장은 통일은 4대 강국이 관여할 문제가 아니며, 우리가 자주적으로 통일해야 한다는 박 대통령의 뜻을 전했다. 평화, 통일, 국제정세에 관해 의견을 나눈 끝에 김일성이 3가지 원칙으로 정리하자 이후락이 맞장구를 쳤다.

> 김일성: 상호 맹동분자 견제합시다. 박대통령에게 말씀드려 주십시오. 외세에 의해서 통일하지 말자. 싸움하지 말고 평화적으로 통일하자. 민족단결을 위한 방향에서 출발점을 삼자. 방법문제란 것은 좋게 의논해서 해결하면 된다고 생각합니다.
>
> ……
>
> 김일성: 남의 농간물이 되지 않고 단결의 방향으로 …… 외세의존하지 맙시다. 이 부장의 말씀을 들으면 박대통령과의 완전 의견일치입니다. 3가지 통일원칙, 단결, 평화, 외세배격, 여기에서 출발해야 합니다.
>
> 이후락: 3가지 원칙을 통일의 기둥으로 삼고 통일은 꼭 이룩되리라 생각합니다. 박대통령의 의견도 동일합니다.[27]

---

26 이경재, 1985b, 210–211쪽.

27 "심일성과의 1차 회담, 1972년 5월 4일," 문화방송 시사교양국, 2004, 124–130쪽. 또한 다음을 참조. "Conversation between Kim Il Sung and Lee Hu-rak," May 04, 1972, History and Public Policy Program Digital Archive, South Korean Foreign Ministry Archive. http://digitalarchive.wilsoncenter.org/document/110780 (접속일: 2018년 8월 15일). 5월초 김일성과 이후락의 대화를 북한은 아래 저서에서 정리하고 있다. 김일성, "조국통일의 3대원칙에 대하여," 1972년 5월 3일, 『김일

김일성과 이후락이 마주한 1차 회담에서 남북한 대표들은 민족통일에 대해 토론했다. 자주 평화, 민족대단결은 남북이 모두 동의할 수 있는 원칙들이었다.

2차 회담은 5월 4일 13시부터 14시 10분까지 김일성관저에서 열렸으며, 양쪽 배석자는 1차 때와 동일했다. 이후락과 김일성은 서울 답방에 김영주 대신 박성철을 파견하는 문제로 옥신각신했다. 이후락은 상당히 집요하게 김영주 파견을 요청하였고, 이어 두 사람은 불가침, 군비축소와 남북관계 조율문제로 화제를 이어갔다.

> "이후락: 어제도 김부장과 남북오해와 불신문제에 대하여 이야기했고 또 김덕현 선생 서울 왔을 때도 불신문제 이야기했습니다만, 본의 아닌 오해가 있었던 것은 사실입니다. 남침에 대한 오해가 있었습니다. 북에는 맹동분자가 있고 남쪽에는 무력통일하자는 사람 있습니다. 자신 있게 이야기하는 것은 박대통령께서 절대 무력으로 하지 않겠다는 것을 말씀드립니다. 수상께서 말한 원칙에 합의하고 통일하는 방법과 시기는 앞으로 연구하고 그동안, (1) 상대방을 중상·비방하지 말고, (2) 일방적 대외 선전적 통일 제안하지 말고, (3) 무력으로 상대방을 괴롭히지 말자. 이것을 약속해야 합니다.
>
> ……
>
> 김일성: 군대축소하고 군비축소해야지……
>
> 이후락: 그것도 불신 때문입니다. 누가 군대를 많이 갖기를 원하겠습니까?
>
> 김일성: 무력을 사용하지 않겠다는 것도 약속하고 군대를 축소합시다. 그렇

성전집』 48(평양: 조선로동당출판사, 2003), 385-404쪽.

게 되면 비무장지대 없어집니다. 지금 상태를 그대로 두면 모험주의자가 한 번 "퉁탕"하면 불지르기 시작하면 그것이 위험합니다. 이 위험을 없애려면 총적 문제로서 대책을 강구해야 합니다. 불신임의 바탕을 없애고 신임을 표시해야 합니다. 이것은 쌍방이 다 표시해야지.

이후락: 어떠한 합의를 보고 그 합의를 이룩하려는 노력이 중요합니다.

김일성: 공동위원회 만들어서 우리 조절합시다. 왔다갔다 하면서 조절사업을 해야지 말로서 "서로 신임한다" 이래서 지나가서야 되겠습니까? 조절사업을 합시다. 이부장과 김부장이 조절위원회 합시다.

......

김일성: 우리 외교하지 맙시다. 적십자회담 잘했고 …… 정홍진 동지 김덕현 동지 대화하고 …… 이부장 동지를 생각합니다. 통일을 위한 동지! 박대통령을 당신들이 잘 주선해 주면 만나볼 수 있을 것입니다.

이후락: 꼭 그런 일이 오리라 믿습니다.

김일성: 상봉은 신의로서 만나야지요. 후손에게 분열된 조국을 넘겨주지 않기 위해서 박대통령과 협의할 용의가 있다는 것을 전해주십시오.[28]

이후 김일성과 이후락은 남북경제교류에 대해 토의를 이어갔다. 평양에서 귀환한 후 이후락은 "귀지 방문은 조국의 평화적 통일을 위한 귀중한 의견교환에 큰 의의가 있었다고 확신하며 허심탄회하게 진행되었던 우리들의 대화가 반드시 보람 있는 결실을 가져올 것을" 바란다는 서한을 김영주 부장 앞으로 보냈다. 그는 5월 중 김 부장의 서울 방문이 이루어지기를

---

28 "김일성과의 2차 회담, 1972년 5월 4일," 문화방송 시사교양국, 2004, 130 – 135쪽.

희망한다면서 여의치 않을 경우 박성철 부수상의 방문도 무방하다는 뜻을 밝혔다.[29]

김영주 부장의 답방은 끝내 이루어지지 않았고, 박성철 부수상이 대신 류장식, 김덕현, 박진세 3명의 수행원과 함께 남으로 왔다. 5월 29일부터 6월 1일까지 3박 4일 간 서울에 체류하는 동안 박 부수상은 이후락 중정부장과 두 차례, 박정희 대통령과 한 차례 회동을 가졌다. 박 부수상은 이후락 부장과의 회담에서 (1) 남북조절위원회 구성, (2) 경제, 문화교류 협의위원회 설치, (3) 김일성 수상과 박정희 대통령 간 의 수뇌자 직접 대화 마련, (4) 이후락 부장과 박성철 부수상의 상대방 지역 방문 결과 발표 등 4개항을 제의하였다. 남측이 단계적 대화론을 제안하자, 북측이 새롭게 동시 대화론으로 응대한 것이다. 북으로서는 자신들이 원하는 수뇌회담을 포기하지 않으면서 한편으로 남이 희망하는 형태의 대화도 병렬적으로 밀고나갈 수 있다는 입장을 보인 것이다. 남북회담 성과의 대외 공표라는 형식도 포기하지 않으면서 남측을 압박하는 모양새를 취하고 있다. 이 부장은 남북조절위원회 형식 아래 기타 위원회들을 수렴할 수 있고, 정상회담을 위해서는 여건이 조성되어야 하며, 고위급 인사의 상대방 지역 방문 결과 발표는 신중을 기할 필요가 있다고 답변하였다. 박성철은 또한 북한이 일방적 통일방안을 발표하지 않을 것이며, 남한을 무력으로 공격하지 않겠으니, 남측도 반공 통일정책을 포기하라고 요구했다. 이후락

---

29 "김영주에게 보내는 이후락 서신, 1972년 5월 16일," 문화방송 시사교양국, 2004, 99-100쪽. 약 2주일 후 이후락은 박성철 부수상 일행을 따뜻이 영접할 것이며 신변안전을 보장한다는 뜻을 북한에 전했다. "김영주에게 보내는 이후락 서신, 1972년 5월 29일," 문화방송 시사교양국, 2004, 101쪽.

은 남북 사이 자유로운 교역과 통신과 방문을 제안했다. 그는 남북 사이에 불신이 제거된 후에야 정치회담이 시작될 수 있다고 진단했다.[30]

5월 31일 오후 7시부터 7시 40분까지 40분 간 청와대에서 남측 박정희, 이후락, 김정렴, 김치열, 정홍진과 북측 박성철, 류장식, 김덕현이 마주앉았다. 박정희 대통령은 박성철 부수상에게 남북대화의 성공을 위해 상호 신뢰를 쌓아가자고 역설하고, 그 노력의 첫걸음으로 남북적십자회담의 조속한 타결을 촉구하였다. 아울러 남북 사이 통일원칙 합의 사실을 발표하는 것에 반대한다는 의견을 개진하였다. 박 대통령은 남북문제를 벽돌을 한 장, 한 장 쌓아가듯 단계적으로 풀어나가자고 주장하였다. 박성철은 수뇌 회담 개최, 고위급 인사 회담 결과 발표 주장을 반복하고 적십자회담 적극 추진을 약속하였다. 박 부수상은 준비된 원고를 낭독하면서 통일위업의 문제는 박정희, 김일성 양인의 구상과 결심 여하에 달려있으므로 양인이 직접 만나 신뢰를 쌓고 격의 없이 대화를 나눌 필요성이 있다고 주장하였다. 박정희-김일성의 만남에 대해 박정희는 다음과 같이 답변하였다.

분위기가 조성되고 여건이 성숙되면 나와 김 수상이 만나 툭 털어 놓고 이야기할 것입니다. 지금은 아직 그런 여건이 아닙니다. 불신임 문제와 같은 해결할 문제들이 산적되어 있는데 지금 만나 보았자 남북문제 해결의 구체적 진전은 어려울 것입니다. 지금 당장 만나서 아무런 성과를 거두지 못할 바에는

---

30 강인덕·송종환, "7·4남북공동성명과 남북조절위원회 회의," 강인덕·송종환 외, 2004, 147-204쪽.

오히려 만나지 않는 것보다 못할 것입니다.

남북 간에 불신을 제거하고 하나씩, 하나씩 서로 이해해야 합니다. 통일은 서

두를 문제가 아닙니다. 평양에 가서 가족과 같이 냉면이라도 먹고 올 생각은

있으나 현실은 그렇지 않습니다. 의욕과 현실은 다릅니다.[31]

박 대통령은 또한 비밀회담 공개에 대해 국민들의 반공교육 때문에 적절한 시기를 찾아야 한다고 말했다. 그는 조절위원회 설치에 동의하고 남과 북이 차근차근 문제를 풀어나가야 한다고 말했다. 그는 남북대화가 지속되기를 희망하면서 김일성과 만날 용의가 있지만 남북 정상 간의 만남은 조기에 성사되기는 어려울 거라고 봤다. 박성철과 이후락의 2차 회동에서 남과 북은 이후락, 김영주를 공동위원장으로 하는 남북조절위원회를 구성, 운영과 분야별 분과위원회 설치 및 다양한 교류와 협력을 하기로 합의한다.[32]

애초 한국은 평양과 서울에서 합의사항을 조기 공개하는 것에 반대했으나, 정보누출 가능성이 커지고 모처럼의 남북대화 기회를 살리기 위해 6월 하순부터 공개 쪽으로 방향을 잡고 북한과 문안 조정 작업에 들어갔다. 이후락 부장이 최종 합의와 공식 서명을 위해 평양을 재차 방문

---

31 강인덕, 1993, 377쪽에서 재인용.

32 박정희와 박성철의 대화록은 다음을 참조. "Conversation between Park Chung Hee and Pak Seong-cheol," May 31, 1972, History and Public Policy Program Digital Archive, South Korean Foreign Ministry Archive. http://digitalarchive. wilsoncenter.org/document/114596 (접속일: 2018년 8월 17일). 또한 다음을 참조. Telegram from Embassy Seoul to Secretary of State, "Meeting with President Park Chung Hee," June 10, 1972, Pol Kor S-US, Central Files, RG 59, USNA.

하기를 희망했으나 박정희 대통령이 이를 허락하지 않았다고 한다. 남과 북은 초안과 수정안을 거쳐 7월 1일 이후락과 김영주가 서명한 공동성명 안을 교환하였다.[33]

1972년 7월 4일 오전 10시 서울과 평양에서 동시에 남북공동성명이 발표되었다. 1항에서 남과 북은 "외세에 의존하거나 외세의 간섭을 받음이 없이 자주적으로," "서로 상대방을 반대하는 무력행사에 의거하지 않고 평화적 방법으로" 통일을 이룩할 것을 선언하고 있다. 아울러 "사상과 이념, 제도의 차이를 초월하여 우선 하나의 민족으로서 민족적 대단결을 도모"하자고 다짐하고 있다. 남북은 제2항에서 상대방 중상 및 비방 금지, 무장도발 중단, 제3항에서 다방면적인 제반 교류 실천, 제6항에서 남북조절위원회 구성, 운영을 약속하였다. 공동성명은 "서로 상부의 뜻을 받들어" 이후락과 김영주가 서명하였다.[34] 서울에서는 이후락 부장이 중

---

33 이후락과 김영주는 6월 29일 합의된 공동성명에 서명하였다. 남북조절위원회, 1978, 97쪽. 미 국무성 비망록은 남북이 이 부장과 박 부수상의 교차방문 사실을 6월말 경 국민들에게 공개할 것을 고려 중이라고 적고 있다. "Korea-North-South Contacts," DOS Information Memorandum, June 5, 1972, Pol 33-5 Kor S, Central Files, RG 59, USNA. 7·4공동성명 초안은 남측이 작성했고, 이를 받아 북측이 수정한 후, 남측이 다시 재수정을 했다. 남측 초안을 받아본 북측 수행원은 처음에는 한자를 몰라 독해를 못했다고 한다. 초안 전달과 문구 합의는 6월 21일부터 28일 사이 판문점에서 정홍진-김덕현을 통해서 이루어졌다. 《중앙일보》, 2006년 7월 25일.

34 "자료: 남북공동성명 및 배경설명," 『월간 세대』, 1972년 8월호, 64-69쪽. 김일성-이후락 회동 시 김일성이 남북 화해협력 이야기를 하면서 자주, 평화, 민족 단결의 취지로 이야기한 내용이 1항에 포함되었다. 정홍진 인터뷰, 2005년 8월 24일; 강인덕 인터뷰, 2008년 3월 24일. 김달술은 1항은 북한이, 2항 이하는 남한이 많은 공헌을 했다고 증언하고 있다. 또 그는 북한은 자주통일을, 남한은 평화통일을 강조했다고 한다. 이후락 부장이 처음 평양에서 공동성명을 발표하겠다는 의견을 제시하자, 박정희 대통령이 역정을 내면서 서울과 평양 동시발표를 강조했다고 그는 회

앙정보부 강당에서, 평양에서는 박성철 제2부수상이 대동강 회관에서 성명문을 발표하였다. 공동성명 발표 후 이후락은 배경설명을, 박성철은 부연설명을 덧붙였다.

이후락: 물론, 휴전선상에서 어떠한 사태가 돌발하드라도 막강하고, 용맹한 충성스러운 우리 60만대군은 능히 그 사태를 맞아 되받아 싸워 이길 것이라는 우리의 신념에는 변함이 없었던 것입니다.

그러나 그로 말미암아 희생될 막심한 인적 피해와 재산적 손실을 생각할 때, 더구나 6·25의 참상을 회상하고 그보다 더한 참상일 것임에 상도했을 때 정부는 기어코 전쟁이라는 비극을 무슨 방법으로서라도 막을 수 있다면 막아야 하겠다는 기본방침을 재확인했던 것입니다.

그래서 이를 위해서는 우선 북한당국과 대화를 나누어보는 것이 바람직한 일이라고 생각하고 그 사명을 저에게 주었던 것입니다.[35]

박성철: 통일문제를 우리 인민의 의사와 이익에 따라 해결하는 데 있어 생기는 가장 중요한 문제는 외세를 배격하고 민족자결의 원칙에 입각하여 우리나라의 문제를 우리 조선인 자신이 해결해 나가는 일이다. 오늘날까지 우리들이 통일을 이루지 못하고 있는 것도 외세의 분열 정책 때문이다. 남조선에 대한 북으로부터의 침략위험은 존재하지 않으며 우리 민족이 자신의 신념에 따라 민족 내부문제를 해결하는 이상, 미제국주의자는 이 이상 우리나라의

고하고 있다. 김달술 인터뷰, 2008년 4월 15일.
35 "자료: 남북공동성명 및 배경설명," 1972, 68쪽.

내정에 간섭해서는 안 되며 모든 침략적 무력을 거두어 지체 없이 떠나가야 한다.[36]

공동성명의 발표로 남한에서는 통일 열망과 흥분이 한껏 고조되었다. 동일 상오 10시 10분에 제주에서 태어난 아이는 '통일'이라는 이름을 얻었다. 담배가게 앞에서 발표를 보던 모씨가 "이제는 김일성 만세를 불러도 붙잡아갈 사람이 없겠다"고 했다가 실제로 경찰에 연행되는 일도 벌어졌다.[37] 일반인 사이에 통일에 대한 기대감이 높아져가고 있을 때에도 정작 박 대통령은 북한에 대한 경계를 늦추지 않고 있었다. 북한이 전쟁 준비할 시간을 벌기 위해 대화에 응해왔다는 것이 박 대통령의 판단이었다.[38]

7월 5일부터 13일까지 열린 대한민국 국회 대정부질문에서 정부는 대북정책에 변화가 없다는 기본입장을 천명했다. 이후락 정보부장이 공동성명 발표 후 기자들과 질의응답에서 북한과 본격적 대화의 시대를 열기 위해 남쪽의 법적, 행정적, 제도적 조절이 필요하다고 언급한 것과는 상당히 대조되는 보수적인 색채의 답변 내용이었다. 김종필 국무총리는 전쟁 재발을 방지하기 위해 주한미군이 필요하다고 역설했고, 국방장관은 최소한 1973년 6월까지 주한미군 감축은 없다는 입장을 밝혔다. 김종필 총리는 공동성명 서명이 북한을 사실상 인정한 것이 아니라면서 '두 개의 한국'은 정부의 방침이 아니라고 못을 박았다. 김 총리는 북한은 국가가 아

---

36 이상우, 1984, 302쪽.
37 이상우, 1984, 300쪽
38 이상우, 1984, 316쪽.

니기 때문에 북한과 불가침조약을 맺을 수 없다면서 반공을 정부정책으로 계속해서 밀고나갈 것임을 분명히 했다.[39]

남북조절위원회

공동성명 발표 이후 남북관계에서 남북조절위원회 구성이 최고 현안으로 떠올랐다. 남과 북은 조절위원회를 어떻게 구성하고, 운영할지 문제를 놓고 옥신각신을 벌였다. 북한은 전면적 정치협상으로 빨리 옮겨가기 위해 이후락과 김영주 공동위원장 밑에 장관급 구성원을 두는 방안을 선호했다. 북은 자신들의 인적 구성을 국방상, 외무상, 대외경제위원회 위원장, 문화상, 연락책임자로 하면서, 남에게는 국무장관, 외무장관, 상공부장관, 문화정보부장관과 연락책임자를 내보낼 것을 제안했다. 남측 제안은 각자 남북조절위원회의 목적과 기능을 만족시킬 수 있는 5명의 위원으로 구성하자는 것이었다. 북한은 정당, 사회조직, 개인, 단체 사이 정치협상과 정치교류를 현실화시킬 문제들에 대해 토론하자고 제안했고, 남한은 비슷하게 정당, 사회조직, 개인 간 광범위한 정치교류 문제에 대해 협의하자고 제의했다.[40]

---

39 Airgram from Embassy Seoul to Department of State, "Prime Minister's Statement to National Assembly of Various ROKG Policy Positions after South-North Joint Communique," August 1, 1972, Pol Kor N-Kor S, Central Files, RG 59, USNA.

40 Telegram from Embassy Seoul to Secretary of State, "South-North Contacts - Coordinating Committee," August 29, 1972, Pol Kor N-Kor S, Central Files, RG

공동성명 발표 이후 남측은 7월 중 남북조절위원회 구성을 논의하기 위한 이후락-김영주 회담을 제의하였으나 북측이 김영주의 와병을 이유로 박성철과 회담을 역제의하는 바람에 회담은 성사되지 못하였다. 10월에 들어와서 북측이 거듭 박성철과 회담을 제의, 남측이 이를 수락하여 판문점 자유의 집에서 공동위원장회의가 개최되게 되었다. 1972년 10월 12일부터 11월 30일까지 모두 3차례에 걸쳐 남북조절위원회 공동위원장회의가 진행되었다. 72년 10월 12일 개최된 제1차 공동위원장회의에는 남측에서 이후락 중앙정보부장(공동위원장)과 김치열 중앙정보부 차장, 정홍진 중앙정보부 협의조정국장이, 북측에서 박성철 제2부수상(공동위원장)과 류장식 로동당 조직지도부 부부장, 김덕현 로동당 책임지도원이 참석하였다. 한국 대표단은 남북조절위원회 구성 발족과 공동성명 합의사항 실천을 강조했고, 북한 대표단은 공동성명 통일3원칙에 입각 남한의 반공정책 포기와 주한미군 즉시 철수를 주장했다.[41]

10월 16일 남한은 북한에게 익일 모종의 조치가 취해질 것임을 사전에 알렸다. 17일 오후 7시 유신 발표가 있기 1시간 전에 남측은 북측에 발표 시간을 전화로 알렸다. 유신 선포 다음날인 18일 이후락이 김영주에

59, USNA.

41 남북조절위원회 진행과정은 다음을 참조. 남북조절위원회, 1978, 101-114쪽; 강인덕·송종환, 2004, 147-204쪽; 통일노력60년 발간위원회, 2005, 103-106쪽. 북한은 특히 미국과 유엔이 외세가 아니라는 남한의 주장을 반박했다. 북한은 조절위 구성원을 장관급으로 제안한 반면 남한은 차후 장관급으로 격상시킬 수 있다는 여지를 남겼다. Telegram from Embassy Seoul to Secretary of State, "South/North Contacts – October 12 Coordinating Committee Meeting," October 16, 1972, Pol 32-4 Kor N-Kor S, Central Files, RG 59, USNA.

보내는 메시지가 전달되었다. 메시지에서 이후락은 미국, 중국, 소련, 일본 간의 관계에 변화가 오는 등 아시아의 상황이 변하고 있다는 점을 상기시 켰다. 이후락은 따라서 민족문제를 미국, 일본에 의존하지 말고 풀어야 한 다며 이것이 7·4공동선언과 남북대화가 시작된 이유라고 밝혔다. 그는 구 헌법이 냉전, 반공 시대의 산물이기 때문에 남북화해의 여지가 없고 현행 헌법과 평화통일 사이에 괴리가 있어 새 상황에 맞는 새 헌법이 필요하다 는 점을 북한 측에 친절하게 설명했다.[42]

　　제2차 공동위원장회의는 1972년 11월 2일부터 4일까지 평양에서 열렸다. 남측 대표단은 이후락, 장기영(IOC 위원), 최규하(대통령 특별보좌 관), 강인덕(중앙정보부 제9국장), 정홍진으로, 북측 대표단은 박성철, 류장 식, 이경석(내각참사), 한웅식(로동당 책임지도원), 김덕현으로 구성되었다. 박 성철은 공동성명에 입각한 대화와 반공정책은 서로 양립할 수 없다며 남 측을 압박했고, 이후락은 상대방 체제문제에 간섭함이 없이 이념과 체제

42　"Information concerning the First Conference of the Committee on Regulation of the Issues between North and South Korea and the Announcement of Martial Law in South Korea," October 19, 1972, History and Public Policy Program Digital Archive, Diplomatic Archive, Bulgarian Ministry of Foreign Affairs, Sofia. Record 28, File 1717. Translated by Sveta Milusheva. Obtained by the Bulgarian Cold War Research Group. http://digitalarchive.wilsoncenter.org/document/113225 (접속일: 2018년 8월 22일); "Note on Information Given by the 1st Deputy Foreign Minister of the DPRK, Comrade Kim Jae-bong, on 19 October 1972 in the DPRK Foreign Ministry for the Embassies of Bulgaria, Poland, Hungary, Czechoslovakia, Mongolia, and the GDR," October 23, 1972, History and Public Policy Program Digital Archive, PolA AA, MfAA, C 6855. Obtained for NKIDP by Bernd Schaefer and translated for NKIDP by Karen Riechert http://digitalarchive.wilsoncenter.org/document/113229 (접속일: 2018년 8월 22일).

의 차이를 초월하여 대화를 추진해 나가야 한다고 역공을 폈다. 11월 3일 남측 대표단과 김일성의 면담 이후 속개된 오후 회의에서 남북은 "남북조절위원회 구성 및 운영에 관한 합의서"에 서명하는 한편, (1) 대남 및 대북방송 중지, (2) 군사분계선 상에서의 확성기에 의한 대남 및 대북방송 중지, (3) 상호 상대방 지역에 대한 전단살포 중지에 합의했다.[43]

　11월 3일 오전 10시 15분부터 12시 20분까지 이후락, 장기영, 최규하, 강인덕, 정홍진 등이 박성철의 안내로 내각청사 사무실에서 김일성과 환담했다. 북측에서는 김일 제1부수상과 김중린 노동당 정치위원 겸 비서국 대남사업담당비서를 포함 여러 명이 배석했다. 김일성은 민족의 동질성을 강조하면서 남과 북이 스포츠, 문화, 경제 분야에서 합작해야 한다고 역설했다. 그는 어업, 지하자원 개발 분야 남북 경제협력을 예시하고, 경제합작에서 정치합작으로 발전시키는 방향을 제시했다. 김일성은 높은 군사

43　강인덕·송종환, 2004, 167-175쪽; Telegram from Embassy Seoul to Secretary of State, "Pyongyang Coordinating Committee meeting Nov 2-4," November 9, 1972, DOS Files; "Note on Information by DPRK Deputy Foreign Minister Comrade Ri Man-seok on 8 November 1972 for the Ambassadors of Czechoslovakia and Poland and the Acting Ambassadors of the GDR in the Foreign Ministry," November 09, 1972, History and Public Policy Program Digital Archive, PolA AA, MfAA, C 951/76. Obtained and translated by Bernd Schaefer. http://digitalarchive.wilsoncenter.org/document/114565 (접속일: 2018년 8월 24일). 북한이 집요하게 통일 문제를 거론하자 남한 또한 내부적으로 통일방안에 대한 연구를 진행했던 것으로 추정된다. 하비브 대사와 만난 자리에서 정일권 전 총리는 3년 내 남과 북이 각 50명씩 참여하는 남북최고회의(South-North Supreme Council) 구성 가능성을 내비추었다. 미 대사관은 다른 루트를 통해서도 한국 정부가 연합제(confederation) 통일방안을 연구하고 있다는 정보를 갖고 있었다. Telegram from Embassy Seoul to Secretary of State, "Conversation with Former PM Chung Il Kwon," November 4, 1972, Pol Kor N-Kor S, Central Files, RG 59, USNA.

비가 자신들의 경제에 부담이 되고 있다면서, 군사비 삭감을 위해서도 정치합작이 필요하다는 논리를 펼쳤다. 그는 분단국으로 유엔에 가입하는 것은 가당치 않다는 입장을 강하게 피력하면서, 남한이 독자적으로 가입하려 시도하면 공산권이 거부권을 행사할 것이라고 엄포를 놓았다.[44]

김일성은 통일 관련 남과 북의 제도를 그대로 두는 연방제를 제안하면서, 대외적으로 사용할 공동명칭으로 고려연방공화국이 합리적이라는 의견을 제시했다. 그가 생각하는 통일은 내부적으로 두 국가이지만, 외부적으로 하나의 국가를 이루는 것이었다. 김일성은 박 대통령을 만나 연방제안을 직접 제안하려 했으나, 시간이 촉박해 이후락에게 먼저 제안하게 되었다고 소개했다. 김일성은 군비축소와 연방제 실시 후 유엔 가입을 주장하여 군사, 정치문제 우선의 입장을 견지하였다. 김일성은 또한 박정희 대통령과 마음만 합치면 하루만에라도 통일이 가능하다면서 자신은 통일된 국가의 수상이 될 의사가 없고 철학 저서 집필에 매진하겠다는 의사를 보였다.[45]

이후락은 남과 북이 하나가 되면 부강한 나라가 될 거라는 박 대통

44 "Conversation between Lee Hu-rak and Kim Il Sung," November 03, 1972, History and Public Policy Program Digital Archive, South Korean Foreign Ministry Archive. http://digitalarchive.wilsoncenter.org/document/113235 (접속일: 2018년 8월 23일). 김일성이 남한대표단과 만난 자리에서 한 발언을 북한은 아래 저서에서 정리하고 있다. 김일성, "북과 남사이의 합작을 실현할데 대하여," 1972년 11월 3일, 『김일성전집』 48(평양: 조선로동당출판사, 2003), 404-416쪽.

45 "Conversation between Lee Hu-rak and Kim Il Sung," November 03, 1972, History and Public Policy Program Digital Archive, South Korean Foreign Ministry Archive. http://digitalarchive.wilsoncenter.org/document/113235 (접속일: 2018년 8월 23일).

령의 신념을 전하면서, 실현 가능한 문제부터 우선 해결하자고 주장했다. 그는 구체적으로 금강산 공동개발과 관광, 올림픽 경기에 남북한 단일팀 파견 등을 제의하였다. 이 부장은 공동성명을 준수하는 것이 중요하다고 역설하고, 경제, 문화, 사회 분야에서 남과 북이 협력해 나가자고 말했다. 연방제안과 관련해서는 좀 더 연구가 필요하다며 신중한 태도를 보였다. 그는 또한 합작이라는 말은 남한에서는 사용하지 않는다며 북의 주의를 환기시켰다.[46]

제3차 공동위원장회의는 2차와 대동소이한 대표단이 참여하여(북한 측에서만 이경석을 대신하여 이완기 내각참사가 새롭게 참여) 72년 11월 30일 서울에서 개최되었다. 동 회의를 통해서 남북조절위원회 구성절차가 마무리되고 공동위원장회의는 종결되었다. 남북조절위 본회의는 모두 3차례 진행되었다. 제3차 공동위원장회의 종료 직후 남북조절위원회 제1차 본회의가 서울 시내 영빈관에서 11월 30일과 12월 1일 양일 동안 개최되었다. 이후락 공동위원장은 대화의 원만한 진행을 위하여 마찰 요인이 비교적 적은 비정치, 비군사 분야에서 시작하여 실적을 축적한 뒤 신뢰 증진을 바탕으로 정치, 군사 분야로 옮아가자고 주창했다. 박성철 공동위원장은 우선적으로 군사대표자회담을 개최하여 남북 간 군사적 대치상태를 해소하는 방안을 논의하자고 제안했다. 그는 또한 정치, 군사, 외교, 경제, 문화 등 5개 분과위원회를 동시에 발족하자고 재촉했다. 박성철이 조기 정상회담

46　"Conversation between Lee Hu–rak and Kim Il Sung," November 03, 1972, History and Public Policy Program Digital Archive, South Korean Foreign Ministry Archive. http://digitalarchive.wilsoncenter.org/document/113235 (접속일: 2018년 8월 23일).

개최를 주장한 데 대해 이후락은 정상회담이 열릴 수 있는 분위기를 조성하기 위해 조절위 사업이 성과를 내야한다고 답했다. 박성철은 비밀 정상회담의 가능성을 암시하기도 했다. 박정희 대통령은 12월 1일 오후 청와대에서 남북조절위원회 쌍방 위원들을 접견하고, 남북관계에서 쉬운 문제부터 풀어가자는 견해를 피력하면서 이산가족 재결합을 위한 적십자회담에서 조속한 타결이 필요하다는 부분을 강조했다.[47]

1973년 1월 27일 이후락 부장은 리차드 스나이더 미 국무부 부차관보(Deputy Assistant Secretary Richard L. Sneider), 돈 레너드 한국 담당자(Country Director Don L. Ranard), 하비브 대사와 회동했다. 이후락은 이 자리에서 남북대화의 목표는 전쟁 방지와 평화공존의 기초 위에 안정을 찾는 것이라고 말하고, 유엔 동시가입을 희망하고 있다고 밝혔다. 이후락은 연말까지 구체적 성과가 있기를 기대한다면서, 경제분과와 사회분과의 활성화에 기대감을 표했다. 경제분과 관련해서는 어업과 관광에 집중할 생각이라는 뜻을 밝혔다[48]

1973년 1월 하순 미국의 한 언론은 한국관리들이 북한과의 경제교

---

47 "Note on Information by DPRK Deputy Foreign Minister Comrade Ri Jong-mok on 9 December 1972 for the Ambassadors and Acting Ambassadors of Po-land, Bulgaria, Hungary, Czechoslovakia, Romania, and the GDR between 1000 and 1125 hours," December 12, 1972, History and Public Policy Program Digital Archive, PolA AA, MfAA, C 951/76. Obtained and translated by Bernd Schaefer. http://digitalarchive.wilsoncenter.org/document/114567 (접속일: 2018년 8월 24일).

48 Telegram from Embassy Seoul to Secretary of State, "Yi Hu-rak's Views on South-North Dialogue," January 30, 1973, Pol 32-4 Kor/UN, Central Files, RG 59, USNA.

류를 신중히 검토 중이라고 보도하고 나섰다. 동 보도는 북한의 남한과 교역은 점차 일본, 서구 및 미국과의 무역으로 확대될 수 있으며, 남한은 이에 맞추어 동구 및 중공와의 무역을 개척하기를 희망한다는 것이었다.[49] 2월 중순 같은 일간지가 남한 관계자를 인용, 북한이 72년 말경 남북조절위원회에서 6·25전쟁을 공식적으로 끝내기 위한 평화조약을 비밀리에 제안했으나 유엔군사령부 폐지와 주한미군 철수로 이어질 것을 우려하여 남한이 이를 거절했다고 보도했다.[50]

제2차 남북조절위원회 본회의는 1973년 3월 15일 평양에서 개최되었다. 한국은 (1) 남북조절위원회 운영세칙, 간사회의 운영세칙, 공동사무국 설치 규정을 조속히 제정하고, (2) 판문점 공동경비구역 내 남북조절위원회 건물을 남북이 힘을 합쳐 건립하자고 제의했다. 북한은 (1) 남북 무력증강과 군비경쟁 중지, (2) 군대 각 10만 또는 그 이하 축소 군비 대폭 축소, (3) 외국으로부터 무기, 핵전 준비 및 군수물자 반입 중지, (4) 미군을 포함 일체 외국군대 철거, (5) 남북 간 평화협정 체결 등 5개항의 군사문제를 제기하면서 이 문제들을 토의하기 위해 군사분과위원회를 우선 설치하자고 주장했다. 더불어 남북정당·사회단체 연석회의 개최라는 새로운 주장을 하고 나섰다.[51]

한국의 이후락 공동위원장은 남과 북의 정치지도자들이 휴전협정

---

49 Samuel Kim, "Koreans Hope for North-South Trade," *New York Times*, January 21, 1973.

50 Richard Halloran, "South Korea is Reported to Reject Move by the North to End War Officially," *New York Times*, February 12, 1973.

51 *Korea Times*, March 17, 1973; 남북조절위원회, 1978, 110-112쪽.

과 7·4공동성명을 충실히 이행하는 것이 중요하고, 한반도의 평화통일과 긴장완화는 단계적으로 추진되어야 하며, 군비감축을 위한 조건이 아직 성숙되어 있지 않다는 점을 강조했다. 박성철 제2부수상은 3월 16일 저녁 기자회견을 갖고 남북 간의 긴장 완화와 군사적 대치상태를 해소하는 문제를 토의하였으나 서울 측의 반대로 합의를 보지 못했다면서 대화 경색의 탓을 남측에 돌렸다. 1차 회의 이후 북한은 남북대화에 소극적으로 임하기 시작했다. 2차 회의 기간 중 남한 대표단의 김일성 접견은 이루어지지 않았다. 경제분과위원회와 사회·문화분과위원회를 먼저 설치하려는 남한과 군사문제 우선해결을 앞세우면서 5개 분과위원회 동시설치를 주장하는 북한의 주장이 맞서 2차 회담은 합의나 공동발표 없이 끝나게 되었다.[52]

3월 27일 이후락 부장은 하비브 대사를 만난 자리에서 제2차 회담에서 남한이 문화교류를 제안했지만, 북한은 정치, 군사 문제를 먼저 토론하기를 희망하면서 다른 문제 토론을 거부했다고 전했다. 이후락은 대사에게 개인 의견임을 전제로 정치위원회 설립에 동의할 수 있지만, 군사위원회 설립이나 평화조약 체결에는 동의할 수 없다고 밝혔다. 이 부장은 북한이 회담을 성공적으로 이끌 생각을 하지 않고, 대외 선전선동에만 열중하고 있다고 불평했다. 이후락은 "평양의 궁극적 목표는 여전히 미군을 철수시키고, 남한에 혁명적 상황을 조성하는 것"이라고 말했다.[53]

---

52 *Korea Times*, March 17, 1973; 남북조절위원회, 1978, 110-112쪽.

53 하비브 대사는 이후락 부장이 회담의 성과가 없자 낙담하고 있다고 논평하고 있다. Telegram from Embassy Seoul to Secretary of State, "Lee Hu-rak's Comments on Recent South-North Coordinating Committee Meeting," March 28,

한국정부는 북한이 전쟁 준비를 완료한 상황에서 주한미군 철수 목적으로 선전전을 강화하고 있다는 판단을 내렸다. 외무부의 대책안은 북한의 '기만적이고 무모한 태도'에도 불구하고 남북회담을 통해서 '건설적인 제의'를 지속하고 있다는 사실을 적시하고 있다.

마. 지금까지 남북 조절위원회와 적십자사 회담에서 있어서의 아측의 제의는
공표되지 않고 북한 측의 저의만이 국내외를 통하여 선전되고 있었음에 비
추어 앞으로 정부는 아측의 실효성 있는 구체적이고 건설적인 제의 내용을
국내외에 널리 홍보함으로써 남북회담의 진전을 가로막고 있는 것이 북한이
라는 것을 전 세계에 알려 아측에 유리한 국제여론을 조성토록 함.[54]

외무부는 북한의 파상적인 선전공세에 대응하여 한국 또한 홍보에 박차를 가해야 한다고 다짐하고 있다. 한국은 또한 북한의 평화협정 체결 주장에 대해서도 그 저의를 의심하면서 북한이 '두 개의 한국'론을 전파시키고 주한미군 철수에 유리한 환경을 조성하기 위한 술책이라고 평가하고 있다. 외무부의 보고서는 북한의 저의를 아래와 같이 분석하고 있다.

나. 평화협정 주장의 저의
(1) 남북대화의 부진한 진전에 대한 책임을 우리에게 전가
(2) 국제적으로 우리 대한민국과 농등한 국제법상의 지위 확보 (2개의 한국

1973, Pol 32-4 Kor/UN, Central Files, RG 59, USNA.
54 〈북한의 남북 대화에 관한 선전 공세에 대한 대책(안)〉, 외무부, 1973년 4월 21일,
726.3, 6054, 외교사료관.

관 기정사실화)

(3) 유엔군 사령부 해체, 미군 철수의 계기를 마련[55]

동 보고서는 한국의 입장을 인도적, 비정치적인 문제부터 해결한 연후에 정치적인 문제를 해결하자는 입장이라고 소개하면서, "협정이행을 보장하는 감시 및 통제 방법이 없는 평화협정, 불가침선언 등 주장은 기만에 불과"하다고 폄하하고 있다.[56]

6월 12일 서울에서 개최될 남북조절위원회 회담을 앞두고 이후락은 하비브를 만난 자리에서 북측이 2차 회의와 마찬가지로 강경자세로 나올 것을 예상하며, 대화에 임하는 한국 정부의 입장이 쉬운 문제부터 풀어나간다는 단계적 접근법이라고 소개하고 있다. 자신이 '남과 북을 대표하는 정치그룹 간 비공식 회동(informal meetings between political groups representing the South and the North)'을 북에게 제안할 것을 고려하고 있다고 밝히기도 했다. 북이 제안하는 정치분과위원회 구성에 동의하기보다 다소 절충안으로 이런 형식을 고려하고 있었던 것으로 보인다. 이후락은 남한이 정치분과위 구성을 양보하면, 북한이 한걸음 더 나아가 군사분과위 구성까지 압박해 올 것을 염려하고 있었다. 하비브가 북한이 '두 개의 한국' 개념을 받아들일 거라고 생각하느냐고 묻자, 이후락은 북한이 그럴 가능성은 없다는 전망을 내놓았다. 그는 흥미롭게도 중국과 소련은 한반도 긴

55 〈북한의 소위 "평화협정" 체결 주장에 대한 대책〉, 외무부, 1973년 4월 24일, 726.3, 6054, 외교사료관.
56 〈북한의 소위 "평화협정" 체결 주장에 대한 대책〉, 외무부, 1973년 4월 24일, 726.3, 6054, 외교사료관.

장완화를 위해 남한과 북한 모두를 인정하는 방식을 환영할 것이라고 예측하고 있다. 이후락은 북한이 통일, 정치, 군사 문제를 강조할 것이며, 주한미군 철수를 희망하고 있다고 전했다.[57]

제3차 남북조절위원회 본회의는 1973년 6월 12~13일 서울에서 열렸다. 북한은 (1) 군사 5개 항목 우선 토의, (2) 남북정당·사회단체 연석회의 개최, (3) 남북조절위원회 5개 분과위원회 동시 일괄설치를 거듭 주장하였다. 남한은 공동사무국 설치 지연과 관련 북한의 성의 있는 태도를 촉구하는 한편 상호 비방행위를 중지하기로 한 합의를 준수할 것을 요구했다. 남측은 아울러 경제와 사회문화 분과위원회를 우선 설치할 것을 제의했다.[58] 박성철은 회담이 파한 후 6월 14일 평양의 대동강회관에서 내외신 기자회견을 가졌다. 그는 남북의 노선차이를 단결노선과 대결노선의 차이라면서 한국 측에 맹공을 펼쳤다.

7. 이번 3차 회의 전과정을 총화해 볼 때 결국 쌍방 견해차이는 두 사회의 완전한 전면 개방과 제한된 부분적 개방인가 하는데 귀착된다고 말할 수 있다.

8. 이와 같은 견해차이는 이미 남북대화의 첫날부터 뚜렷이 나타난 단결노선과 대결노선, 합작노선과 경쟁노선, 통일노선과 공존노선 간의 노선 상 차이에 근원을 둔 것으로서 통일을 하루빨리 하자는 것인가 아니면 분열을 끝

---

57 Telegram from Embassy Seoul to Secretary of State, "Yi Hu Rak's Comments on South-North Coordinating Committee," June 5, 1973, Pol 32-4 Kor/UN, Central Files, RG 59, USNA.

58 남북조절위원회, 1978, 112-113쪽.

없이 계속시키자는 것인가 하는 입장 상 차이의 관련된 문제이다.[59]

2차 회의와 마찬가지로 3차 회의도 남북이 각자 입장을 굽히지 않고 평행선을 유지한 채 상대방을 비난하면서 성과 없이 끝났다. 남한은 단계적, 점진적 접근을, 북한은 군사문제 우선 해결과 동시일괄 타결을 주장하였다. 3차 회의 이후 조절위원회는 더 이상 열리지 않았다.

대화 중단

1973년 6월 23일 공교롭게도 남과 북은 같은 날 통일에 관한 주요 성명을 발표했다. 두 6·23선언을 통해서 박정희와 김일성은 대화에 임하는 상대방의 불성실한 태도를 힐난하며 남북회담의 답보 책임을 전가하기에 바빴다. 박정희는 남북대화가 제자리걸음을 하는 상황에서 실질적으로 두 개의 한국을 인정하는 6·23선언을 공포했다. 정부는 8월 15일, 7월 10일 등의 일자를 고려하다가 북한의 선제행동을 방지하기 위해 6월 23일로 발표를 앞당겼다. 동 선언은 1970년대 초엽 데탕트 국제환경 아래 남한과 북한이 펼친 치열한 외교전쟁의 성격을 반영하는 것이었다.

6·23선언에서 박 대통령은 북한이 "불신요소를 남겨둔 채 대한민국의 안전보장을 위태롭게 할 군사 및 정치문제의 일괄 선결을 주장하고" 있다며 상대방을 윽박질렀다. 박 대통령은 내정불간섭과 상호불가침을 주

---

59 《로동신문》, 1973년 6월 15일.

장하는 한편, 호혜평등의 원칙 아래 모든 국가에게 문호를 개방할 것과 북한이 한국과 함께 국제연합에 가입하는 것에 반대하지 않는다는 입장을 표명했다.[60]

6·23선언은 문호개방정책으로 북한의 평화공세와 적극적 서방외교에 대응하고자 하는 것이었다. 안보적으로 소련, 중국과 거리를 좁혀 이들 국가로 하여금 북한의 무력행사를 견제하도록 하고, 경제적으로 동구 공산권으로 진출, 통상을 진흥하자는 것이었다. 북한과 서구 접촉이 속도를 내는 것에 맞추어 한국과 동구가 접촉을 늘려나가자는 '균형'의 외교가 깃들어 있었다. 한국은 소련과 중국이 한국을 승인하기 전에 일본이 북한을 승인하는 것을 반대하고 있었다. 서울은 파키스탄, 인도네시아, 핀란드, 인도와 관계개선을 하려는 노력을 지속했다.

박정희가 6·23선언을 발표한 바로 그날 김일성 또한 체코슬로바키아 공산당 및 정부 대표단을 환영하는 군중대회에서 "민족의 분열을 방지하고 조국을 통일하자"는 제목의 연설을 하였다. 그는 연설에서 남한 측의 성의 없는 대화 자세를 비판하면서 (1) 군사적 대치 상태 해소, (2) 정치, 군사, 외교, 경제, 문화 등 다방면 합작과 교류, (3) 남북 각계각층, 정당, 사회조직으로 구성된 대민족회의 소집, (4) 고려연방공화국 단일 국호에 의한 남북연방제 실시, (5) 단일한 고려연방공화국 국호에 의한 유엔 가입을 주장하였다. 김일성은 두 개의 한국 구상에 반대한다면서 유엔에 가입하려거든 먼저 연방을 만들어 하나의 단일국가로 가입해야 한다고 역설했

---

60 "박정희대통령의 6·23선언," 남북조절위원회, 1978, 261-264쪽.

다.[61]

남북조절위원회 북한 측 공동위원장 김영주는 1973년 8월 28일 오후 6시 남북대화 중단성명을 발표한다. 김영주는 김대중 납치사건을 이유로 이후락 서울 측 위원장의 교체를 요구하면서, 중앙정보부와 국가대사를 논의할 수 없다는 입장을 내놓았다. 북한은 또한 성명에서 정치범 석방, 정치탄압 중지를 요구하는 한편, 6·23선언을 '2개조선로선의 공개적 선포'로 단정하고 비난하고 나섰다. 이에 맞서 이후락 한국 측 공동위원장은 8월 29일 오전 10시 반박 성명을 내고 6·23선언의 정신을 옹호하면서 대화 중단은 민족반역 행위가 될 것이라고 경고했다.[62]

북한의 8·28선언 이후에도 종래보다 낮은 수준에서 남북대화가 간헐적으로 이루어지며 명맥을 이어나갔다. 그러나 양국 지도자가 진두지휘하고, 양쪽 실력자들이 전면에 나서며, 온 국민이 환영하는 거국적 형태의 남북대화는 더 이상 아니었다. 8월 28일 이후부터는 남북 실무자들끼리 대내외 명분을 확보하기 위해 선전 차원에서 형식적 만남을 지속했다고 볼 수 있다. 1979년 10월 박정희 대통령 사망으로 박정희와 김일성의 대결 구도를 가졌던 한 시대는 막을 내리게 된다. 50, 60년대 남북관계에 비추어 보았을 때 분명 70년대 초 남북대화 또는 남북화해는 의미가 큰 사건이었다. 남과 북의 최고지도자 간 만남은 얼추 30년을 더 기다려야 했지만

---

61 김일성, "민족의 분렬을 방지하고 조국을 통일하자," 1973년 6월 23일, 『김일성 저작집』 28(평양: 조선로동당출판사, 1984), 382–395쪽. 심지연, 2001, 307–317쪽 참고.

62 남북조절위원회, 1978, 136–139쪽; 《로동신문》, 1973년 8월 29일; New York Times, August 29th, 1973; New York Times, August 30th, 1973.

양 정상들은 상대방 요인들을 만나며 간접 만남을 가졌다. 양인은 상대방의 의도를 파악하기에 바빴고, 명분과 실리의 주도권 다툼을 벌이면서도 체제 위협에 대한 대비를 소홀히 하지 않았다. 김일성의 남북정상회담 제안 이후 정상회담은 남북관계에서 역대 정권이 지속적으로 추구한 하나의 모드가 된다. 박정희는 정작 김일성과 회담을 회피했지만, 이후 한국의 역대 대통령들은 그와는 달리 북한 지도자와 회담에 적극적인 면모를 보여주게 된다. 김일성과 이후 두 북한 지도자 또한 정치, 외교, 경제에서 실리를 얻을 수 있다는 판단이 섰을 때는 남한 지도자와 회담을 회피하지 않았다.

회담에서 남과 북은 남북관계를 개선시킬 수 있는 정치, 경제, 사회문화, 인도주의 분야의 많은 제안들을 쏟아내었다. 이 제안들은 이후 남북관계에서 단골 메뉴로 거듭 재생산되게 된다. 몇몇 메뉴들은 이후 남북대화에서 실제 실천으로 이어지기도 했다. 70년대 초반 당시에는 수차례 판문점과 남북을 오가며 회담을 한 것치고는 구체적 성과는 나오지 않았다. 남과 북의 의견이 서로 평행선을 달렸다는 점 이외에도 양측이 애초부터 대승적 차원의 협상에는 별 관심이 없었다는 점 또한 부실한 성적의 원인이었을 것이다. 적십자회담과 조절위원회 회담이라는 모드를 시험해보았다는 점이 성과라면 성과였다.

남북의 주요 인사들은 남북을 오가며 직접 상대방 체제의 속살을 들여다봤다. 주변 강대국과 편을 짜서 진영 논리로 서로 으르렁거리는 양대 진영 구도가 동아시아에서, 한반도에서 무너지기 시작했다. 이후 20여년에 걸쳐 진영 구도는 서서히 몰락한다. 진영의 강대국들이 새로운 외교를 시험하는 가운데 남한과 북한 또한 한반도의 모순을 풀기 위해서 직접 만나 대화를 나누었다. 진영을 넘어서는 정치와 외교의 가능성을 실험해 본 것이 70년대 초반 남북대화의 기본 성격이었다. 남과 북이 평화로운 남북 공존과 번영의 가능성을 점검했고, 아울러 상대 진영에 속한 국가들과 관계개선의 여지를 살폈다. 전자 과제(남북 평화공존)는 2020년대 초반 현재에도 여전히 숙제로 남아 있고, 후자 과제(동북아시아 탈진영 외교)는 1990년대 전반 절반의 성취를 거두었다.

9장 남북대화 이후

남북대화 재개를 위한 노력

8·28선언 이후에도 한국은 남북대화를 재개하기 위한 노력을 지속적으로 펼쳤다. 1973년 11월 15일 한국은 남북조절위원회 제4차 회의의 조속한 개최를 촉구하고, 조절위원회 개편이 필요하면 남북조절위원회 간사회의를 개최하자고 제안했다. 이에 대해 북한의 유장식 남북조절위원회 부위원장은 11월 16일 남한에 서한을 보내, 남한이 '두 개의 한국'론을 포기하고, 유엔동시가입 제안을 취소하며, 반공법 및 국가보안법 위반자를 석방하면 조절위 개편을 위한 협의를 개시할 용의가 있음을 피력했다.[1]

---

1 《요미우리신문》은 한국이 이후락 조절위원장 사임을 포함하여 조절위원회 전면

장기영 부위원장은 11월 22일 오후 판문점을 통하여 유장식 부위원장에게 27일 오전 10시 판문점에서 부공동위원장회의를 열어서, 남북조절위 재개와 개편 문제를 포함하여 허심탄회하게 의견을 교환하자고 제안했다. 부위원장이 나서서 서울이 조절위 확대개편 준비가 되어있다고 나선 것은 이후락 위원장의 2선 후퇴를 염두에 둔 것이었다.[2] 워싱턴 포스트는 돈 오버도퍼 기자의 보도를 통해서 이후락 공동위원장이 위원장 직위는 물론 중앙정보부장 자리에서도 물러날 것이라고 보도하고 있다.[3] 결국 12월 초순 이후락은 공직에서 물러난다.

김영주 부장의 남북대화 중단 선언 이후 남북조절위원회 부위원장회의가 10차례 열렸다. 1973년 12월 5일부터 1975년 3월 14일까지 판문점 자유의 집과 판문각에서 번갈아 개최된 부위원장회의에서 한국 측은 남북조절위원회의 조속한 재개를 촉구한 반면 북한은 6·23선언 취소, 반공법과 국가보안법 폐지, 주한미군 철수, 남북 정당 및 사회단체와 각계각층 인민 대표들이 참여하는 '대민족회의' 개최 등을 제기했다. 1975년 5월 29일 북한이 제11차 부위원장회의의 무기연기를 통고해 와서 부위원장회

개편이라는 양보를 한 것 같다고 보도했다. 동 신문은 향후 이후락의 정치적 위세가 후퇴할 것이라면서, 이후락 문제와 함께 김영주의 교대를 요구할 것이라는 전망을 하고 있다. 외무부 전문, 수신 장관, 발신 주일대사, 1973년 11월 17일, 726.3, 6054, 외교사료관. 북한의 8·28선언 이후 남북대화 노력은 다음을 참조.남북조절위원회, 1978, 139-158쪽; 국토통일원, 1988, 105-136쪽.

2   11월 23일자《요미우리신문》은 한국 정부 내에서 이후락 부장의 퇴진을 이미 결정했다는 논평을 싣고 있다. 외무부 전문, 수신 장관, 발신 주일대사, 1973년 11월 24일, 726.3, 6054, 외교사료관.

3   *Washington Post*, November 28, 1973; 외무부 전문, 수신 장관, 발신 주미대사, 1973년 11월 28일, 726.3, 6054, 외교사료관.

의 형식으로 근근이 명목을 유지하던 남북조절위 대화는 다시 중단되고 만다. 4년여의 공백을 지나 1979년에는 남한 당국과 북한 조국통일민주주의전선 사이 3차례 대화가 이루어졌다. 이 부자연스러운 형식의 만남에서도 남한은 남북조절위원회의 재개를, 북한은 전민족대회 개최를 주장하며 평행선을 걸었다.[4]

김영주 성명으로 남북조절위원회뿐만 아니라 남북적십자회담도 동력을 상실하고 표류하게 된다. 적십자회담은 남북적십자 대표회의와 실무회의로 명맥을 이어갔다. 7차 본회의를 끝으로 중단된 본회담의 재개를 위해 판문점에서 1973년 11월 28일부터 1974년 5월 29일 사이 7차례에 걸쳐 열린 남북적십자 대표회의에서 한적은 김달술 대표를, 북적은 조명일 대표를 파견하였다. 한적은 본회담의 조속한 재개를, 북적은 남한 내 애국인민과 청년학생에 대한 탄압 중지를 요구하였다. 이어 열린 남북적십자 실무회의(1974년 7월 10일~1977년 12월 9일)의 25차례 만남에서 북적은 반공법, 국가보안법, 긴급조치 철폐 등 법률적, 사회적 조건과 환경 개선을 주장한 반면 한적은 인도주의 차원에서 노부모 생사 확인과 상봉, 방문, 서신교환을 시범사업으로 제의하였다. 북한 측이 1978년 3월 19일 제26차 실무회의를 하루 앞두고 평양방송을 통해 한미 합동군사훈련 팀 스피리트(Team Spirit)를 구실로 실무회의 무기연기를 일방적으로 선언, 적십자회담은 중단되었다.[5]

남북대화가 중단된 가운데 박정희 대통령은 1974년 1월 18일 남북

---

4   윤미량, 2015.
5   국토통일원, 1988, 109-116쪽.

불가침협정 체결을 제의하고 나섰다. 박 대통령은 신년 기자회견을 통해서 상호 무력 불사용, 내정 불간섭, 정전협정 준수를 주장하면서 동 제안의 목적이 전쟁을 방지하고, 통일을 지향하는 평화공존의 길을 모색하는 데 있다고 강조했다. 북한은《노동신문》1월 26일자 사설을 통해서 박 대통령의 제안을 분단을 영구화하려는 속임수라며 일거에 거절했다. 한국 정부는 1974년 8월 15일에는 평화통일 3대 기본원칙으로 (1) 남북 상호불가침협정 체결, (2) 상호 문호개방과 신뢰회복을 위한 다각적인 교류와 협력, (3) 공정한 선거관리와 감시 하에 토착인구 비례에 의한 남북한 자유 총선거 실시를 주장했다.[6]

1978년 6월 23일 박정희는 6·23선언 발표 5주년을 기념하여 대북 특별담화를 발표한다. 박 대통령은 남북 간 교역, 기술협력, 자본협력의 길을 틀 것과 쌍방의 민간 경제계 대표들이 참여하는 "남북간 경제협력 촉진을 위한 협의기구"를 구성할 것을 제의하고 나섰다. 1978년 9월 9일 조선민주주의인민공화국 창건 30주년 기념연설에서 김일성은 남한과의 대화 재개를 희망한다는 의견을 피력하면서, 대뜸 남북한 통일을 위한 논의를 하자는 대담한 제의를 하였다. 북한은 유신헌법 철폐를 대화의 조건으로 삼는 한편 남한이 제안한 경제접촉 제안은 거절했다.[7] 남쪽의 경제대화 제의는 그동안 축적된 경제성장의 자신감을 배경으로 하고 있는 것으로 보이며, 북쪽의 통일대화 제안은 전형적인 정치협상 우선주의를 노정시

---

6   통일노력60년 발간위원회, 2005, 95쪽. 이날 서울 국립극장에서 거행된 광복절 기념식에서 재일교포 문세광의 저격으로 대통령 영부인이 서거하였다.
7   이완범, 『카터 시대의 남북한: 동맹의 위기와 민족의 갈등』(성남: 한국학중앙연구원출판부, 2017), 125-126쪽.

키고 있다.

　1979년 1월 19일 박 대통령은 연두기자회견의 자리에서 시기, 장소, 수준에 아무런 구애됨이 없이 남북한 당국 간에 무조건 대화를 재개하자고 제안했다.[8] 남북대화에 조건을 달고 나오는 북한에 대한 질책성 공세였다. 한국은 북한에 당국끼리 만나야 한다는 점을 명시했다.

　나흘 후인 1월 23일 북한의 조국통일민주주의전선 중앙위원회는 방송을 통해 남과 북이 7·4공동성명의 이념과 원칙을 준수할 것을 공식적으로 표명하자고 제안하고 나섰다. 여기에는 공동성명 문구가 주로 김일성의 언술에서 비롯된 것이라는 자신감이 배어있다. 중앙위원회는 쌍방 간에 중상비방을 즉시 그만둘 것과 상대방을 적대시하고 위협하는 모든 군사행동을 무조건 즉시 중지하자고 덧붙였다. 이어 북한은 남북 간의 정당 및 사회단체와 각계각층의 애국적 인사, 해외동포 등의 개별적 인사들로 구성되는 '전민족대회'를 1979년 9월초 서울이나 평양에서 소집하자고 주장하는 한편, 9월 대회를 준비하기 위해 이에 앞서 6월 초순 평양에서 실무대표들이 만나 실무회담을 갖자고 제의했다. 1월 26일 정부 대변인이었던 김성진 문공부장관은 조기에 서울이나 평양에서 남북한 당국 간의 예비회담을 개최하자는 내용의 성명을 발표했다. 남한은 당국 간 회담을, 북한은 정당·사회단체 회담을 각각 주장하고 나선 것이다. 이윽고 동년 2월 17일 판문점에서 북한의 조국전선 대표와 남한의 남북조절위원회 대표 간의 변칙적인 1차 회동이 이루어졌다. 2차 회동은 3월 7일, 3차 회동은 3월 14일 개최되었다. 각 모임에서 서울은 남북조절위원회의 조속한 정

8　이완범, 2017, 164-176쪽.

상화를 촉구했고, 평양은 민족통일준비위원회 결성을 요구하면서 이견을 좁히지 못했다.[9]

8·28선언 이후 남북대화는 동력을 상실하게 된다. 형식적인 대화가 오고갔지만 한번 식은 열기를 다시 데우기에는 역부족이었다. 남북대화의 지속으로 얻을 수 있는 것이 별로 없다는 판단을 남과 북의 지도부가 내렸던 것으로 판단된다. 외형적으로 남과 북이 나름 대화 재개를 위한 몸짓을 보였지만 별 무게가 실리지 않은 제의들이 주를 이루었다. 남북대화가 중단된 후 남과 북은 각기 자신의 길을 걷는다. 북한은 대화 중단 직후 김정일이 당 조직지도부장으로 임명된다. 이후 북한은 3대혁명소조를 내세워 경제건설을 채근하면서 세대교체의 길로 접어든다.[10] 남한은 남북조절위 재개를 연신 북에게 제의하며, 대화 중단의 책임이 북한에 있다는 점을 내외에 부각시키려 애썼다. 공고화된 유신체제와 유일체제 아래 남북관계는 다시금 냉각과 대결의 길로 접어들게 되며 남과 북은 국제사회의 지지를 얻기 위한 소모적, 경쟁적 외교 노력을 배가하게 된다.

평양, 서울에서 워싱턴으로 관심을 돌리다

1970년대 초반과 중반, 2000년대 초엽, 그리고 2018년 평창 동계올림픽 이후는 북한 정권이 외교 다변화에 특히 신경을 쓰던 무렵이었다.

---

9   국토통일원, 1988, 118−131쪽.
10   김달술 인터뷰, 2008년 4월 15일.

1970년대 중반 평양은 비동맹 국가들과 외교를 적극 전개하였다. 1975년 8월 북한은 페루 리마에서 열린 비동맹 외상회의에서 회원국으로 정식 가입하였고, 김일성은 아프리카 알제리와 모리타니 등 아프리카 신생 비동맹국을 방문하였다. 이후 평양은 각종 비동맹회의를 무대로 주한미군 철수, 정전협정의 평화협정으로 대체, 고려연방제 통일방안 등 북한식 통일정책을 세계에 선전하고 다녔다.[11]

남북대화를 통해서 남과 북이 대화와 경쟁을 병행하는 가운데 북한은 서방국가들에 대해서도 적극적으로 외교 노력을 펼쳤다. 1970년대 초 일본과 북한 사이 무역 규모가 증가하는 가운데 양측 정당인 간의 교류도 빈번해졌다. 1972년 1월에는 일조우호촉진의원연맹(日朝友好促進議員聯盟) 소속 일본 의원들이 평양을 방문, 북한 국제무역촉진위원회와 회담을 갖고 "조일 무역촉진에 관한 합의서"를 발표했다. 남한과 미국은 일본의 대북 접근에 우려를 표명했다. 북한은 1968년 독자노선을 걷던 프랑스와 협의하여 평양과 파리에 민간무역대표부를 설립한 바 있었다. 북한은 1973년에는 스웨덴, 핀란드, 노르웨이, 아이슬란드 등과, 1974년에는 오스트리아, 스위스, 포르투갈 등과 수교했다. 1970년 기준으로 남한이 81개 나라와 수교하고, 북한이 35개 나라와 수교하고 있었는데, 1975년에는 남한 93개국, 북한 88개국으로 그 격차가 크게 줄었다.[12] 남한과 단독으로 수교했던 국가들이 점차 북한을 인정하는 분위기를 보이자 박정희 정부는 내심 당황했다. 이러한 초조감과 위기감 속에서 분위기 반전을 위해 박

---

11   김계동, 2003, 5장.
12   홍석률, 2012, 305-327쪽.

정희 정부가 내놓은 회심의 외교 카드가 6·23선언이었다.

비동맹 외교, 서방 외교와 더불어 평양은 서울의 동맹국이자, 초강대국인 미국에게도 신경을 썼다. 사실 평양의 제일 관심은 그제나, 이제나 워싱턴이었다. 1973년 1월 23일 미국과 베트남민주공화국은 "베트남의 평화와 적대행위의 종식에 관한 조약"을 체결하였고, 미국은 60일 안에 모든 미군을 철수하기로 약속하였다. 미국과 북베트남 사이의 역사적인 파리평화조약의 체결은 다시 한반도에 영향을 미쳤다. 특히 김일성은 북베트남이 직접 미국과 상대하여 협상을 통해 미군의 철수를 얻어낸 것에 주목하였다. 이때부터 북한은 한국보다는 미국을 직접 상대하려는 의도를 보다 노골적으로 드러내게 된다.[13]

1973년 1월 파리조약 이후 베트남에서 주월미군이 철수한 사건이 북한 정책변화의 기폭제가 된 것으로 보인다. 1950년대와 60년대 북한의 제의는 주한미군 철수, 남북 평화협정의 체결의 순서로 되어 있었다. 남북대화가 진행되고 있던 1972년 김일성은 일본 언론, 미국 언론과 인터뷰에서 한반도 긴장완화를 위해 정전협정을 남북 사이의 평화협정으로 바꾸자고 제안하면서, 평화협정 체결 이후에는 주한미군 철거가 뒤따라야 한다고 주장했다. 1973년 2월 허담 북한외상은 저우언라이−키신저 채널을 통해서 북미 직접접촉 가능성을 타진하고 나섰다. 물론 미국이 관심을 보이지 않아 북한의 계획은 실현되지 않았지만 북한은 외교 노력을 멈추지 않았다.[14]

---

13   최영진, 『동아시아 국제관계사』(서울: 지식산업사, 1996), 355쪽.
14   심지연, 2001, 70−76쪽; 홍석률, 2012, 351−353쪽.

1973년 8월 21일부터 베이징 주재 북한대사관 외교관들이 연신 미국의 베이징 연락사무소에 전화를 해서 만날 것을 요청하고 나섰다. 8월 23일 키신저는 시험 삼아 북미 회동을 갖되 차후 만남은 중국과 한국의 만남을 조건으로 하는 것이 좋겠다고 판단하고, 하비브 대사에게 박정희 대통령에게 이 사실을 통보하도록 지시했다. 하비브는 익일 박정희를 만났고, 대통령은 키신저의 생각에 대체로 동의하면서 북측이 북미 회동을 선전전에 이용할 수 있기 때문에 비공개로 하는 것이 좋겠다는 것과 중국과 남한의 접촉이 이루어지기를 희망한다는 의견을 내놓았다. 8월 27일 오후 5시 30분 북한대리대사 이재필이 미국연락사무소를 방문하여 연락사무소 부소장 젠킨스(Alfred L. Jenkins)와 회동했다. 북측 대표는 세계보건기구(World Health Organization: WHO) 가입으로 뉴욕 유엔본부에 파견되는 북한 대표단의 신변 보호, 통신 확보, 외교관 특권 보장 등에 관해 문의했고, 미국 대표는 미국 정부가 관례에 따라 이 문제들을 처리할 것이라고 답변해 주었다. 양측은 모임을 비밀로 하기로 합의한 채 자리를 떴다. 키신저는 중국 유엔 대표부에 북미 접촉에 상응하여 유엔에서 중국과 남한 외교관 사이 접촉을 요청하였으나 중국은 이 제안을 거절하였다.[15]

1974년 3월 25일 허담 외상은 최고인민회의 제5기 제3차 회의에서 한반도의 긴장상태 해소와 평화증진을 위해 북한과 미국이 직접 협상할 필요가 있다면서 북미평화협정을 제시했다. 한국의 외세 의존정책으로 남

---

15   홍석률, "1970년대 전반 북미관계: 남북대화, 미중관계 개선과의 관련 하에서," 『국제정치논총』, 44: 2, 2004, 29-54쪽; Memorandum from Henry A. Kissinger to Habib, August 23, 1973, POL Kor S, Central Files, RG 59, USNA.

북당국대화와 남북평화협정이 의미가 없게 되었다면서 미국과 평화협정의 당위성에 힘을 실었다. 북한은 평화협정의 내용으로 (1) 북미 간의 불가침 선언과 미국의 조선 내정 불간섭, (2) 한반도 외부로부터 작전장비, 군수물자 반입 중지, (3) 남조선 내 외국군대와 일체 무기 철거 (4) 외국 군대 철거 이후 조선이 어떤 외국의 군사기지나 작전기지로 되지 않을 것 등을 열거했다.[16]

미 국무부는 북한의 제안에 대해 즉각 논평을 내고 한반도 문제는 남북한 스스로 해결해야 하며, 한국의 참여가 없는 한 북한의 제의를 수용할 의사가 없음을 분명히 밝혔다. 북한은 1974년, 1975년 세네갈, 루마니아 채널을 통해서 북미 비밀회담의 가능성을 연신 타진했다. 월남 패망 이후 북한은 더욱 호전적이 되었고, 한국과 미국은 이에 당황하였다. 한반도에 위기의식이 감도는 가운데 포드 행정부는 한국의 불안을 무마시키기 위해 미국의 안보협력 의지를 반복해서 천명하게 된다. 키신저 국무장관은 한국에 대한 방위공약의 준수를 다짐했고, 슐레진저(James Rodney Schlesinger) 국방장관은 북한이 도발할 경우 핵무기를 사용할 수 있다고 경고했다. 미 국무장관 키신저는 1975년 9월에 남한, 북한, 미국, 중국이 참여하는 4자회담 개최 및 교차승인을 제안한다. 북한은 미국의 제안을 '두 개의 조선 조작음모'라고 비난하며 일언지하에 거절하고, 역으로 북한과 미국이 직접 협상에 나서는 양자회담을 제의하였다. 미국은 이듬해 4자회담을 수정하여 6자회담을 제의하는데 북한은 이것 또한 거부하고 만다.[17]

---

16 《로동신문》, 1974년 3월 26일. 심지연, 2001, 341-352쪽 참고.
17 최영진, 1996, 356-357쪽; 김계동, 2003, 7장; 최명해, 2009, 310쪽.

서울, 소박한 북방외교의 시작

1970년대 데탕트 공간에서 남과 북은 모두 세계를 무대로 외교경쟁을 벌였다. 상대보다 더 많은 나라와 관계를 개선하는 것이 목표였다. 박정희 정부는 1970년부터 비적대적 공산국가인 동유럽 국가들과 교역문제를 검토하기 시작했다. 1971년 7월 닉슨의 베이징 방문 선언 이후에는 소련, 중국 외교관들과 접촉하려고 접근을 시도하였다.

1971년 8월 한국이 유고슬라비아에 체육교류를 제안하였지만 성사되지 않았다. 동년 9월 대한무역진흥공사 사장이 유고를 방문, 양국 무역문제를 논의하였다. 1973년 2월 10일 김용식 외무장관은 대한민국 정부 외교노선의 공식 입장이었던 할슈타인 원칙(Hallstein Doctrine)의 수정 의사를 표명하였다. 외무장관이 직접 북한과 외교관계를 맺고 있는 나라와도 한국이 대사급의 공식적인 외교관계를 맺을 수 있다는 입장을 밝힌 것이었다. 1973년 4월 유고슬라비아 사라예보에서 열린 세계탁구선수권대회에 한국 대표단이 참가하여 여자선수들이 단체전 우승을 차지하는 쾌거를 이루었다. 이 무렵부터 한국과 동구권 국가들 사이에 간접교역이 시작되었다.[18]

한국은 또한 사회주의권의 수장이었던 소련과도 접촉을 시도하였다. 1971년부터 1973년 사이 크메르, 이탈리아, 호주, 스웨덴에서 한국과 소련 내사관의 참사관급 외교관 접촉이 있었다. 1973년 5월 한국 연극인과 경제계 인사가 소련을 방문하였고, 이듬해 8월 한국 선수단이 모스크

---

18 홍석률, 2012, 299-301.

바에서 열린 유니버시아드 대회에 참가한 바 있다. 북한은 이를 저지하려다 실패하자, 항의의 표시로 이 대회에 참가하지 않았다. 1975년에는 한국 선수단이 민스크 세계아마추어레슬링대회와 모스크바 세계역도대회에 참가하였다. 1977년 한국 대표단이 모스크바에서 열린 국제박물관회의와 국제전기학회 총회에 잇달아 참가하였으며, 주영국대사관 일행이 트빌리시에서 열린 유네스코 세계교육대회에 참가하기도 했다. 1978년 한국 보건사회부장관이 이끄는 대표단이 알마아타에서 개최된 제1차 보건의료에 관한 국제회의에 참가하였다.[19]

중국과 접촉은 소련과 접촉보다 훨씬 어려웠다. 중국은 우방 북한을 의식하여 한국의 대화 제의를 싸늘하게 거절하고 있었다. 70년대 중후반 박정희 정부는 김일성의 북미대화 노력에 상응하여 소련, 중국과 접촉을 다각도로 시도한 것으로 보인다. 박동진 외무장관이 1978년 9월 29일 즈비그뉴 브레진스키(Zbigniew Brzezinski) 미국 백악관 국가안보보좌관을 만났을 때 소련과의 관계는 작은 진전이 있었지만, 중국은 여전히 적대적이라고 평가하고 있다.[20] 훗날 한국이 잇달아 소련, 중국과 수교할 때에도 소련이 중국보다 2년 먼저 한국에 빗장을 풀고, 문을 열어주었다.

19   남북조절위원회, 1978, 235-237쪽; 홍석률, 2012, 301-305쪽.
20   이완범, 2017, 134쪽.

판문점 충돌

　남과 북은 70년대 내내 한번 식은 남북화해의 열기를 되살리지 못했다. 1974년 국립극장 광복절 기념식 대통령 암살기도 사건과 그해 11월 고랑포 북방 비무장지대 땅굴 발견으로 남북관계는 다시 냉전의 늪으로 빠져들게 된다. 2년 뒤 비무장지대에서 충돌 또한 한반도를 전쟁 직전의 위기상황으로 몰았다.

　1976년 8월 18일 비무장지대 판문점에서 두 명의 미군장교가 북한 경비병의 공격으로 살해당하는 사건이 발생하였다. 공동경비구역 내에서 유엔군 장병과 노무자들이 벌목작업을 하던 중 예기치 않게 벌어진 일이었다. 미국은 에프(F)-111, 에프(F)-4 전투기, 항공모함 미드웨이 호, 레이저 호를 한반도에 전개하는 한편 오키나와 주둔 미 해병대 1천 8백 명을 한국에 파견하였다. 북한은 자신의 행위를 정당방위로 규정하고, 인민군, 로농적위대, 붉은청년근위대에 전투태세를 발령하였고, 유엔사령부 또한 경계태세를 데프콘(DEFCON) 3으로 격상시켰다. 박정희 대통령은 3사관학교 졸업식 연설에서 대북 경고와 보복의사를 시사했다.[21]

　긴장이 한껏 고조된 상황에서 21일 한국군 특수부대와 주한미군이 북한에 통보 없이 문제의 미루나무를 절단하는 폴 버넌 작전(Operation Paul Bunyan)을 감행하였으나, 북한은 이에 맞대응하지 않았다. 미군은 당시 북한이 무력으로 응대해 올 경우 개성 탈환과 연백평야 진출을 계획하고 있었다. 작전 완료 후 북한의 요청으로 동일 정오 북미회의가 개최되었

21　김정렴, 1997, 3장.

고, 동 회의에서 북조선 최고사령관 김일성 명의의 '유감' 성명이 유엔사령관에게 전달되었다. 이후 유엔사령부와 북한군이 합의하여 공동경비구역의 분할경비가 결정되었다.[22]

카터 대통령의 등장과 남북관계의 변화

70년대 전반 한반도가 닉슨의 신정책으로 한바탕 소동을 겪었다면, 후반에는 카터의 등장으로 한반도 정세가 다시금 회오리치게 된다. 워싱턴 정치에서 멀리 떨어져 있던 신예 지미 카터가 대통령에 당선되면서 북미관계 전환이 이루어질 수도 있다는 기대, 우려, 호기심이 교차하는 공간이 조성되었다. 북한은 진작부터 주한미군 철수 공약을 내건 카터에게 호감을 가지고 있었다.

1976년 12월 20일 김일성은 줄피카르 알리 부토(Zulfikar Ali Bhutto) 파키스탄 총리를 통해서 카터 행정부와 평화협상을 할 용의가 있다는 사실을 전달하였다. 북한은 북한과 미국이 단둘이 만나 양자대화를 가지면서 평화협정 체결에 대해 논의하기를 희망했다. 평양은 워싱턴의 구미를 돋우기 위해 향후 서울이 참가하는 3자회담, 베이징도 참여하는 4자회담으로 확대할 여지를 남겨 놓았다. 김일성은 카터의 주한미군 철수 공약과 남한 인권 문제 제기에 들떠 있었다.[23]

---

22   윤태영, 1999, 354-355쪽.
23   이완범, 2017, 3장.

1977년 2월 1일에는 허담 외무상이 사이러스 밴스 미 국무장관에게 한반도 긴장완화를 위해 미국과 북한이 회동하자는 제안을 담은 서신을 전달하였다. 대통령 취임 바로 뒤인 1977년 2월 카터는 북한, 베트남, 라오스, 캄보디아, 쿠바, 이라크 등과 화해를 모색하고 우호관계를 수립할 용의가 있다면서 이들 국가에 대한 여행제한을 해제하는 조치를 취하였다. 카터 행정부는 한국정부와 사전협의 없는 북한과 대화에는 응할 수 없다는 원칙을 피력하며, 오히려 북한이 남북대화에 성의를 보일 것을 주문했다. 카터 대통령이 3월 18일 직접 유엔 연설을 통해서 한국의 참여를 전제로 북한과 대화를 할 용의가 있다고 표명하였지만, 북한은 양자회담을 거듭 고집하였다. 아프리카 가봉의 오마르 봉고(Omar Bongo) 대통령 또한 1977년 6월 미국에 김일성의 대화 의사를 전달했다. 김일성은 휴전을 지속적인 평화로 전환하는 문제를 미국과 협의하고 싶다고 전했다.[24]

유고슬라비아 요시프 티토(Josip Tito) 대통령은 1977년 여름 북한과 중국 방문을 전후해서 남북미 3자회담을 중재하려는 노력을 기울였다. 평양에서 열린 티토-김일성 정상회담 당시 김일성은 북미 양자회담 성사를 위해 애쓰고 있지만 미국이 호응해 오지 않는다며 안타까워했다. 김일성은 남북미 3자회동에 대해 명확하게 거부하지는 않았지만, 박정희를 비롯한 반(反)통일세력이 물러나야 3자회담이 가능할 것이라는 의견을 개진했다. 티토는 1978년 3월 7일 백악관에서 카터와 회담을 가졌다. 티토는 남과 북이 주된 당사자가 되고, 미국은 제3자로 참여하는 방식의 3자회담, 실무급 회담에서 고위급으로 나아가는 2단계 3자회담을 제안한다. 구미

---

24   최명해, 2009, 5장.

가 당긴 미국은 한국에 3자회담을 받으라고 제안하고 나선다. 1978년 3월 18일 리처드 스나이더 주한 미국대사는 박동진 외무장관을 만나 티토의 실무자급 3자회담을 수락하라고 종용했다. 한국에게 3자회담은 미국, 북베트남, 남베트남 3자가 회동한 파리회담을 연상시켰기 때문에 당국자들은 이를 달가워하지 않았다. 파리회담 시 실질적인 협상은 미국과 북베트남 양자 사이에 비밀리에 진행되었다. 한국의 소외를 우려, 3월 28일 박동진 외무장관은 3자회담 수용 불가를 미국에 통보했다.[25]

1978년 4월 13일 루마니아 니콜라에 차우셰스쿠(Nicolae Ceausescu) 공산당 서기장 또한 미국을 방문하여 카터 대통령과 환담하면서 김일성이 미국과 관계개선을 원하고 있다고 전하면서 3자회담 중재에 나섰다. 북한은 미국에게 회담을 청하고, 미국은 한국의 참여를 보장하라고 답하고, 북한은 박정희 정부와 마주앉을 수 없다고 고집을 부리고, 한국은 3자 양식에 불편함을 피력하는 회전논리가 반복되었다. 1978년 5월 25일 서울 청와대에서 박정희는 브레진스키 보좌관과 회담을 가졌다. 브레진스키는 3자회담은 티토의 아이디어라고 설명하면서, 우방인 한국이 동의하지 않으면 미국이 나설 이유가 없다며 한국의 입장을 배려하는 태도를 견지했다. 박정희는 북미회담에 한국이 들러리가 되는 형국이라며 이에 반대 의견을 피력했다.[26]

1979년 6월말부터 7월초까지 카터 대통령이 한국을 방문 박정희 대통령과 한미 정상회담을 가졌다. 미국의 희망사항은 한국의 인권상황이

---

25   이완범, 2017, 3장.
26   이완범, 2017, 3장.

개선되는 것이었고, 한국은 미군 철수계획의 중단을 희망하고 있었다. 카터의 백악관은 애초 한국 방문 시 3자 정상회담을 개최하는 방안을 추진했다. 카터는 비무장지대에서 박정희, 김일성과 함께 만나는 당시로서는 파격적인 구상을 가지고 있었다. 이 구상은 당시는 실현되지 못했지만, 40년이 지난 2019년 6월 30일 비무장지대에서 트럼프 대통령, 문재인 대통령, 김정은 국무위원장의 3자회동이 실현된다. 당시 카터 대통령은 1978년 9월 17일 체결된 캠프 데이비드 협정을 연상하며, 미국 중재로 남북한도 평화협정을 체결하면 주한미군 또한 철수할 수 있을 것이라는 복안을 갖고 있었던 것으로 보인다. 카터의 참모들은 '한국판 캠프 데이비드 협정' 구상을 현실적으로 실현이 어렵고, 한국의 입지를 어렵게 할 것이라는 이유 등으로 반대하고 있었다. 차선으로 미국 관리들은 정상회담 때 북한에 남북미 3자회담을 제의하는 방향으로 한국과 협의를 시작했다. 6월 4일 윌리엄 글라이스틴(William H. Gleysteen) 대사가 박정희 대통령을 면담하는 자리에서 미국의 3자회담 구상을 전달했다. 박정희는 북한이 3자 제안을 받아들이지 않을 것이라면서도 미국이 원하면 한번 해보자고 사뭇 대범하게 나왔다. 박정희는 3자회담을 정면으로 반대하지 않았지만, 미국이 중재자가 아니라 한국과 하나의 파트너로 행동해야 한다는 단서를 달았다. 박정희 참모들은 일관되게 3자회담 구상을 반대했다.[27]

1979년 7월 1일 카터의 방한 시 한국과 미국은 한미 정상회담 공동성명 11번째 항목에서 남북한과 미국이 참여하는 고위당국대표회의를 인

---

27 William H. Gleysteen Jr., *Massive Entanglement, Marginal Influence: Carter and Korea in Crisis* (Washington, D.C.: Brookings Institution Press, 1999), Ch. 4.

도네시아 발리에서 개최하자고 제안했다. 카터의 기발한 발상과 박정희의 마지못한 동의로 우여곡절 끝에 발표된 3당국회의 제안은 북한 외무성 대변인이 나서 거부성명을 발표함으로써 싱겁게 무대가 열리기도 전에 막을 내리게 된다. 북한은 주한미군 철수계획이 수정된 것에 대해 분해하며, 남북 유엔 동시가입, 주변국 남북 교차승인 제안에 대해 비판적 태도를 보여주었다. 특히 북한은 남과 북이 토의할 문제와 북미가 토론할 문제가 따로 있다면서 3당국회의 제안을 정면으로 반박했다. 평양은 통일과정에서 제기되는 정치, 경제, 문화의 제반문제는 외세 간섭 없이 '조선사람'이 해결해야 하며, 주한미군 철수, 정전협정을 평화협정으로 바꾸는 문제는 북한과 미국이 머리를 맞대고 담판을 벌여야 한다고 역설했다. 3자회담의 무산에 카터는 아쉬움을 토로했을 테고, 박정희는 안도의 숨을 들이마셨을 것이다.[28]

화해 이후

남북 양자회담이 결렬된 이후 남한은 남북회담의 재개를, 북한은 북미회담의 개최를 고집하며 평행선을 달렸다. 키신저가 나서 4자회담 화두를 던진 바 있고, 카터는 남북미 3자회담의 형식을 제안해 한반도 문제를 풀기 위한 다양한 만남의 방식이 인구에 회자하게 된다. 70년대는 격동의 시기였다. 대화와 화해가 있었고, 갈등과 대립이 있었다. 협력과 갈등의

---

28 김계동, 2003, 7장;《로동신문》, 1979년 7월 11일.

반복은 국제관계에 늘 있는 것이고, 특히 숙적의 양자관계에는 긴장의 고조와 완화가 새로운 것은 아니지만 70년대 데탕트 시기 한반도의 국제정치는 대화와 갈등의 간극이 특히 심했다.

70년대 또한 남북한 사이 갈등과 분쟁은 여전했지만, 양자 사이 대화가 새롭게 시도되었으며, 관련국 간 새로운 형태의 접촉이 시도되어 때로 성공하고, 때로 실패했다. 한반도 평화를 위한 주요 만남의 형태와 구상을 아래와 같이 도식화할 수 있다.

$$2 \rightarrow 2 \rangle 2 \rangle 4 \rangle 3 \rangle 2 \rightarrow 2 \rangle 3$$

'〉' 표시는 시간과 순서의 흐름 또는 대응을 의미한다. '→' 표시는 대응뿐만 아니라 인과의 의미까지 내포하고 있다. 제일 선두의 '2'는 미중화해를 나타낸다. 70년대 한반도의 국제정치는 미국과 중국의 대화로부터 시작되었다. 미중대화는 남북 '양'자대화의 산파 역할을 했다. 북한은 남북대화 실험이 별 성과를 내지 않자 북미 '양'자 대화로 관심을 돌렸다. 70년대 내내 평양은 북미대화를 고집했다. 미국은 한국의 참여가 전제되지 않는 한 북한과 마주할 의사가 없었으므로 남북미중의 '4'자 대화를 제안하고 나섰다.

카터 행정부 들어서서도 국무부는 여전히 4자의 입장을 견지하고 있었지만, 서서히 카터 대통령은 '3'자로 입장을 선회하고 있었다. 1979년 1월 미중 '양'자 국교정상화가 촉매제가 되어 남과 북은 다시 적극적으로 남북 '양'자 대화를 제의하고 나섰다. 70년대 초반 미중화해라는 큰 충격이 남북 고위급대화라는 큰 사변을 가능하게 했다면, 70년대 후반 미중

수교의 작은 충격은 남북 간 실무급 대화라는 작은 변화를 가능하게 해주었다. 1979년 8월 카터와 박정희 정상회담을 전후하여 미국 백악관은 다시 남북미 '3'자대화의 시동을 걸었다. 박정희, 김일성 모두 3자 대화에 시큰둥했기 때문에 카터의 꿈은 실현되지 않았다.

90년대와 2000년대에는 북핵문제를 풀기 위해 4자회담과 6자회담이 실험대에 올랐고, 2010년대에는 한반도 평화체제 건설과 관련 양자, 3자, 4자 등 다양한 양식이 논의에 올랐다. 한반도 상 남북의 대립과 주변 강대국의 이해관계가 얽힌 현실에서 남북 갈등의 고리를 끊고, 한반도 평화체제를 수립하며, 북한의 개혁개방을 돕기 위해, 그리고 궁극적으로 남북통일의 실현을 위해 2(남북), 2(북미), 3, 4, 6 또는 6 플러스(유럽연합 또는 국제연합 등 기타 단위의 참가)의 다양한 형태가 계속해서 시험대에 오르게 될 것이다.

10장 남북화해론

　　데탕트 시기 남북화해는 왜 발생했을까? 또 어렵게 시작된 남북대화는 왜 남북 적대의 종식으로 이어지지 않고 미완의 실험으로 귀결되고 말았는가? 앞에서 진행된 연구와 서술을 바탕으로 이 질문들에 대한 답을 정리할 차례가 되었다. 1970년대 초반 왜 남과 북 사이에 화해가 발생했다가, 소멸되었는가? 데탕트 시기 남북화해는 여러 요인들이 복합적으로 작용한 결과였다. 당시 화해를 탄생시킨 변수들은 또한 화해의 한계 또는 화해의 종료와도 관계가 깊었다. 여기에서 본고는 2장에서 제시된 화해의 분석틀을 활용하여 데탕트 시기 남북화해의 시작과 끝을 분석해 보고자 한다.

　　남북한 사이 화해의 시작과 종료에 관계한 변수들은 충격, 연합, 위협, 전략이다. 본고는 1970년대 초기 남북화해는 미중접근 등 외부 충격과 이에 따른 위협인식과 전략계산의 변화가 주요 동인이었다고 주장한다. 대화 시작의 시점에 지배연합의 변화는 없었으나 당시 남과 북의 연합은 대화의 필요성을 인지하고 이를 추동했다. 데탕트 시기 화해는 기존 남북의 지도부가 대외 충격에 따른 심경의 변화와 전략적 계산에 따라 추진한 것이었다.

화해 종료와 관련 내부나 외부의 충격 요인은 목격되지 않는다. 화해를 탄생시켰던 기존 충격의 영향력은 소멸되었다. 남북 정권 또한 그대로였다. 대화를 끈질기게 추동하고, 화해의 조성으로 이득을 볼 수 있다는 확고한 사고를 가진 연합이 남에도, 북에도 부재했다는 점에서 냉전형 지배연합의 존재는 간접적으로 화해의 소멸에 기여했다고 볼 수 있다. 상대 체제를 부정하는 유신체제와 유일체제의 존재는 화해의 한시적 성격을 설명해 주는 주요 단서이다. 위협인식의 변화가 화해를 추동시켰으나, 상대로부터의 위협은 상존했기 때문에 화해 이전의 적대관계로 회귀하기가 비교적 수월했다. 화해 출범 시 기대되었던 전략적 이득을 이미 실현했거나, 또는 그것의 실현이 어려워진 상황 또한 화해 동력의 상실을 설명해 준다. 새로운 전략 목표의 설계 또한 화해의 단축을 설명하는 주요 단서이다.

충격

화해의 시작은 충격과 관계가 깊다. 충격은 밖(국외)에서 올 수도 있고, 안(국내)에서 올 수도 있다. 충격이 모든 화해의 필수적인 전제조건은 아니나 많은 숙적 간 화해의 경우 충격이 그 시발점이 되는 경우가 자주 목격된다. 1970년대 초기 한반도의 남북한 간 화해의 경우 충격의 도움닫기가 주요한 동력으로 작용하였다. 충격이라는 호칭에 걸맞게 당대 아시아에서는 '닉슨 쇼크'라는 용어가 회자하였다. 닉슨의 등장과 그의 일련의 정책들은 한국뿐만 아니라 동아시아 전반에 걸쳐 커다란 반향을 일으켰다. 미국의 국력 변화와 더불어 미국 정책의 변화가 필요했고 새로 등장한 닉슨 행정부는 강한 추진력으로 새로운 정책들을 펼쳐나갔다. 닉슨의 정책 중 특히 한반도에 커다란 영향을 미친 정책들은 괌 독트린, 미중화해, 주한미군 감축 등이었다.

1969년 7월 괌 독트린은 아시아 국가들이 미국 의존도를 줄이고 스스로 방위문제를 해결하라는 닉슨 대통령의 주문이었다. 닉슨 정부는 미국이 다시는 월남전과 같은 지상전에 투입되지 않을 것이라며 미국의 '탈(脫)아시아'를 선언했다. 괌 독트린이 발표되자 박정희 정부는 촉각을 곤두세웠다. 그러나 미국 정부는 괌 선언이 한국에 대한 방위 약속의 약화를 의미하는 것은 아니라며 한국을 달랬다.

닉슨 대통령은 얼마 안 가서 주한미군 감축안을 차근차근 현실화시켜 박 대통령을 당황하게 만들었다. 미국에게 방위의 상당 부분을 의존하고 있던 한국에게 주한미군 감축은 커다란 시련이자 충격이었다. 주한미군 감축이라는 화두에 박정희 정부는 미국의 철군정책에 대한 불협조와 한국군을 현대화한다는 계획으로 응수했다. 미국의 태도는 해외주둔 미군의 이동과 관련된 결정은 미국 고유의 권한이고, 주둔국과는 단지 상의를 한다는 입장이었기 때문에 박정희의 '외로운' 반대가 미국의 심사를 바꾸어 놓을 수는 없었다. 결국 주한미군 감축은 미국의 시간표대로 진행되었다. 주한미군 감축을 박정희 정부는 도전으로, 북한은 기회로 받아들였다.

70년대 초반 한반도의 지형을 뒤흔든 여러 건의 외적 충격이 있었지만 그 강도와 지속성 면에서 타의 추종을 불허한 사건이 미중화해였다. 상하이 공동성명은 미국이 중국을 아시아의 대국으로 인정하고 이 지역질서 유지에 중국의 역할을 부과한다는 의미가 있었다. 미중화해의 전말은 3장에서 자세하게 살펴본 바 있다. 미중화해는 하나의 고립된 사건이라기보다는 연속물처럼 오랜 시간에 걸쳐 느리게 전개되었고 유럽 데탕트, 미소 데탕트, 중국과 주요국 간의 국교정상화와 나란히 진행되었다.

미국과 소련이 화해무드를 조성하기 이전인 1960년대부터 유럽에서 변화가 감지되기 시작했다. 유럽은 전후 국력의 회복과 더불어 초강대국으로부터 자율권을 신장하기 위한 행보를 걷기 시작했다. 소련의 핵능력 구비로 유럽 국가들은 미국이 유럽의 안전을 위해 자신의 희생마저 감내할지 의구심을 갖게 된다. 특히 프랑스는 드골 대통령의 주도 아래 1960년대 전반부터 대미 자주외교의 일환으로 대 공산권 데탕트 외교를 펼쳤다. 소련의 위협으로부터 자력으로 안보를 확보하기 위해 핵실험을 단행하고, 핵전폭기를 개발하는 등 독자적으로 대소 억지력을 갖추기 위해 노력했다. 프랑스는 1964년 서방국가로는 최초로 중국을 승인하였고, 드골 대통령은 1960년 흐루시초프와 파리에서 정상회담을, 1966년에는 모스크바를 직접 방문하여 양국 정상회담을 펼쳤다.[1]

---

1   전재성, "1960년대와 1970년대 세계적 데땅뜨의 내부 구조: 지역적 주도권의 변화 과정 분석," 『국제정치논총』, 45: 3, 2005, 33-56쪽.

빌리 브란트 수상이 이끄는 서독 사민당 정권은 1960년대 후반부터 동방정책을 펼치면서, 동독을 승인하는 나라와는 외교관계를 맺지 않는다는 할슈타인 원칙을 포기하고 동독 및 공산권과 교류를 확대한다. 서독과 소련은 1970년 모스크바 조약을 맺고 상호 무력을 사용하지 않겠다는 것과 경제와 기술 분야 협력을 약속하면서 관계개선에 나섰다. 같은 해 서독은 폴란드와도 상호 무력행사 포기, 오데르-나이세 국경선 수용, 경제협력을 약속하는 바르샤바 조약을 체결했다. 1970년대 동독과 서독은 두 차례 정상회담을 가졌다. 1민족 2국가 원칙 아래 유엔 동시가입을 추진하면서 서독은 동독을 주권국가로 인정하게 된다. 두 독일은 교통과 통신을 열고 인적, 물적 교류를 촉진시켰다. 유럽 차원에서 긴장완화는 이후 유럽 안보협력회의로 발전하게 된다.[2]

소련은 원폭 실험, 수폭 실험, 대륙간탄도미사일 개발에 잇달아 성공하면서 미국의 핵전력을 바짝 추격하게 된다. 유럽 각국 자율성이 확대되고, 제3세계가 등장하는 등 제2차 세계대전 이후 형성된 세계질서에 변화가 오고 있었다. 미국의 상대적 경제력 또한 약화되고 있는 현실에서 닉슨 행정부는 다극체제가 등장하고 있다는 판단 아래 국익에 기초해 협력관계를 유지하는 새로운 질서를 모색하게 된다. 미국은 소련, 중국과 잇달아 관계를 개선하고, 동맹국들을 일정한 선에서 관리하고, 베트남전쟁 종전 이후 미국의 과도한 군사개입을 회피하는 전략을 택했다.[3]

---

2   에곤 바, 박경서·오영옥 옮김, 『독일 통일의 주역, 빌리 브란트를 기억하다』(서울: 북로그컴퍼니, 2014); 김정렴, 1997, 142-144쪽. 박 대통령은 동서독 접근에 많은 관심을 갖고, 비서실에 많은 정보를 올릴 것을 지시한 바 있다.

3   전재성, 2005, 33-56쪽.

소련 또한 긴장완화에 이해를 갖고 있었다. 소련 지도부는 경제가 지속적으로 악화되는 가운데 미국과 추가적으로 군비경쟁에 나서는데 부담을 느꼈고, 데탕트를 통해서 서방으로부터 자본, 자원, 기술 도입이 활발하게 이루어지기를 기대하고 있었다. 소련은 미국과 관계를 개선하여서 미국과 중국의 지나친 밀회를 차단하려고 하였다. 미중화해는 미소 데탕트로 이어졌다. 닉슨의 방중 계획이 발표되던 7월 15일 오전 9시 주미 소련대사 아나톨리 도브리닌(Anatoly Dobrynin)은 키신저와 전화 통화를 통해서 미중 대화에 대해 인지하게 되었다. 이후 소련은 브레즈네프와 닉슨 간 정상회담 날짜를 잡기 위해 분주하게 움직였다.[4]

1972년 2월 미중 정상회담에 이어 같은 해 5월에는 미소 정상회담이 열렸다. 미국과 소련의 정상들은 제1차 전략무기제한협정을 조인하게 된다. 소련은 이제 미국과 직접적인 경쟁을 지양하고, 제3세계에서 영향력 확대를 꾀하였다. 소련은 데탕트를 라즈랴드카(Razryadka)로 명명하고 있었는데, 자본주의의 보편적 위기가 심화되는 시기에 세계사회주의체제가 세계자본주의체제에 우위를 확보하고 있다는 신념에서 자본주의에서 공산주의로 넘어가는 과도기에 적절한 조치로 평화공존을 꾀하고 있었다.[5]

미국과 중국의 수교가 오랜 시간과 진통을 필요로 한 반면에 미국의 동맹국들 일본, 영국, 서독은 모두 닉슨 방문 1년 안에 대만과 국교를 단절하고 중국과 수교하였다. 미중대화가 시작되자 일본과 중국의 관계정

4   강윤희, "미중 데탕트와 소련: 국제정세 인식과 대응," 『EAI 국가안보패널 보고서』, 73호, 2014년 8월.
5   전재성, 2005, 33-56쪽.

상화가 화두로 떠올랐다. 1971년 7월 15일 키신저 방중 발표는 일본사회에 커다란 충격으로 다가왔다. 인구에 회자한 '닉슨 쇼크' 바람에 친미 성향의 사토 정권이 궁지에 몰리기도 하였다.[6] 이윽고 1972년 7월 다나카 가쿠에이(田中角榮) 정권이 등장하면서 중일 관계개선은 급진전을 보게 된다. 1971년 6월 저우언라이는 국교정상화의 전제조건으로 (1) 중화인민공화국이 중국을 대표하는 유일의 합법정부이고, (2) 대만은 중화인민공화국의 불가분한 일부이며, (3) 일본과 중화민국 사이 평화조약은 폐기한다는 복교(復交) 3원칙을 내세웠다. 미국이 일중관계가 급속도록 진전되는 것에 우려를 표하는 가운데 1972년 9월 다나카 수상이 베이징을 방문하여 일본과 중국은 국교를 정상화하였다. 공동성명 제2항은 일본 정부가 중화인민공화국이 중국의 유일한 합법정부임을 승인한다고 밝혔고, 제3항에서 중화인민공화국 정부는 대만이 중화인민공화국 영토의 불가분한 일부임을 표명하고, 일본 정부는 중화인민공화국의 입장을 충분히 이해하고 존중한다는 입장을 밝혔다. 제5항에서 중국은 일본에 대한 전쟁배상 청구를 포기한다고 밝혔다. 일본과 중국이 외교관계를 정상화하는 공동성명서에 조인하던 날 대만은 일본과 외교관계를 단절했다.[7]

한국전쟁 당시 각기 남한과 북한을 도와 참전했던 미국과 중국이 갑작스럽게 화해를 시도한 것은 한반도에 커다란 충격이었다. 미중화해를 전후해서는 유럽의 데탕트와 미국과 소련 사이 데탕트가 전개되었다. 일

6   한상일, 『일본전후정치의 변동』(서울: 법문사, 1997), 229-231쪽.
7   이리에 아키라, 이성환 역, 『일본의 외교』(서울: 푸른산, 2001), 255-259쪽; 손열, "미중데탕트와 일본: 1972년 중일국교정상화 교섭의 국제정치," 『EAI 국가안보패널 보고서』, 63호, 2014년 2월.

본은 재빠르게 움직여 미국의 견제를 받으면서도, 중일 관계정상화를 달성하고야 만다. 전후 형성된 세계 차원의 냉전 질서에 커다란 변화가 시작된 것이었다. 미국, 일본, 중국, 소련 사이 화해와 공존 분위기의 팽배로 김일성과 박정희는 외교노선 전환의 필요성을 갖게 되었다. 미중화해는 남한과 북한의 위협인식과 전략적 셈법을 모두 바꾸어 버렸다.

충격은 화해의 끝과도 관련이 깊을 수 있다. 하나의 충격에 의해 전개되던 화해가 다른 충격의 여파로 중단될 수 있는 것이다. 그러나 당시 한반도에서는 화해를 중단시킬만한 새로운 충격은 발생하지 않았다. 단지 기존 충격의 여파가 시간이 흘러 약해졌음을 감안해야 한다. 충격의 무게는 시한성을 가진다. 충격의 여파로 남과 북의 정책결정자는 새로운 외교노선을 실험했고, 충격을 완화시킬 조치들을 취해 나갔다. 충격으로 시작된 70년대 초반 남북화해는 이후 여타 충격의 간섭 없이 유야무야되었다.

연합

정치연합의 동학은 숙적화해의 기승전결에 영향을 미친다. 주지하는 바와 같이 남북대화를 전후하여 남과 북의 지도부 교체는 벌어지지 않았다. 박정희 정권과 김일성 정권이 계속 권력을 잡은 채 필요에 의해 남북대화를 수행하였고, 대화의 효용성이 떨어지자 두 정권은 다른 쪽으로 관심을 돌렸다. 당시 남북대화의 시작과 끝은 모두 지배연합의 교체 없이 이루어졌다. 대화를 통해서 적대관계를 청산하고, 항구적 평화체제를 세우려는 지도력의 결핍은 곧 70년대 초기 남북화해의 성격과 운명을 결정지었다. 이러한 점에서 70년대 초기 남북화해는 2000년대 전후 발생한 남북화해와 궤를 달리한다.

1961년 5월 16일 군사쿠데타로 집권한 박정희는 3선개헌, 유신개헌으로 민주주의에서 멀어져 갔다. 북한의 김일성 정권 또한 60년대 후반 강경군부를 숙청한 후 70년대 초반 사회주의헌법을 채택하여 유일체제를 공고화했다. 한반도에 유신체제와 유일체제가 비슷한 시기에 등장하여 경쟁하는 양상이 벌어진 것이다. 박정희와 김일성은 화해경영자가 아니었다. 박정희, 김일성은 숙적관계의 진정한 화해나 협상을 통한 종료를 원한 것이 아니라 변화하는 국제정세 속에서 돌파구를 모색하기 위해 잠시나마 대화를 시도했다.

60년대와 70년대 한반도의 남쪽을 통치한 박정희 정권은 대외개방과 해외자본에 의존하는 수출주도형 경제개발 정책을 입안, 실천했다. 통일 임무를 뒤로 미루고 경제를 먼저 성장시키겠다는 경제제일주의였다. 농촌을 중심으로 전개된 새마을운동은 농민이 잘 살아야 공산화를 방지할 수 있다는 계산도 깃들어 있었다. 70년대에는 중화학공업을 육성, 방위산업의 기반을 닦았다.[8]

경제발전으로 성장한 중산층과 노동자는 정치 민주화와 정당한 부의 분배를 주장하고 나섰다. 독재의 지속과 더불어 더욱 커진 민주화 요구, 노동운동과 통일운동의 성장은 정권안보에 위협으로 다가왔고, 정권 핵심 인사들은 분위기 전환을 위한 비책이 필요함을 감지하고 있었다. 닉슨 독트린, 주한미군 철수, 미중화해의 국제환경의 변화 속에서 새로운 대북정

---

8   조갑제, "박정희와 김일성의 국가경영전략," 『월간조선』, 1991년 1월호, 380-393쪽.

책의 필요성이 대두하였다. 이후락이 중앙정보부장이 되면서 '대북전략의 유연성'을 확보하기 위한 계획들이 차근차근 수립, 집행되기 시작하였다.[9] 1960년대 경제개발계획의 성공으로 남한 경제력이 북한 경제력을 압도하기 시작했다는 자신감도 새로운 대북정책 수립의 한 원인이 되었다.

70년대 초반 남북대화가 전개되자 박정희 정권 핵심부는 대화적극론자와 대화비판론자(대화신중론자)로 갈렸다. 대화적극론자는 북한과 협상의 지속을 중요시하며, 남북대화를 통해 소정의 성과를 내려고 했다. 대화비판론자는 북한과 대화에 많은 시간을 보내는 것을 낭비로 간주하고, 적극론자들이 북한 문제를 빌미로 정국을 주도하는 것을 경계했다.

1972년 4월초 김동조 주미 한국대사가 국무부를 방문했다. 박 대통령의 서신을 전달하기 위해 국무장관과 만나기 직전 마샬 그린 차관보와 환담하면서 김 대사는 이동원과 최규하를 매파로, 이후락과 김용식을 비둘기파로 분류하고, 매파에 가까운 중간파로 김종필을 위치시키고 있다. 이후락은 남북대화의 총지휘자 역할을 맡아 중앙정보부장의 직위에 더하여 남북조절위원회 공동위원장의 자리마저 꿰찼다. 이후락이 남북대화를 기화로 종횡무진하자, 김종필은 노심초사하면서 남북대화 '속도조절론'으로 맞섰다. 세간에는 김종필-이후락 갈등설이 불거지기도 했다.[10]

1972년 11월말 하비브 대사를 만난 자리에서 김종필 국무총리는

9   강인덕 인터뷰, 2008년 3월 26일.

10   Outgoing Telegram for Embassy Seoul, "Kim Dong Jo's Meeting with Secretary," April 10, 1972, Pol 7 Kor S, Central Files, RG 59, USNA; 우승지, 2010, 306-312 쪽.

정부가 신중하게 남북대화에 임할 것이라고 각오를 피력하고, 통일문제가 너무 부각되는 것에 대한 우려를 표했다. 김종필은 대통령도 비슷한 생각을 가지고 있으며, 이후락 부장이 너무 성급하게 남북대화를 진행시키고 있다고 힐난했다. 이후락 부장이 남북조절위원회에 장관들을 포함시키고, 남북 정상회담 성사를 바라고 있으나, 대통령과 자신은 반대하고 있다는 입장을 대사에게 밝혔다. 총리는 1973년도에 문화, 운동 분야 교류가 가능하나, 경제 교류는 실현되기 힘들 것이라고 전망했다. 아울러 김 총리는 대통령과 이후락 위원장 교체 방안을 토론했다고 전했다.[11] 이후락의 등장과 함께 시작된 남북대화는 이후락의 퇴진과 맞물리며 멈춰 섰다.

남북대화를 놓고 찬반 의견이 분분한 가운데 박정희는 어느 한 쪽에 치우치지 않으면서 양쪽 사이에서 무게중심 역할을 했다. 대화를 진행시키되 상황이 안정적으로 관리될 수 있도록 대화의 속도, 내용, 형식을 조절했다. 남북조절위원회 1차 회의 후 닷새가 지난 1972년 10월 17일 박정희는 헌정을 중단시켰다. 두 달쯤 지난 12월 27일 박정희는 유신헌법에 의거 제4공화국 대통령에 취임한다.[12] 총통형 대통령제를 도입한 유신체제는 북한과 체제대결과 조국근대화 목표를 구실로 언론자유를 억압하고, 시민의 정치권리를 축소시켰다.

북한은 박 정권의 경제성장 성과를 초조한 마음으로 바라보아야 했다. 북한이 자신하고 있던 남한 경제력에 대한 북한 사회주의경제의 우위

---

11 Telegram from Embassy Seoul to Secretary of State, "Prime Minister's Views on South-North Dialogue," November 24, 1972, Pol Kor N-Kor S, Central Files, RG 59, USNA; 우승지, 2010, 306-312쪽.

12 김용직, 2005, 453-476쪽.

가 점차 줄어들고 있었다. 자력갱생의 경제개발을 강조한 북한은 1950년대 천리마운동, 1960년 청산리방식, 1962년 대안의 사업체계, 1970년대 3대혁명소조 등 노동의 투입 증가로 생산을 증가시키는 방식을 선택했으나, 노력동원으로 생산성의 증가를 꾀하는데 한계가 노정되고 있었다. 북한정권은 60년대 겉으로는 경제와 국방을 함께 발전시키는 병진노선을 주창했으나, 사실상 1962년 4대군사노선 채택 등 군사제일주의의 길을 걷게 된다. 60년대 내내 군사력 강화에 매진한 북한 지도부의 선택은 60년대 후반부터 시작된 경제 침체를 낳게 되는 주요 요인 중 하나였다. 북한은 70년대 들어 과도한 군사비 지출을 줄이고, 경제회생을 위해 해외투자를 받아들이는 정책선회를 하게 된다.

북한은 1967년 5월 노동당 중앙위원회 제4기 제15차 전원회의를 열고 유일사상체계를 세우기 위한 운동을 적극적으로 벌여나갈 것을 결의한다. 김일성 개인숭배와 주체사상을 핵으로 하는 유일체제는 1972년 12월 27일 조선민주주의인민공화국 사회주의헌법 채택으로 명문화되었다. 수령에 대한 절대적 복종을 기본으로 하는 유일체제는 60년대 토대 작업을 거쳐, 67년 제4기 제15차 전원회의에서 본격화되었고, 72년 사회주의헌법의 채택으로 완성되었다. 유일체제 아래 북한 지도부는 주체사상을 통해서 주민의 사고마저 통제하고, 인민을 정치, 경제, 사회, 문화적으로 동원하고 통제하였다.

유일체제를 수립한 김일성과 만주 빨치산 세력은 60년대 후반 군부 강경주의자들을 제거하면서 노선 전환의 시동을 걸었다. 미중 정세와 베트남 정세의 변화를 배경으로 김일성 연합은 남북대화라는 모험을 시작했다. 그러나 남북대화는 평양의 뜻대로 움직이지는 않았다. 남북대화에 적극성을 보이던 평양 지도부는 점차 대화의 효용성에 의문을 품기 시작했다.

북한을 방문한 조총련 간부로부터 나온 정보에 의하면 북한에서는 1972년 9월부터 남북대화가 잘 풀리지 않을 것이라는 의견이 대두하였다고 한다. 1973년 3월과 9월 노동당 중앙위원회에서 혁명통일전략으로 노선전환이 이루어졌는데, 그 배경은 북한의 경제사정이 악화되고, 빈번한 외국인 출입으로 지도층과 대중 사이에 금이 가는 것에 정권이 위기의식을 느꼈기 때문이었다. 이 정보는 김영주, 박성철, 김중림, 최용건의 좌천과 함께 남북대화를 주장하는 온건파가 힘을 잃고, 강경파가 대두하였다고 전하고 있다.[13]

70년대 남북화해의 시작과 끝에 연합의 성격이 영향을 미쳤다. 남북대화의 기원과 종언이 모두 지배연합의 교체 없이 성사되었다는 점은 주목할 만하다. 연합의 지속은 남북대화의 성격과 깊이를 제한했다. 남과 북의 기존 지배연합들은 국내외 정세 변화에 맞추어 새로운 대안들을 모색하기 시작했다. 국내외 여건의 변화는 위협인식의 변화를 가져왔고, 새로운 위협은 새로운 전략 대응을 낳았다. 충격이 변화의 제1동인이라면, 연합은 이 충격이 흡수되고, 통과하는 터널이었다. 터널의 주인공들은 위협의 변화를 인지하면서, 새로운 전략 목표를 수립하였다. 남과 북 공히 지배연합의 근본적 변화는 없었지만, 연합 내 구성의 미묘한 변화 또한 감지된다. 남북한에서 지배연합 내 온건파의 대두와 쇠퇴는 남북화해의 시작

---

13 외무부 전문, 수신: 장관, 발신 주일대사, 1973년 12월 13일, 725.9, 6050, 외교사료관.

과 종료와 궤를 마주하고 있다.

위협

위협인식의 변화는 숙적화해를 추동한다. 데탕트 시기 남북대화의 언저리에 있었던 위협인식 변화의 내용은 무엇이었을까? 괌 독트린과 주한미군 감축은 한국에게 안보불안의 그림자를 드리우는 사건들이었다. 괌 독트린은 미국이 아시아 방위에서 한 발 물러서겠다는 생각의 표명이었기 때문에 박정희 대통령은 이 독트린이 한반도에도 적용되는 것인지 염려하기 시작했다. 미국은 전반적으로 아시아에서 안보 의무를 줄여나가는 태도를 보였다. 괌 독트린의 한반도 버전이 바로 주한미군 감축안이었다. 미군 감축은 애초 하나의 설(說)로 인구에 회자했다. 닉슨 행정부 이전과 이후에도 한반도 주둔 미군 감축은 하나의 계획으로 살아있었다. 주한미군 감축에 대해 박정희 대통령은 강하게 반대하고 나섰다. 한국전쟁의 경험과 한국군의 베트남전쟁 기여로 봤을 때 미국의 감축안은 박정희가 감내하기 어려운 조치였다. 닉슨 행정부가 박정희 행정부의 반대에도 불구하고 주한미군 감축을 단행하자 박정희 정부의 동맹국 미국에 대한 불신은 한껏 고조된다.

60년대 후반 그리고 70년대 내내 박정희 정부는 미국의 대한 안보공약을 불신했다. 특히 박정희는 미국이 북한의 침략성을 과소평가하고 있다고 보았다. 1968년 청와대 기습사건, 푸에블로 피랍사건, 울진과 삼척 간첩침투 사건, 1969년 미군 정찰기 격추사건 등 북한의 일련의 도발로 남한의 안보불안은 가중되고 있었다. 북한의 대남 위협이 그대로인 상황에서 미국의 대한 안보 의지는 약해지고 있다고 보았기 때문에 박정희 정부의 위협인식은 높아져 갔다. 박정희는 미국외교 노선의 변화를 불안한 심정으로 바라보았다. 미국은 점차 베트남전쟁에서 물러서고 있었다. 한국이 동맹 미국으로부터 버려질지도 모른다는 방기의 공포가 증가하기 시작했다.

우방 미국의 미덥지 않은 행태를 배경으로 북한은 60년대 후반 대남 비정규전을 수행하고 있었다는 것이 박정희 정권의 판단이었다. 박정희는 또한 북한이 70년대 전기에 무력으로 통일을 완수하겠다는 계획을 갖고 있었다고 믿고 있었다. 68년과 69년 미국과 남한을 상대로 한 북한의 잇달 무력도발로 박정희 정권의 대북 위협인식은 한껏 고조되어 있었다.

북한의 위협인식에도 변화가 감지되었다. 김일성은 우선 60년대 중반부터 한국, 일본, 미국의 삼각협력 증가를 새로운 위협으로 간주했다. 한미동맹과 미일동맹이 한국과 일본의 국교정상화로 하나의 삼각형으로 완성되어 북한에게는 큰 두려움의 대상이 되었다. 상대 진영의 단합이 배가되는 즈음 공산진영의 단결은 헝클어지고 있었다. 두 사회주의 강대국 소련과 중국의 사이가 벌어지는 것은 아시아 사회주의 일원이었던 북한에게는 커다란 불안 요인이었다. 소련과 중국은 정치, 경제, 외교, 군사 모든 면에서 갈등을 겪었다. 소련과 중국의 분쟁으로 북한은 두 사회주의 강대국 사이에서 불안한 곡예운전을 벌여야 했다. 북한은 때로는 소련과, 때로는 중국과 밀착외교를 펼치며 중소분쟁의 미로를 헤쳐 나갔다. 베이징-모스크바-평양의 삼각외교에서 두 축 베이징과 모스크바의 갈등은 평양에게는 위협 요인이자 불안 요인이었다. 그러나 때로 북한이 소련과 중국의 갈등을 이용, 외교적 이득을 보는 경우도 있었다.

당대 가장 화제를 모았던 미국과 중국의 화해는 남북한 모두에게 불안 요인으로 작용하였다. 미중화해로 남한과 북한의 안보 불안감은 높아졌지만 오히려 서울과 평양은 대화 개시의 선택을 했다. 후견국 미국과 중국의 화해가 피후견국 남한과 북한 사이 화해로 전파된 것이다. 강대국 숙적화해가 약소국 숙적화해로 전염된 것은 맞지만 남북 상호간에 적대감, 의구심, 경쟁심마저 수그러든 것은 아니었다. 남한과 북한은 대화가 시작될 때에도, 대화 진행 중에도 여전히 서로를 안보에 대한 위협으로 간주하고 있었다.

전통적으로 남과 북은 서로를 안보 상 위협으로 간주하고 있었고, 진영과 진영 간 대결구도 또한 위협 요인이었다. 남과 북이 서로 느끼고 있었던 위협이 줄어든 것은 아니었다. 7·4공동성명이 발표된 날 하오 5시 30분쯤 박 대통령은 김성진 청와대 대변인, 유혁인 정무비서관, 선우연 공보비서관을 서재로 불러 다음과 같이 당부했다.

공동성명이 발표되니까 통일이 눈앞에 다가온 것처럼 착각하고 기뻐하는 사람이 많은 것 같은데 공산당과의 대화에 성공한 예는 없어. 김일성은 지금 무력에 의해서가 아닌 대화로도 적화통일을 이룰 수 있다고 생각하여 공동성명에 응해 주었지만 그것이 여의치 않다고 생각하면 틀림없이 그 책임을 우리에게 씌우고 회담을 중단할 것이 틀림없지.[14]

---

14   이경재, 1985b, 216–217쪽.

남북대화를 진행하면서도 지도자들은 서로에 대한 경계를 늦추지 않았다는 것을 알 수 있다. 박정희는 북한의 적화통일 의도를 염려하고 있었고, 김일성 또한 남한 내 사회불안이 조성되면 기회를 놓치지 않으리라는 각오를 다지고 있었다. 화해 국면에서도 두 숙적은 서로를 위협적인 존재로 보고 있었다. 남과 북의 상대에 대한 위협인식의 상존은 왜 당시 남북화해가 지속되지 못했나를 설명하는 단초가 된다. 남북이 서로를 여전히 위협의 요인으로 인식하고 있었기 때문에 대외 상황 변화에 의해 촉발된 화해는 오래갈 수도 없었고, 깊이를 더할 수도 없었다.

전략

숙적화해는 숙적이 구체적 전략목표를 달성하기 위해 시작된다. 이 목표의 실현이 어렵다고 판단되거나, 또는 새로운 목표가 세워지면 화해가 종료될 수 있다. 데탕트 시기 남한과 북한은 각자 고유의 전략목표를 달성하기 위해 남북대화를 연출하였다. 당시 북한의 전략목표는 주한미군 철수와 남한 내 반정부세력 규합이었다. 남한의 전략목표는 긴장완화와 정권강화였다.

군부가 중심이 되어 시도한 잇단 무력도발이 기대한 성과를 내지 못하자 북한 정권은 새로운 대남전략 수립이 절실함을 느끼기 시작했다. 북한은 인도차이나 정세에서 미국이 수세라는 판단을 내렸으며, 미국의 수세 국면을 한반도에서 북한에 유리하게 이용하려는 계산을 하고 있었다. 김일성 정권은 닉슨 독트린의 발표 이후 주한미군 철수 가능성에 주목하게 되었으며, 남북대화를 통해서 한반도에 평화 무드가 전개되면 주한 미군 철수를 현실화할 수 있을 것이라고 보았다.

평양 주재 불가리아 외교관 자차리 야나키에프(Zachary Yanakiev)는 본국에 보낸 보고서에서 북한의 평화공세가 남침의 두려움을 불식시켜서 주한미군 철군을 조기에 달성시키기 위한 우호적인 상황을 조성하기 위한 것이라고 분석하고 있다.[15] 미국 국무부에서 백악관 키신저에게 보내는 보고서 또한 북한이 남북대화에 적극적으로 임하는 의도가 남북대화를 통해서 주한미군 철수를 유도하고, 박 정권을 궁지에 몰려는 것이라고 분석하고 있다.[16]

북한은 또한 남한에 공산주의에 동조하는 세력이 많다는 전제 아래 남한 내 친북 세력의 기운을 북돋우려 했다. 그들은 박정희 정권에 비판적인 세력이 곧 공산주의에 동조하는 '애국적 민족세력'이라고 잘못 평가하고 있었다. 남한이 북쪽에 자유의 바람을 불어넣기를 희망했던 것처럼 북한은 남쪽에 공산주의 기운을 확산시키려 했다. 북한의 평화공세는 대남 통일전선전술의 일환이었던 것이다. 북한은 주한미군이 철수하고 나면, 남한 내 반(反) 박정희 세력을 규합하여 통일을 위한 바람직한 상황을

---

15 "Information Regarding: New Developments Concerning the Unification of Korea and Relations between the DPRK and South Korea," August 16, 1972, History and Public Policy Program Digital Archive, Diplomatic Archive, Bulgarian Ministry of Foreign Affairs, Sofia. Record 28, File 1705. Pgs 114–123. Obtained and translated for NKIDP by Sveta Milusheva. https://digitalarchive.wilsoncenter.org/document/112242 (검색일: 2019년 12월 15일).

16 Memorandum for Mr. Henry A. Kissinger, "South–North Korean Talks," July 12, 1972, POL Kor N–Kor S, Central Files, RG 59, USNA.

연출하려 하였다.[17] 평양 주재 동독대사관이 본국에 보낸 전문에 의하면 북한 외무성 제1부상 김재석은 72년 9월 초순 서울에서 열린 제2차 남북 적십자회담에 대한 브리핑에서 북의 통일전선전술이 효과를 내고 있다는 언급을 하고 있다.

제2차 주요 협상에서 우리는 중요한 정치적 승리를 거두었다. 우리 대표단은 남조선 인민들에게 희망을 주었다. 친애하는 김일성 동지가 조국통일의 사명을 주어 파견한 대표단이기에 인민들은 조국을 위해 우리 대표단을 열렬히 환영했다. 남측정부는 인민들에게 우리 대표단을 환대하지 말라고 했다. 그러나 상황이 달라졌다. 인민들은 길에 서서 눈물로 우리 대표단을 환영했다. 백만이 넘는 서울인민들이 우리를 환영했다. 남조선 인민은 김일성 동지를 찬양하고 있다. 그들이 마음에서 우러나와 김일성 동지의 이름을 외치는 것을 볼 수 있었다. 길에 수많은 경찰이 있었음에도 인민들은 우리 대표단에게 김일성 장군이 어떤지를 물어봤다. 그들은 대표단에게 다음과 같이 말했다: 우리는 장군님과 곧 함께 살게 될 것을 확신한다. 김일성 장군은 독보적인 지도자이며, 우리의 지도자이다. 한편에서는 서울에서 김일성 장군의 60세 생일을 함께 축하하겠다고 했다. 인민은 통일을 갈망하고 있다고 했다.[18]

---

17   이상우, 1984, 336-342쪽.

18   "On Information Provided by Head of 1st Department of DPRK Foreign Ministry about the Second Main Negotiation of Red Cross Committees From DPRK and South Korea," October 12, 1972, History and Public Policy Program Digital Archive, PolA AA, MfAA, C 951/76. Obtained by Bernd Schaefer and translated by Karen Riechert. https://digitalarchive.wilsoncenter.org/document/112271 (검색일: 2020년 2월 25일).

북한은 평화공세를 통해서 박정희 정부를 압박하는 한편 남한 사람들에게 혁명적 영향을 미치려고 시도했다. 평양은 북한의 남침 의사가 없다는 점을 명백히 했으므로 미군의 주둔 명분이 상실되었다고 주장했다. 70년대 후반 남북조절위원회 또한 『남북대화백서』를 통해서 북한의 의도를 주한미군 철수 환경 조성, 대남 통일전선전술, 군사비 부담 억제로 분석하고 있다.[19]

남한의 전략적 목표는 긴장완화와 전쟁방지에 있었다. 공동성명의 원칙에 평화적 방법으로 통일을 완수한다는 방침을 정한 것도 이 맥락에서였다. 박정희 정부는 북한의 의도를 정확하게 파악하기를 원했다. 남한은 한국군 현대화를 추진할 수 있는 기회를 갖기 위해 시간을 끌 필요가 있었다. 남북 간의 긴장을 완화하는 것은 박 정권의 자연스러운 선택이었다. 박정희 주도 아래 남한은 착실하게 북한을 압도하는 경제력과 국방력을 다지고 있었기 때문에 시간이 '약'이었고, 처방은 '시간 끌기'였다.

7·4공동성명 발표 이틀 후 박정희 대통령은 청와대에서 마샬 그린 차관보를 접견했다. 그린 차관보는 미국 정부가 공동성명을 환영하고 있다는 점을 재차 밝혔고, 박정희는 성공적인 남북대화 추진을 위해서 미국의 강력한 지지가 절대적으로 필요하다는 점을 힘주어 말했다. 대통령은 김일성의 '무모한 행동(reckless act)'을 막기 위해 남북대화를 시작했다면서 대화가 북한의 의도를 탐색하고, 전쟁 가능성을 줄이는 효과가 있음을 내비쳤다. 그는 통일이 장시간을 요하는 과제라고 전제하고, 북이 뜨거운 정치 문제로 직접 뛰어들기 원하지만, 남은 점진적 접근을 원하고 있다고 밝

---

19   남북조절위원회, 1978, 205−212쪽.

했다. 북한이 제안하는 정상회담에 대해서 박 대통령은 상호신뢰가 없는 상태에서 정상 간 만남이 유익한 결실을 맺지 못할 것이라며 부정적 의견을 피력했다. 그는 대화가 진행되는 동안 북한이 무력을 사용하지는 못하겠지만 주한미군 철수를 꾀할 것이라고 간파하고 있었다. 박 대통령은 주한미군 감축에 대비하여 자주국방을 준비하기 위해 시간이 필요하다는 한국의 입장을 전했다. 박 대통령은 한국의 우방들이 북한과 외교관계 맺는 것을 서두르지 않기를 희망한다는 점을 피력했다.[20]

이후락 중앙정보부장 또한 7·4공동성명 발표 후 기자들과 가진 문답에서 대통령의 명령으로 휴전선의 긴장을 완화하고, 전쟁을 방지하기 위해서 평양에 갔다고 밝힌 바 있었다.[21] 청와대 대변인을 지냈던 김성진은 회고록에서 박정희 대통령이 남북대화가 진행되는 동안은 북한이 남한을 칠 수 없을 것이라고 말했다고 기억하고 있다.[22] 국무총리 김종필 또한 북한과 대화하는 이유가 긴장과 무력충돌의 완화를 통해서 전쟁을 방지하는데 있다고 밝히고 있다.[23]

남한의 또 다른 전략 목표는 국내정치의 성격을 갖고 있었다. 1971년 4월 대통령선거에서 야당 후보 김대중은 적극적인 대북정책을 펼쳐 집

---

20 Telegram from Embassy Seoul to Secretary of State, "Assistant Secretary Green's Conversation with President Park Chung Hee, July 6, 1972," July 7, 1972, POL Kor N-Kor S, Central Files, RG 59, USNA.

21 Telegram from Embassy Seoul to Secretary of State, "South-North Talks," July 4, 1972, POL Kor N-Kor S, Central Files, RG 59, USNA.

22 김성진, 2006, 4장.

23 Telegram from Embassy Seoul to Secretary of State, "South-North Contacts," September 19, 1972, POL Kor N-Kor S, Central Files, RG 59, USNA.

권당의 처지를 어렵게 만들었다. 박정희 후보와 김대중 후보의 표차는 100만 표 미만이었다. 동년 5월 총선에서 야당 신민당은 도시에서 여당 공화당을 압도했다. 김대중을 중심으로 표출된 통일열기에 대해 정부와 여당이 응답할 필요성이 제기되었다. 민주화 운동과 노동운동의 득세도 박정희 정권을 어렵게 했다. 물가상승, 도농격차, 빈부격차 확산으로 박정희의 통치는 어려움을 겪고 있었다.[24]

박정희 정권은 남북대화의 열기를 통해서 분위기 반전을 꾀할 수 있었다. 7·4공동성명 발표 다음 날 국회에서 신민당 김영삼 의원은 국민과 더불어 성명을 환영한다면서도, "이번 남북회담을 통해서 3천 5백만 국민의 염원인 통일을 빙자하여 정권연장의 도구로 쓰려고 하는 눈치가" 보인다면서, 국민의 염원을 정권연장의 도구로 쓰려는 기도에 대해 미리 경고하고 나섰다.[25] 김 의원의 우려는 얼마 지나지 않아 유신의 단행으로 현실이 되었다. 1972년 10월 17일 박정희 대통령은 특별선언을 통해서 "남북 대화의 적극적인 전개와 주변 정세의 급변하는 사태에 대처하기 위해" 체제개혁을 단행하게 되었다고 토로했다. 유신헌법은 헌법 전문, 제35조(통일주체국민회의), 제43조 제3항(대통령의 의무) 등에서 특별히 통일문제를 강조하고 있다.[26] 박 정권은 기존 헌법으로는 북한과 대화를 나누는 것이 비효율적이라는 판단을 내리고 계엄 선포와 개헌을 추진하였다. 박정희는 신헌법이 남북대화를 넘어서서 평화통일의 기반을 다지는 역할을

---

24 최연식, 2011, 85쪽.
25 이경재, 1985b, 204쪽.
26 최연식, 2011, 85쪽.

하리라고 믿고 있었다.

박정희 대통령은 남북대화 국면이 자신의 권력 강화에 도움이 될 것으로 판단한 것으로 보인다. 박 정권의 국정운영의 화두가 1960년대에는 '개발'과 '안보'였다. 1970년대 들어와 박정희는 여기에 '통일'의 화두를 덧붙였다. 박 정권은 1970년대 들어서 중화학공업을 집중 육성하면서 경제개발의 단계를 한 단계 격상시키려 했고, 중공업 개발과 군수산업 발전의 연관성에 주목한다. 60년대 한국이 남북 사이 경제력의 세력균형에 신경을 썼다면, 70년대 한국은 군사력 세력균형의 전선에서도 북한을 앞지르려 애썼다. 박 정권은 북한과 성공적 대화를 위해서 권력 집중이 필요하다는 논리로 국민을 설득하고, 자신들의 행위를 합리화했다.[27]

데탕트 시기 남북화해를 넘어서

그동안 1차 자료와 2차 자료를 통해서 데탕트 시기 남북화해의 전개와 동인을 살펴보았다. 당대 남북대화 관련 발간된 책과 논문, 한국과 미국의 사료, 관련인사들의 인터뷰를 바탕으로 1970년대 전반기 국내정치와 국제정치의 얽힘을 재구성하려 노력하였다. 본 연구는 남북화해의 전개와 주변국관계를 추적하였고, 기존 이론을 재구성한 새로운 해석의 틀을 가지고 인과관계를 추적하려 시도했다.

1970년대 초반 남북화해는 지배연합의 교체 없이 미중화해라는 외

---

27   우승지, 2006, 282-290쪽.

부 충격에 의해 추동되었다. 미중화해, 미소 데탕트, 닉슨 독트린, 주한미군 철수라는 외부요인들은 남과 북의 위협인식의 변화와 전략목표의 수정을 초래하였다. 당시 남북 모두에 지배연합의 교체는 없었으나, 연합 내 온건파의 성쇠는 대화의 진행에 영향을 미쳤다. 데탕트 시기 남북화해는 외부 충격에 의해 추동되었고, 충격은 지배연합의 위협인식 변화와 새로운 전략목표 수립을 통해서 화해를 불러왔다.

〈표 10-1〉 1970년대 초반 남북화해의 발생과 소멸

	화해의 발생	화해의 소멸
충격 발생	미중화해, 주한미군 감축, 괌 독트린	새로운 충격 없음
정치연합 동학	기존 지배연합 유지와 연합 내 대화파의 부상	기존 지배연합 유지와 연합 내 대화파의 후퇴
위협인식 변화	동맹국으로부터 포기의 위험 증가와 강대국 정치의 희생양이 될 수 있다는 불안감	남북 간 상호위협 상존
전략계산 변화	북한: 주한미군 철수와 남한 내 혁명역량 강화 남한: 긴장 완화와 정권 강화	북한: 미국과 직접 접촉으로 목표 전환 남한: 대화 지속 희망

위의 표는 남북화해의 발생과 쇠퇴의 원인을 정리해 본 것이다. 화해 발생 관련 외부 충격을 적시하였고, 남북한 위협인식과 전략계산의 변화를 밝혔다. 화해 소멸과 관련 별다른 충격은 존재하지 않았다. 화해 발생과 소멸 시 남북 어디에도 지배연합의 변화는 없었다. 화해를 추동할 강력한 추진력을 가진 정권의 부재는 남북화해의 성격을 규정하였고, 화해의 동력이 상실되었을 때 이를 다시 점화시킬 동력의 결핍을 설명해 준다.

남과 북은 미중화해 속에 동맹으로부터 지원이 약화될지 모른다는 불안에 휩싸였다. 남북 상호 적대감은 여전했기 때문에 긴장의 재개는 언제나 가능한 것이었다.

북한은 주한미군 철수와 남한 내 혁명세력 지원이라는 구체적 목표를 가지고 대화에 임했다. 그러나 두 목표 모두 현실의 벽에 부딪쳤다. 추가적인 주한미군 철수 가능성은 희미해졌고, 남쪽 박정희 정권의 국정 장악력은 유신개헌으로 외양 강해졌다. 곧 북한은 남한과 직접 대화에서 미국과 직접 대화로 노선을 선회했다. 남한의 전략 목표는 긴장 완화와 정권 강화였다. 두 번째 목표는 유신으로 어느 정도 달성이 되었다. 박정희 정부는 대화를 하면서 국방력 강화, 경제성장을 위한 시간을 벌려고 했기 때문에 대화의 지속을 희망했다. 대화를 중단한 것은 북한 쪽이었다. 남한보다는 북한의 전략목표 전환에 화해 소멸의 원인이 있었다고 볼 수 있다.

데탕트 시기 남북대화 연구를 마무리하는 자리에서 두 개의 새로운 과제가 떠오른다. 첫 과제는 남북사에 출몰했던 여러 화해에 대한 비교연구를 단행하는 것이다. 남북관계사 또는 남북숙적의 역사는 복수의 대결 장면뿐만 아니라 다수의 화해 시도를 연출하고 있다. 데탕트 시기 남북화해가 첫 시도였다면, 냉전 해체의 시기와 김대중/노무현-김정일 시기에도 화해가 나타났다 사라졌다. 문재인-김정은 시기에도 화해는 우여곡절을 겪으며 진행되고 있다. 한반도에서 숙적 사이 평화의 연습은 네 개의 사례를 연구자에게 제공한다. 남북화해는 왜 시작되었고, 어떤 과정을 거쳐, 어떻게 소멸되는가? 네 번의 화해들을 모두 한자리에 모아서 충격, 연합, 위협, 전략의 변수들이 어떻게 작용하였는지를 살피는 작업이 필요하다.

두 번째 과제는 숙적의 탄생부터 현시점까지 남북관계의 역사를 정리하고, 해석하는 일이다. 이승만부터 문재인까지, 김일성부터 김정은까지 남과 북의 희로애락을 모두 아우르는 여정이 될 것이다. 지난 70년 플러스의 숙적사는 숙적의 형성기, 숙적의 공고화 시기, 숙적의 전환기를 거치며 도도하게 흘러왔다. 지금 남과 북은 여전히 숙적의 전환기의 바다를 헤엄치고 있는가? 아니면 숙적사는 이제 마지막 단계인 숙적의 쇠퇴기에 들어섰는가? 숙적의 흥망성쇠의 관점에서 남북관계사를 정리, 해석할 필요가 있다. 미래 과제의 화두를 던지는 것으로 70년대 전기 남북화해 논의의 여정을 이제 마치고자 한다.

참고문헌

단행본, 논문

강상욱·강인덕·정홍진·송종환, "남북한체제경쟁선언-8.15평화통일구상선언
　　비화,"『월간조선』, 2003년 8월호, 232-240쪽.

강윤희, "미중 데탕트와 소련: 국제정세 인식과 대응,"『EAI 국가안보패널 보고
　　서』, 73호, 2014년 8월.

강인덕, "박정희는 왜 김일성의 정상회담제의를 거절했나,"『신동아』, 1993년 1
　　월호, 360-382쪽.

강인덕·송종환, "7.4 남북공동성명과 남북조절위원회 회의," 강인덕·송종환
　　외 공저, 『남북회담: 7.4에서 6.15까지』(서울: 극동문제연구소, 2004), 147-
　　204쪽.

고영환, 『북한외교관 고영환이 밝히는 평양25시』 (서울: 고려원, 1992).

기미야 다다시, 『박정희 정부의 선택』(서울: 후마니타스, 2008).

김계동, 『북한의 외교정책: 벼랑에 선 줄타기외교의 선택』(서울: 백산, 2003).

김동조, 『냉전시대의 우리 외교』(서울: 문화일보, 2000).

김보미, "북한 4대 군사노선의 완성에 중소분쟁이 미친 영향(1962-1966),"『국
　　제정치논총』, 54: 3, 2014, 211-245쪽.

김성진, 『박정희를 말하다: 그의 개혁 정치, 그리고 과잉충성』(서울: 삶과 꿈,
　　2006).

김세중, "박정희 산업화체제의 역사적 이해," 김유남 편, 『한국정치연구의 쟁점
　　과 과제』(서울: 한울, 2001), 169-225쪽.

김영주, 『한 외교관의 고별사: 외교의 경험과 단상』 (인사동문화, 2004).

김용식, 『희망과 도전』(서울: 동아일보사, 1987).

김용직, "유신체제의 정치와 외교," 김용직 편, 『사료로 본 한국의 정치와 외교: 1945-1979』(서울: 성신여자대학교 출판부, 2005), 453-531쪽.

김일영, "인계철선으로서의 주한미군," 김일영·조성렬, 『주한미군: 역사, 쟁점, 전망』(서울: 한울, 2003), 75-105쪽.

김일영, "주한미군과 핵전력의 변화," 김일영·조성렬, 2003, 106-120쪽.

김일영, "미국의 안보정책 및 주한미군 정책 변화와 한국의 대응: 주한미군에 관한 '냉전적 합의'의 형성과 이탈 그리고 '새로운 합의'의 모색," 하영선·김영호·김명섭 공편, 『한국외교사와 국제정치학』(서울: 성신여자대학교 출판부 2005), 383-429쪽.

김재현, "주체사상과 북한연구," 경남대학교 북한대학원 엮음, 『북한연구방법론』(서울: 한울, 2003), 147-169쪽.

김정렴, 『한국경제정책30년사』(서울: 중앙일보사, 1990).

김정렴, 『아, 박정희』(서울: 중앙M$B, 1997).

김지형, 『데탕트와 남북관계』(서울: 선인, 2008).

김학성, "증오와 화해의 국제정치: 한·일간 화해의 이론적 탐색," 『국제정치논총』, 51: 1, 2011, 7-31쪽.

류길재, "1960년대 북한의 숙청과 술타니즘(Sultanism)의 등장," 『국제관계연구』, 9: 1, 2004, 77-110쪽.

류상영, "박정희 정부의 경제개발과 수출지향 전략," 함택영·남궁곤 편, 『한국외교정책: 역사와 쟁점』(서울: 사회평론, 2010), 182-225쪽.

마상윤, "안보와 민주주의, 그리고 박정희의 길: 유신체제 수립원인 재고," 『국제정치논총』, 43: 4, 2003, 171-196쪽.

마상윤, "적에서 암묵적 동맹으로: 데탕트 초기 미국의 중국 접근," 『한국정치연구』, 23: 2, 2014, 313-337쪽.

박건영·박선원·우승지, "제3공화국 시기 국제정치와 남북관계: 7·4공동성명과 미국의 역할을 중심으로," 『국가전략』, 9: 4, 2003, 61-91쪽.

박성관, "북한의 대동남아 외교변화,"『국제정치논총』, 43: 3, 2003, 235-253쪽.

박영준,『한국 국가안보 전략의 전개와 과제』(파주: 한울, 2017).

박원곤, "미국의 대한정책 1974-1975년: 포드 행정부의 동맹정책 전환," 서울 대학교 국제문제연구소 편,『데탕트와 박정희』(서울: 논형, 2011), 69-99 쪽.

박재규, "북한의 군사정책과 외교," 박재규 외 편,『북한군사정책론』(서울: 경남 대학교 극동문제연구소, 1983), 181-189쪽.

박종철, "중국인민지원군의 철군과 북중관계," 이재석·조성훈 편,『한반도 분쟁 과 중국의 개입』(서울: 선인, 2012), 181-219쪽.

배긍찬, "1970년대 전반기의 국제환경변화와 남북관계," 한국정신문화연구원 편,『1970년대 전반기의 정치사회변동』(서울: 백산서당, 1999), pp. 11-66.

사회과학출판사 편,『주체사상의 철학적 원리』(서울: 백산서당, 1989).

산케이신문 특별취재반, 임홍빈 역,『모택동비록 상·하』(서울: 문학사상사, 2001).

서대숙,『북한의 지도자 김일성과 김정일』(서울: 을유문화사, 2000).

손열, "미중데탕트와 일본: 1972년 중일국교정상화 교섭의 국제정치,"『EAI 국 가안보패널 보고서』, 63호, 2014년 2월.

신욱희, "기회에서 교착상태로: 데탕트 시기 한미관계와 한반도의 국제정치," 『한국정치외교사논총』, 26: 2, 2005, 253-285쪽.

신욱희,『순응과 저항을 넘어서: 이승만과 박정희의 대미정책』(서울: 서울대학교 출판문화원, 2010).

심연수, "7.4 남북공동성명의 배경과 협상론적 의미,"『한국정치외교사논총』, 19: 1, 1998, 89-122쪽.

심지연,『남북한 통일방안의 전개와 수렴』(서울: 돌베개, 2001).

안드레이 란코프, 김광린 역,『소련의 자료로 본 북한 현대정치사』(서울: 오름, 1995).

엄정식, "미국의 무기이전 억제정책에 대한 박정희 정부의 미사일 개발전략,"

『국제정치논총』, 53: 1, 2013, 151–183쪽.

에곤 바, 박경서·오영옥 옮김, 『독일 통일의 주역, 빌리 브란트를 기억하다』(서울: 북로그컴퍼니, 2014).

오동룡, "박정희의 원자폭탄 개발 비밀 계획서 원문 발굴," 『월간조선』, 2003년 8월호, 190–199쪽.

와다 하루키, 서동만·남기정 역, 『북조선: 유격대국가에서 정규군국가로』(서울: 돌베개, 2002).

우승지, "남북화해와 한미동맹관계의 이해, 1969–1973," 『한국정치외교사논총』, 26: 1, 2004a, 91–126쪽.

우승지, "베트남전쟁과 남북한관계," 2004 한국정치학회 추계학술회의 발표문, 경남대학교(서울캠퍼스), 2004년 10월 15일(2004b).

우승지, "박정희 시기 남북화해 원인에 관한 연구," 정성화 편, 『박정희 시대와 한국 현대사』(서울: 선인, 2006), 263–290쪽.

우승지, "진화기대이론과 데탕트 시기 남북화해의 이해," 『국제정치논총』, 48: 2, 2008, 107–126쪽.

우승지, "박정희 정부의 통일정책과 7·4남북공동성명," 함택영·남궁곤, 2010, 278–325쪽.

윤미량, "북한의 남북대화 전략과 평가," 서보혁·이창희·차승주 엮음, 『오래된 미래? 1970년대 북한의 재조명』(서울: 선인, 2015), 85–108쪽.

윤태영, "한·미 동맹체제하에서 한국의 대북한 위기관리, 1968–1983," 『한국정치학회보』, 33: 2, 1999, 349–368쪽.

윤홍석, "8.15 평화통일구상 선언," 강인덕·송종환 외, 『남북회담: 7.4에서 6.15까지』(서울: 극동문제연구소, 2004), 43–89쪽.

이경재, "비상사태선언과 종신집권체제 완성," 『신동아』, 1985년 12월호(1985a), 190–219쪽.

이경재, "유신쿠데타의 막후," 『신동아』, 1985년 10월호(1985b), 192–225쪽.

이동률, "1972년 중국의 대미 데탕트 배경과 전략," 『EAI 국가안보패널 보고서』, 65호, 2014년 3월.

이리에 아키라, 이성환 역, 『일본의 외교』(서울: 푸른산, 2001).

이미경, "국제환경와 변화와 북한의 자주노선 정립: 1960년대 시기를 중심으로," 『국제정치논총』, 43: 2, 2003, 273−294쪽

이상숙, "북한·중국의 비대칭관계에 대한 연구: 베트남·중국의 관계와의 비교," 동국대학교 박사학위논문, 2008.

이상우, 『비록 박정희 시대(1)』(서울: 중원문화, 1984).

이상우, "70년대의 반체제인권운동," 『신동아』, 1985년 3월호, 276−314쪽.

이성봉, "1960년대 북한의 국방력 강화 노선과 정치체제의 변화," 『국제정치논총』, 44: 2, 2004, 189−209쪽.

이승현, "1960년대 북한의 권력구조 재편과 유일사상의 대두: 제한적 다원성에서 유일체제로," 경남대학교 북한대학원 편, 『북한현대사 1』(파주: 한울, 2004), 343−368쪽.

이완범, 『카터 시대의 남북한: 동맹의 위기와 민족의 갈등』(성남: 한국학중앙연구원출판부, 2017).

이종석, 『북한−중국관계: 1945~2000』(서울: 중심, 2000).

이한우, "베트남전쟁시 중국의 북베트남 지원과 양국관계, 1950−1975," 군사편찬연구소, 『베트남전쟁 연구 총서』 3(서울: 군사편찬연구소, 2005), 159−198쪽.

전광호, "유럽 평화연구의 현황과 전망: JPI 국제화를 위한 제언," *JPI Working Paper*, 07−12호, 2007년 11월.

전미영, "1960년대 북한의 대남인식과 대남정책: 로동신문 분석을 중심으로," 『국제정치논총』, 44: 3, 2004, 265−287쪽.

전인권, 『박정희평전』(서울: 이학사, 2006).

전재성, "1965년 한일국교정상화와 베트남 파병을 둘러싼 미국의 대한(對韓)외

교정책," 『한국정치외교사논총』, 26: 1, 2004, 63–89쪽.

전재성, "1960년대와 1970년대 세계적 데땅뜨의 내부 구조: 지역적 주도권의 변화과정 분석," 『국제정치논총』, 45: 3, 2005, 33–56쪽.

정성윤, "미국의 대북 무력강압 실패에 대한 연구: 1968년 푸에블로호 나포사건을 중심으로," 『국제정치논총』, 54: 2, 2014, 145–178쪽.

정홍진, "7.4 공동성명의 성립과정과 역사적 의미," 2002년 한국정치학회 하계 학술대회 발표논문, 2002년 7월 25일.

조갑제, "한반도의 핵게임: 북한의 원폭개발과 남한의 대응 전략," 『월간조선』, 1990년 4월호, 220–255쪽.

조갑제, "박정희와 김일성의 국가경영전략," 『월간조선』, 1991년 1월호, 380–393쪽.

조동준, "데탕트 국면에서 박정희 행정부의 선택," 『EAI 국가안보패널 보고서』, No. 71, 2014년 7월.

『조선민주주의인민공화국대외관계사』 2 (평양: 사회과학출판사, 1987).

조성렬, "한미 상호방위조약과 한미동맹 50년의 평가," 심지연·김일영 편, 『한미동맹 50년: 법적 쟁점과 미래의 전망』(서울: 백산서당, 2004), 1–60쪽.

조세형, "박대통령 단독결정이었는가: 72년 남북대화를 보는 미국의 시각," 『월간조선』, 1986년 1월호. 400–411쪽.

조진구, "중소대립, 베트남 전쟁과 북한의 남조선혁명론, 1964–68," 『아세아연구』, 46: 4, 2003a, 227–256쪽.

조진구, "존슨 정권 후반기의 한미관계: 북한의 대남도발에 대한 한미간의 인식 차이를 중심으로," 『한국과 국제정치』, 19: 3, 2003b, 83–110쪽.

조철호, 『박정희 핵외교와 한미관계 변화』, 고려대학교 박사학위 논문, 2000년 12월.

천자현, "화해의 국제정치: 화해 이론의 발전과 중일관계에 대한 비판적 적용," 『국제정치논총』, 53: 2, 2013, 7–38쪽.

최명해, 『중국·북한 동맹관계: 불편한 동거의 역사』(서울: 오름, 2009).

최연식, "권력의 개인화와 유신헌법: 권력 의지의 초입헌적 제도화," 『한국정치
    외교사논총』, 33: 1, 2011, 69-98쪽.

최영진, 『동아시아 국제관계사』(서울: 지식산업사, 1996).

최용호, 『한권으로 읽는 베트남전쟁과 한국군』 (서울: 군사편찬연구소, 2004).

최용호, "한국군 베트남파병과 박정희," 정성화 편, 『박정희시대 연구의 쟁점과
    과제』(서울: 선인, 2005), 355-405쪽.

통일노력60년 발간위원회 편, 『통일노력 60년: 하늘길 땅길 바닷길 열어 통일
    로』(서울: 통일부, 2005).

하영선, "북한 1972 진실 찾기: 7.4 공동성명의 추진과 폐기," 『EAI 국가안보패
    널 보고서』, No. 67, 2014년 3월.

『한국외교 50년』 (서울: 외교통상부, 1999).

한상일, 『일본전후정치의 변동』(서울: 법문사, 1997).

한용섭, "전시작전통제권 환수문제," 심지연·김일영, 2004, 69-82쪽.

한홍구, "박정희 정권의 베트남 파병과 병영국가화," 『역사비평』, 62호, 2003,
    129-139쪽.

현성일, "북한로동당의 조직구조와 사회통제체계에 관한 연구," 한국외국어대
    학교 석사학위논문, 1999년 8월.

홍석률, "1970년대 전반 동북아 데탕트와 한국 통일문제: 미·중간의 한국문제
    에 대한 비밀협상을 중심으로," 『역사와 현실』, 42호, 2001년 12월,
    207-240쪽.

홍석률, "1970년대 전반 북미관계: 남북대화, 미중관계 개선과의 관련 하에서,"
    『국제정치논총』, 44: 2, 2004, 29-54쪽.

홍석률, "1968년 푸에블로 사건과 남한·북한·미국의 삼각관계," 하영선·김영
    호·김명섭, 2005, 304-317쪽.

홍석률, 『분단의 히스테리: 공개문서로 보는 미중관계와 한반도』(파주: 창비,

2012).

홍현익, 『한반도 정세 대전환과 동북아 다자안보협력 구축방안』(성남: 세종연구소, 2019).

宮本 悟, "朝鮮民主主義人民共和國のベトナム派兵," 『現代韓國朝鮮研究』, 第2號, 2003, 58—67쪽.

일간지

《경향신문》

《동아일보》

《로동신문》

《신아일보》

《조선일보》

《중앙일보》

《한국일보》

구술자료

강인덕 인터뷰, 2008년 1월 31일.

강인덕 인터뷰, 2008년 3월 24일.

강인덕 인터뷰, 2008년 3월 26일.

김달술 인터뷰, 2008년 4월 15일.

정홍진 인터뷰, 2005년 8월 24일.

군사편찬연구소, 『증언을 통해 본 베트남 전쟁과 한국군 3』(서울: 군사편찬연구소, 2003).

사료, 전집

국립중앙도서관 소장 미국 국립문서보관소 문서, http://www.nl.go.kr.

국방부 정책기획국, 『한미 안보협의회의(SCM) 공동성명: 1968-2002』(서울: 국 방부, 2003).

국사편찬위원회 전자사료관, http://archive.history.go.kr.

국토통일원, 『남북대화백서』(서울: 남북대화사무국, 1988).

군사편찬연구소 문서.

『김일성 저작집』 19(평양: 조선로동당출판사, 1982).

『김일성 저작집』 26(평양: 조선로동당 출판사, 1984).

『김일성 저작집』 28(평양: 조선로동당출판사, 1984).

『김일성저작선집』 4(평양: 조선로동당출판사, 1988).

『김일성전집』 37(평양: 조선로동당출판사, 2001).

『김일성전집』 38(평양: 조선로동당출판사, 2001).

『김일성전집』 40(평양: 조선로동당출판사, 2001).

『김일성전집』 48(평양: 조선로동당출판사, 2003).

남북조절위원회, 『남북대화백서』(서울: 남북조절위원회, 1978).

대전 정부기록보존서 문서(M/F).

문화방송 시사교양국, 『1972년 7월 4일: 박정희와 김일성』(2004).

박정희대통령기념관 문서, http://www.presidentparkchunghee.org.

외교사료관 문서.

"자료: 남북공동성명 및 배경설명," 『월간 세대』, 1972년 8월호, 64-69쪽.

『조선중앙년감』(평양: 조선중앙통신사, 1963).

『조선중앙년감』(평양: 조선중앙통신사, 1965).

편집자, "미국이 본 오늘의 한국: 미하원 외교위 한미관계 청문회 보고서 전문," 『신동아』, 1971년 7월호, 140-143쪽.

Books and Articles

Aijazuddin, F. S., *From a Head, Through a Head, To a Head: The Secret*

Channel between the US and China through Pakistan (Oxford: Oxford University Press, 2000).

Armstrong, Tony, *Breaking the Ice: Rapprochement between East and West Germany, the United States and China, and Israel and Egypt* (Washington, D.C.: U.S. Institute of Peace, 1993).

Baijia, Zhang, "The Changing International Scene and Chinese Policy toward the United States, 1954—1970," Robert S. Ross and Jiang Changbin, eds., *Re-examining the Cold War: U.S.-China Diplomacy, 1954-1973* (Cambridge: Harvard University Press, 2001), pp. 46-76.

Bennett, D. Scott, "Security, Bargaining, and the End of Interstate Rivalry," *International Studies Quarterly*, 40: 2, 1996, pp. 157-184.

Bennett, D. Scott, "Democracy, Regime Change, and Rivalry Termination," *International Interactions*, 22: 4, 1997, pp. 369-397.

Bennett, D. Scott, "Integrating and Testing Models of Rivalry Duration," *American Journal of Political Science*, 42: 4, October 1998, pp. 1200-1232.

Buzan, Barry, *People, States, and Fear* (Boulder: Lynne Rienner, 1983); Diehl and Goertz, 2000.

Chung, Chin O., *Pyongyang between Peking and Moscow: North Korea's Involvement in the Sino-Soviet Dispute, 1958-1975* (Alabama: University of Alabama Press, 1978).

Colaresi, Michael P., Karen Rasler and William R. Thompson, *Strategic Rivalries in World Politics: Position, Space and Conflict Escalation* (Cambridge: Cambridge University Press, 2007).

Copper, John R., *China Diplomacy: The Washington-Taipei-Beijing Triangle* (Boulder: Westview Press, 1992).

Cox, Eric, *Why Enduring Rivalries Do–or Don't–End* (Boulder, CO: Lynne Rienner Publishers, 2010).

Cumings, Bruce, *Korea's Place in the Sun: A Modern History* (New York: W. W. Norton & Company, 1997).

Diehl, Paul F., and Gary Goertz, *War and Peace in International Rivalry* (Ann Arbor: The University of Michigan Press, 2000).

Ganguly, Sumit, and William R. Thompson, "Conflict Propensities in Asian Rivalries," Sumit Ganguly and William R. Thompson, eds., *Asian Rivalries: Conflict, Escalation, and Limitations on Two–Level Games* (Stanford: Stanford University Press, 2011), pp. 1–25.

Gleysteen Jr., William H., *Massive Entanglement, Marginal Influence: Carter and Korea in Crisis* (Washington, D.C.: Brookings Institution Press, 1999).

Goh, Evelyn, *Constructing the U.S. Rapprochement with China, 1961-1974: From "Red Menace" to "Tacit Ally"* (Cambridge: Cambridge University Press, 2005).

Hart–Landsberg, Martin, *Korea: Division, Reunification, and U.S. Foreign Policy* (New York: Monthly Review Press, 1998).

Hensel, Paul R., "Charting a Course to Conflict: Territorial Issues and Interstate Conflict, 1816–1992," *Conflict Management and Peace Science*, 15: 1, 1996, pp. 43–73.

Hensel, Paul R., "Evolution in Domestic Politics and the Development of Rivalry: The Bolivia–Paraguay Case," William R. Thompson, ed., *Evolutionary Interpretations of World Politics* (New York: Routledge, 2001b), pp. 176–217.

Hong, Kyudok, *Unequal Partners: ROK–US Relations during the Vietnam War*, Ph. D. Dissertation, University of South Carolina, 1991.

Huth, Paul, D. Scott Bennett and Christopher Gelpi, "System Uncertainty, Risk Propensity, and International Conflict among the Great Powers," *Journal of Conflict Resolution*, 36: 3, 1992, pp. 478-517.

Karl, Rebecca E., *Mao Zedong and China in the Twentieth-century World: A Concise History* (Durham: Duke University Press, 2010).

Kim, Hakjoon, *Korea's Relations with Her Neighbors in a Changing World* (Seoul: Hollym, 1993).

Kim, IlPyong J., *Communist Politics in North Korea* (New York: Praeger, 1975).

Kim, Roy U. T., "Sino-North Korean Relations," *Asian Survey*, 8: 8, 1968, pp. 708-722.

Kim, Samuel S., "The Rivalry Between the Two Koreas," Ganguly and Thompson, 2011, pp. 145–175.

Kim, Seung-Hwan, *The Soviet Union and North Korea: Soviet Asian Strategy and Its Implications for the Korean Peninsula, 1964-1968* (Seoul: Research Center for Peace and Unification of Korea, 1988).

Kissinger, Henry, *White House Years* (Boston: Little, Brown and Company, 1979).

Kissinger, Henry, *Diplomacy* (New York: Simon & Schuster, 1994).

Kiyosaki, Wayne S., *North Korea's Foreign Relations: The Politics of Accommodation, 1945-75* (New York: Praeger, 1976).

Klein, James P., Gary Goertz and Paul F. Diehl, "The New Rivalry Dataset: Procedures and Patterns," *Journal of Peace Research*, 43: 3, 2006, pp. 331-348.

Koh, Byung Chul, *The Foreign Policy of North Korea* (New York: Praeger, 1969).

Kuan, John C., *A Review of U.S.-R.O.C. Relations 1949-1978* (Taipei: Democracy Foundation, 1992).

Kupchan, Charles A., *How Enemies Become Friends: The Sources of Sable Peace* (Princeton: Princeton University Press, 2010).

Lebow, Richard Ned, "The Search for Accommodation: Gorbachev in Comparative Perspective," Richard Ned Lebow and Thomas Risse-Kappen, eds., *International Relations Theory and the End of the Cold War* (New York: Columbia University Press, 1995), pp. 167-186.

Lebow, Richard Ned, "Transitions and Transformations: Building International Cooperation," *Security Studies*, 6: 3, 1997, pp. 154-179.

Lee, Chae-Jin, *China and Korea: Dynamic Relations* (Stanford: Hoover Press Publication, 1996).

Lerner, Mitchell, "Mostly Propaganda in Nature: Kim Il Sung, the *Juche* Ideology, and the Second Korean War," North Korea International Documentation Project Working Paper #3, December 2010.

Li, Gong, "Chinese Decision Making and the Thawing of U.S.-China Relations," Ross and Changbin, 2001, pp. 321-360.

MacMillan, Margaret, *Nixon and Mao: The Week That Changed the World* (New York: Random House, 2007).

Mani, Kristina, *Democratization and Military Transformation in Argentina and Chile: Rethinking Rivalry* (Boulder, CO: FirstForumPress, 2011).

Nixon, Richard M., "Asia After Viet Nam," *Foreign Affairs*, 46: 1, 1967, pp. 111-125.

Oberdorfer, Don, *The Two Koreas* (New York: Basic Books, 2001), pp. 1-26.

Orme, John D., *The Paradox of Peace: Leaders, Decisions, and Conflict Resolution* (New York: Palgrave MacMillan, 2004).

Radchenko, Sergey S., "The Soviet Union and the North Korean Seizure of the USS Pueblo: Evidence from the Russian Archives," Cold War International History Project Working Paper #47, July 2005.

Rasler, Karen A., "Political Shocks and the Deescalation of Protracted Conflicts: The Israeli-Palestinian Case," William R. Thompson, 2001b, pp. 240-260.

Rasler, Karen, William R. Thompson and Sumit Ganguly, *How Rivalries End* (Philadelphia: University of Pennsylvania Press, 2013).

Rock, Stephen R., *Why Peace Breaks Out: Great Power Rapprochement in Historical Perspective* (Chapel Hill: University of North Carolina Press, 1989).

Ross, Robert S., ed., *China, the United States, and the Soviet Union: Tripolarity and Policy Making in the Cold War* (New York: M. E. Sharpe, 1993).

Schaefer, Bernd, "North Korean 'Adventurism' and China's Long Shadow, 1966-1972," Cold War International History Project Working Paper #44, October 2004.

Schaller, Michael, "Detente and the Strategic Triangle Or, 'Drinking your Mao Tai and Having Your Vodka, Too,'" Ross and Changbin, 2001, pp. 361-389.

Shen, James C. H., *The U.S. & Free China: How the U.S. Sold Out Its Ally* (Washington, D.C.: Acropolis Books, 1983).

Short, Philip, *Mao: A Life* (New York: A John Macrae Book, 1999).

Snyder, Glenn H., "The Security Dilemma in Alliance Politics," *World Politics* 36: 4, 1984, pp. 461-495.

Suh, Dae-Sook, *Kim Il Sung: The North Korean Leader* (New York: Columbia University Press, 1988).

Sutter, Robert G., *China-Watch: Toward Sino-American Reconciliation*

(Baltimore: Johns Hopkins University Press, 1978).

Thompson, William R., "Identifying Rivals and Rivalries in World Politics," *International Studies Quarterly*, 45: 4, 2001a, pp. 557–586.

Thompson, William R., "Expectancy Theory, Strategic Rivalry Deescalation, and the Evolution of the Sino–Soviet Case," William R. Thompson, 2001b, pp. 218–239.

Xia, Yafeng, *Negotiating with the Enemy: U.S.–China Talks during the Cold War, 1949–1972* (Bloomington: Indiana University Press, 2006).

Newspapers and Periodicals

Korea Times.

New York Times.

Peking Review.

Trends in Communist Propaganda (Foreign Broadcast Information Service: FBIS).

Washington Post.

Archives and Documents

Burr, William, ed., *The Kissinger Transcripts: The Top Secret Talks with Beijing and Moscow* (New York: The New Press, 1999).

Confidential U.S. State Department Central Files: Korea, 1967–1969 [Central Files], RG 59, U.S. National Archives [USNA].

Foreign Relations of the United States, 19691976, Volume XIX, Part 1, Korea, 19691972, eds. Daniel J. Lawler and Erin R. Mahan (Washington: Government Printing Office, 2010).

Kim, Se–Jin, ed., *Documents on Korean–American Relations 1943–1976* (Seoul: Research Center for Peace and Unification, 1976).

New Evidence on the History of Inter-Korean Relations (North Korea International Documentation Project Document Reader).

NSC Files, Nixon Presidential Materials, USNA.

Taiwan Documents Project, http://www.taiwandocuments.org.

Wilson Center Digital Archive, http://digitalarchive.wilsoncenter.org.

찾아보기

남북화해론: 박정희와 김일성

발행일 1쇄 2020년 4월 28일
지은이 우승지
펴낸이 여국동

펴낸곳 도서출판 인간사랑
출판등록 1983. 1. 26. 제일 – 3호
주소 경기도 고양시 일산동구 백석로 108번길 60 – 5 2층
물류센타 경기도 고양시 일산동구 문원길 13 – 34(문봉동)
전화 031)901 – 8144(대표) | 031)907 – 2003(영업부)
팩스 031)905 – 5815
전자우편 igsr@naver.com
페이스북 http://www.facebook.com/igsrpub
블로그 http://blog.naver.com/igsr
인쇄 하정인쇄 **출력** 현대미디어 **종이** 세원지업사

ISBN 978 – 89 – 7418 – 399 – 8 93340

이 도서의 국립중앙도서관 출판시도서목록(CIP)은 서지정보유통지원시스템 홈페이지(http://seoji.nl.go.kr)와
국가자료공동목록시스템(http://www.nl.go.kr/kolisnet)에서 이용하실 수 있습니다.(CIP제어번호: CIP2020016016)